사례중심의

행정심판 생활법률

구 수 회 지음

Law BUB 법률&출판

[지은이 약력]

. 1954.9.3.생(음)
. 의령군 지정초등학교 졸업
. 함안군 대산중학교 및 진해고등학교 졸업
. 영남대학교 법정대학 정치외교학과 졸업
. 경상대학교 교육대학원 윤리학 전공(석사)
. 목포 . 완도 . 해남경찰서 경비과 근무
. 의령군 9급공무원 근무
. 김해 . 대구교도소 9급공무원 근무
. 진주동아학원 대입반 강사
. 행정부처 사무관 18년근속 및 해임(2000.6)
. 오병선 변호사사무실 사무장 역임(2000.6~2001.1)
. 행정심판에서 승소 후 복직 . 사직
. 서울시 시의회의원 출마(서대문구)
. 현)북한법연구소 소장
행정심판청구 전문사무소(행정사)
(서초동 1714-16 원동빌딩 104호 Tel :536-2412,교대역 11번출구)
. E-MAIL : gusuhoi@hanmail.net

[저서 및 논문]

. 재미있는 형법(행법사)
. 북한연구법전(행법사)
. 재산상속과 유언 . 유증(법률정보)
. 북한의 대남전략과 공작양상(석사)

[집필중인 수필집]

. 해임 제1호 구사무관

사례중심의 행정심판 생활법률

2002년 2월 28일 발행 2005년 9월 1일 개정증보
2014년 5월 23일 제3판발행
지은이 구 수 회
펴낸이 양 갑 수
발행처 법률&출판 http : www. 법률서적.한국
등록번호 25100-2005-000110
주 소 서울 서초구 법원로 2길 7-4, 104호(서초동)
전 화 02)521-8199(代) 팩 스 02)598-0332
ISBN 978-89-97476-27-5 93360

3판을 내면서

행정심판은 소송으로 가기 전에 행정부가 보다 객관적인 입장에서 행정청의 각종 처분결과를 해당 국민의 요구에 의하여 재차 심의를 하여 합리적이고 합법적인 결정을 함으로써 국민의 일상생활이 편리하도록 하고자 하는 제도인 것입니다.

아직까지도 행정심판이 무엇인지 잘 모르고 있는 일반시민이 많습니다. 집집마다 행정심판을 제기하여야 할 사항이 있음에도 행정심판에 대하여 별 관심을 갖지 않고 있는 것이 사실입니다.

이는 행정심판법이 제정된지 오래되지 않았고, 두 번째로 행정청의 처분에 행정심판이란 용어를 홍보하지 않은 행정부의 잘못도 있다 할 것입니다.

행정부로서는 행정심판제도가 있기는 하지만, 내심으로는 국민들이 행정심판을 해오지 않았으면…, 하는 바램이 있기도 할 것입니다.

본 도서의 내용에는 정부부서별 행정심판의 형태를 주로 다루었고, 나머지는 일반인들이 많이 부딪치는 분야들을 부가하여 집필하였습니다. 행정심판청구서 사례들은 주소와 성명이 다를뿐 지은이가 고객에게 수수료를 받고 작성해준 실사례들임을 밝혀둡니다.

지은이는 공무원 사무관으로 근무하다 억울하게 해임을 당했습니다. 해임이 없었다면 변호사 사무실 사무장도, 행정심판청구 전문사무소 개업도, 본서도 발간되지 않았을 것입니다.

지은이는 본서를 발간하기 위하여 1년 가까이 퇴근 이후 잠을 줄이

며 준비를 하였습니다. 본서 이전에「해임 제1호, 具사무관」이란 수필집을 발간하여 볼까 생각했는데…,

이에 앞서「사례중심의 행정심판·행정소송 생활법률」이란 도서를 발간한 것은 지은이의 직업을 홍보하겠다는 계산이 있었기 때문이기도 하지만 행정심판과 관련된 제목의 도서가 서점에 없기 때문이었습니다.

지은이가 수년 전에 남한에도 없고, 북한에도 없는 1,000쪽이나 되는「북한연구법전」을 가장 먼저 발간하였듯이, 행정심판과 관련된 실무적인 도서를 가장 먼저 내고자 하는 욕심이 있었기 때문입니다.

윤리와 북한에 대해 오래동안 연구는 하였으나, 법 전문가도 아닌 지은이가 법률과 관련된 도서를 여러 권이나 저술한 것은 스스로도 이해하기 어렵습니다. 그러나 제가 발간한 도서의 내용에 대해서는 눈감고도 암기하며, 충분히 이해하고 있습니다.

본서를 발간하면서 제나름의 지혜는 다 모았다고 생각합니다. 독자 여러분께서 열심히 읽어보신 후 지은이의 사무실 주변에 오실 일이 있으시면 저의 사무실에 들려서 커피라도 한 잔 하시면서 고견을 주시면, 3판을 발간할 때 발전시키겠습니다.

끝으로 출판업계의 어려운 여건하에서도 본서의 출간을 쾌히 승낙하여 주신 도서출판 법률출판 양갑수 사장님께 감사드리며 편집부 직원 여러분에게도 감사드립니다.

본서를 접한 모든 분들은 늘 웃으시면서, 건강하게 오래오래 사시길 기원합니다.

2005. 5.

지은이 구 수 회

추 천 사

어려운 환경속에서 열심히 살아가고 있는 지은이의 모습을 지켜보면서, 지은이의 힘찬 전진에 많은 박수를 보냅니다.

사무관 시절 교육동기생이기도 한 지은이는 무척 부지런하고 검소한 생활을 하고 있습니다.

지은이는 공직에서 나올 때 출가를 할까 망설이다, 지금의 사무실에서 수행자와 같은 자세로 고객을 맞이하겠다는 각오로 문을 열었습니다.

구청(시청, 군청 등)과 공무원징계와 관련된 행정심판청구서를 읽어보면 지은이가 얼마나 정성을 다하여 만든 것인가를 실감할 수 있습니다.

지은이는 행정심판청구서 말미에 첨부하는 입증자료도 다른 전문가가 작성하면, 몇 개 정도 밖에 첨부할 수 없는 것을, 지은이는 10여개의 증거자료를 모아 그 증거자료들을 토대로 진실과 사실관계에 주안점을 두고, 법률적인 논리에 맞게 청구원인을 풀어가고 있습니다.

행정심판청구서, 소장 그리고 모든 청구의 핵심과 그 목적은 쉽고 간결한 문장으로, 아주 짧은 시간에 행정심판관 또는 재판관에게 청구인의 입장을 이해시키고, 점수를 얻어내는 일이라 할 것입니다.

몇 건의 심판청구서를 읽어보았습니다.

지은이의 합리적이고 논리적인 행정심판 청구논리를 읽고 있노라면 내가 심판관이라도 무릎을 치며 손을 들어 줄 수 밖에 없을 정도로 문제를 풀어가고 있습니다.

지은이의 학구적인 열성에 다시한번 찬사를 보냅니다.

2002. 1.

국무총리실 서기관

이 상 복

목 차

제1장 행정심판

제2장 행정소송

제3장 국가배상

제4장 가압류 · 가처분

제5장 민사조정제도

제6장 지급명령

제7장 소　　장

제8장 고소장 · 고발장 · 내용증명 · 탄원서

제9장 국민고충처리위원회 · 청원 · 감사원

제1장

행정심판

1 행정심판 해설

1 행정심판

행정심판이란 소송으로 가기 전단계에서 행정심판절차를 통하여 행정청(시청·군청·경찰청 등)의 위법 또는 부당한 처분이나 그 밖의 공권력의 행사·불행사 등으로 인한 국민의 권리 또는 이익의 침해를 구제하고, 아울러 행정의 적정한 운영을 기하기 위하여 만들어진 제도이다.

여기서 행정청은 법원과 국회를 제외한 대한민국 행정관청을 말한다. 따라서 행정심판의 범위는 넓고, 광범위하다.

2 행정심판의 대상

행정청의 처분 또는 부작위(不作爲)에 대하여 다른 법률에 특별한 규정이 있는 경우를 제외하고는 이 법에 의하여 행정심판을 제기하여야 한다.

대통령의 처분 또는 부작위에 대하여는 행정심판을 제기할 수 없음이 원칙이다. 다만, 다른 법률에 규정이 있을 경우에는 예외로 하도록 되어 있다.

부작위란 행정청이 당사자의 신청에 대하여 상당한 기간내에 일정한 처분을 하여야 할 법률상 의무가 있음에도 불구하고 이를 하지 않는 경우를 말한다. 예를들면, 토지보상을 하여달라고 수차례 요구하였으나 방치하고 있는 경우 등이 여기에 해당한다.

3 재 결 청

행정청의 처분 또는 부작위에 대하여는 대체로 직근상급행정기관이 재결청이다. 즉 행정각부장관, 국무총리, 대통령직속 기관의 장, 국회사무총장, 법원행정처장, 헌법재판소 사무처장, 선거관리위원회 사무총장, 서울시장, 도지사 등이다.

다른 법률에 의하여 설치된 국가특별행정기관의 처분은 소속된 중앙행정기관이 재결청이 된다. 즉 도세 및 서울시세에 대하여 불복이 있어 행정심판을 청구할 때에는 행정자치부장관이 재결청이 된다.

4 행정심판위원회

행정심판의 청구를 심리·의결하기 위하여 각 재결청 소속하에 행정심판위원회를 둔다. 서울특별시, 각 도청내의 법무관실에 서울시행정심판위원회, 도행정심판위원회 등이 설치되어 있다.

행정심판위원회는 위원장 1명을 포함한 위원 15명으로 구성되어 있고, 위원장은 재결청이 되며, 필요한 경우 소속 공무원으로 하여금 그 직무를 대행하게 할 수 있다.

행정심판위원회 위원은 변호사의 자격이 있는 자, 법률분야 부교수 이상의 교수, 4급 이상 공무원이었던 자 또는 행정심판에 관한 지식과 경험이 있는 자 중에서 위촉 또는 지명된 자가 위원이 된다.

5 국무총리행정심판위원회

국무총리 및 중앙행정기관의 장이 재결청이 되는 심판청구를 심리·의결하기 위하여 국무총리 소속하에 국무총리행정심판위원회를 둔다.

위원장 1명을 포함한 50명 이내의 위원으로 구성하되, 위원 중 상임위원은 2명 이내로 하며, 위원장은 법제처장이 된다.

6 위원의 제척·기피·회피

위원 또는 그 배우자나 배우자이었던 자가 당해사건의 당사자·공동 권리자·의무자의 관계가 되어 있을 때

위원이 당해사건의 당사자와 친족관계에 있거나 있었던 자일 경우

위원이 당해사건에 관하여 증언이나 감정을 한 경우

위원이 당해사건에 관하여 당사자의 대리인으로 관여 및 관여하였던 경우

위원이 당해사건의 대상이 된 처분이나 부작위에 관여한 경우 등

7 당사자 및 관계인

1. 청구인의 적격

취소심판청구는 처분의 취소 또는 변경을 구할 법률상 이익이 있는 자가 청구하여야 한다.

무효등 확인심판청구는 처분의 효력유무 또는 존재 여부에 대한 확

인을 구할 법률상 이익이 있는 자가 청구한다.

의무이행심판청구는 행정청의 거부처분 또는 부작위에 대하여 일정한 처분을 구할 법률상 이익이 있는 자가 제기할 수 있다.

2. 피청구인의 경정

청구인이 피청구인을 잘못 지정하여 청구된 경우에는 심판위원회는 당사자의 신청에 의하여 또는 위원회의 직권에 의하여 피청구인을 경정할 수 있다.

8 청구취지와 청구이유

■ **청구취지는 「피청구인은 청구인에게 ○○○○년 ○○월 ○○일에 불가처분한 것을 취소하라」라는 형식 등으로 정리한다.**

- 법률에 정해져 있는 것은 아니지만, 행정심판 심리단계에서 청구취지 변경신청서 제출로 바꿀 수 있다. 그러나 신청단계에서 완전하게 하는 것이 효과적이다.

■ **청구이유를 작성할 때에는 무엇 때문에 행정청의 처분이 잘못되었다는 것을 제시하여야 한다.**

- 청구이유 또는 신청원인 등의 표현을 사용하고 있는데, 아무렇게나 표현해도 되지만, 법률적 논리에 맞으며 짧고 간명하게 작성하여야 한다.
- 청구원인을 작성함에 있어서는 심판관들이 읽어보고 무릎을 치며 손을 들어줄 수 있을 정도로 작성하여야 한다.
- 폭넓은 지식과 차원 높은 필력을 요구하고 있다.

분명한 것은 여러 사람의 법률전문가가 동일 주제로 작성하였을 때, A라는 전문가가 작성한 청구서는 심판에서 이기는데, B라는 전문가가 작성한 청구서는 심판에서 실패하는 경우가 있다는 사실을 알아야 한다.

9 심판청구

1. 심판청구서의 제출

심판청구서는 4부를 작성하여 3부는 제출하고 1부는 청구인이 보관한다.

영업정지처분 등에 대한 행정심판청구서는 구청·시청·군청 민원실에 2부를 접수하면 해당 처분과에서 상부청, 즉 서울시청, 도청 등의 행정심판위원회로 송부하여 심의가 이루어지며, 운전면허취소처분 등의 경우에는 서울지방경찰청, 경남지방경찰청 등의 민원실에 3부를 접수하면 해당경찰청이 1부를 갖고, 1부는 국무총리행정심판위원회에 송부하며, 1부는 해당경찰서에 송부한다.

10 심판청구기간

행정심판청구는 처분이 있음을 안 날로부터 90일 이내에 제기하여야 한다. 청구인이 천재·지변·전쟁·사변 그 밖의 불가항력으로 인하여 90일이란 기간을 넘겼을 때는 그 사유가 소멸된 날로부터 14일내에 심판청구를 제기할 수 있다. 다만, 국외에서의 심판청구는 14일이 아니고 30일로 한다. 심판청구는 처분이 있은 날로부터 180일을 경과하면 제기하지 못한다. 또한 무효등확인행정심판, 부작위에 대한 의무이행심판

청구는 위의 기간과 상관이 없다.

토지수용위원회, 기타 특수한 행정청의 행정심판의 경우에는 기간이 다른 경우가 있으므로 해당청에 문의하여 보는 것이 좋다.

11 심판청구의 방식

심판청구는 반드시 서면으로 하여야 한다. 해당 관청에 양식이 비치되어 있는 경우도 있으며, 반드시 양식에 청구하지 않아도 된다.

그러나 다음의 내용은 기재되어야 하며, 하나라도 누락시에는 청구서가 취소되는 경우가 있다.

1. 청구인의 성명과 주소
2. 피청구인의 명칭과 재결청의 명칭
3. 심판청구의 대상이 되는 처분의 내용
4. 처분이 있었던 것을 안 날
5. 심판청구의 취지 및 이유
6. 처분을 한 행정청의 고지유무 및 그 내용 등을 기재하여야 한다.

청구된 내용은 청구인의 신청에 의하여 그 내용의 일부를 변경할 수 있다.

12 집행정지신청

행정심판청구는 청구서를 접수하고 심리·의결이 나올 때까지 처분 행정청의 효력은 그대로 미친다.

예를 들면, 청구인이 행정관청으로부터 2005.11.5경 「2005.11.20부로

K병원은 영업정지 3월에 처한다」라는 처분명령서를 받았다고 할 경우에 향후 15일이 되면 청구인은 3개월 동안 병원문을 닫아야 한다.

이런 경우에 청구인은 집행정지 신청을 하게 되고, 집행정지를 받아줄 경우 행정심판에서도 유리한 고지에 오를 수 있다.

재결청은 처분이나 그 집행 또는 절차의 속행으로 인하여 생길 회복하기 어려운 손해를 예방하기 위하여 긴급한 필요가 있다고 인정할 때에는 당사자의 신청 또는 직권에 의하여 위원회의 심리, 의결을 거쳐 처분의 효력이나 그 집행 또는 절차의 속행의 전부 또는 일부의 정지를 결정할 수 있다. 다만 그 집행정지 또는 절차의 속행을 정지함으로써 청구인의 목적을 달성할 수 있는 경우는 집행정지를 받아들이지 않는다.

집행정지 신청은 심판청구와 동시에 하여도 되고, 행정심판 의결이 있기 전까지 언제든지 할 수 있다.

13 심 리

해당 처분행정청의 상급청인 재결청은 행정심판청구서 부본을 지체없이 피신청인에게 송부하고, 피신청인은 부본을 받은 날로부터 10일내에 답변서를 재결청에 제출하여야 한다.

답변서에는 처분이유 및 근거가 담겨 있어야 하며, 청구인의 청구취지 및 청구원인에 대한 대답을 논리적으로 정리하여 기술하여야 한다.

심판위원회는 동 답변서를 즉시 청구인의 주소지로 등기송달하여야 한다.

청구인은 답변서를 받고 1주일내에 「행정심판 보충서면」을 작성하여 3부를 심판위원회에 제출하여야 한다. 이때 행정심판청구시에 제출하지 못했던 증거서류를 함께 제출하여도 된다.

행정심판 보충서면양식은 사례 4를 참고하면 된다.

14 증거조사

위원회는 사건의 심리를 위하여 필요하다고 인정할 때에는 당사자 신청 또는 직권에 의하여 다음의 방법으로 증거조사를 할 수 있다.

- 당사자 본인 또는 참고인을 신문하는 일
- 당사자 또는 관계인이 소지한 문서·장부·기타 증거자료를 요구하고 영치하는 일
- 학식과 경험을 가진 제3자에게 감정을 명하는 일
- 위원회는 필요시 다른 행정기관에 증거조사를 하게 할 수 있다.
- 위원회는 필요시 다른 행정기관에 문서제출, 의견진술을 요구할 수 있다.

※ 청구인 입장에서는 행정심판청구서 말미에 증거물을 충분히 준비하는 것이 좋다.

목격자의 진술서, 내용을 잘 아는 자의 자술서 등이 준비되면 좋고, 진술서·자술서 및 확인서 등은 용어만 다를 뿐 내용은 같은 것이므로 자술서 등을 만들 때 인감이 첨부되거나, 공증을 하면 더욱 좋다.

15 재 결

행정심판위원회는 심리를 마치면 재결할 내용을 의결하고, 그 의결 내용을 재결청에 통보하여야 한다.

재결청은 위원회가 의결한 의결내용에 따라 지체없이 재결하여야 한다.

재결내용은 각하, 기각, 취소, 변경 등이 있다. 청구인으로서는 취소 및 변경이 되었을 때 잘 되었다고 할 수 있다.

16 행정소송

행정소송법 제20조(제소기간)에는 행정심판에서 청구인이 소정의 목적하는 바를 달성하지 못하였을 때에는 정해진 기간내에 행정소송을 제기할 수 있다고 규정하고 있다. 따라서 처분이 있고, 또한 행정심판을 청구하였을 때에는 재결서 정본을 받고 90일 안에 행정소송을 제기하여야 한다라고 되어 있으나, 제소기간은 반드시 90일이 아니고 행정심판의 종류에 따라 다르다는 점을 알아야 한다.

2 구청(시·군)

1 구청·시청(광역시는 제외)·군청의 행정처분에 대하여 1단계로 이의신청을 하여야 하는 경우가 많다. 구청 내의 세무과, 토목과, 교통과 등 어느 과에서 처분된 행위인가에 따라 다르다.

행정처분을 받고 잘 모를 경우에는 해당 처분청에 문의해보는 것도 효과적인 방법의 하나이다.

구청의 경우에도 행정처분이 100여 가지가 넘어 행정처분의 형태별로 바로 행정심판을 해도 되는 경우가 있는가 하면, 이의신청의 단계를 거치도록 하는 행정처분도 있기 때문이다.

2 양식에 따라 이의신청 및 행정심판청구서가 작성되면 구청(군청) 민원실에 접수하면 된다.

극히 드문 일이기는 하지만, 광역시청(도청)의 처분에 대한 행정심판은 광역시청(도청)의 민원실에 접수하며, 국무총리 행정심판위원회에서 심판하도록 되어 있다.

3 이의신청서와 행정심판청구서는 공히 2부를 접수하여야 한다.

4 집행정지신청서도 2부를 접수하여야 하며, 집행정지신청서 접수시에는 행정심판접수증명서와 행정심판청구서 사본 1부가 첨부되어야 한다.

집행정지신청서는 구청 민원실에 접수하여도 되고, 구청(군청)의 상급청인 서울특별시청(도청) 민원실에 접수하여도 된다.

5 증거물을 충분히 준비하는 것이 좋다. 즉 목격자의 진술서, 내용을 잘 아는 자의 자술서 등이 준비되면 좋고, 진술서 · 자술서 및 확인서 등은 용어만 다를 뿐 내용은 같은 것이므로 자술서 등을 작성할 때에는 인감이 첨부되거나, 자술서를 공증하면 더욱 좋다.

6 피청구인인 해당구청(군청)은 청구인으로부터 행정심판청구서 2부가 접수되면 해당구청(군청)이 1부를 갖고, 1부는 상급행정청의 행정심판위원회(서울특별시 행정심판위원회, 도청 행정심판위원회 등)로 송부한다.

그 후 행정심판위위원회는 구청으로부터 답변서를 받아서 청구인에게 등기로 우송한다.

구청의 답변서를 받은 청구인은 1주일내에 「행정심판 보충서면」을 2부 작성하여 행정심판위원회로 보내야 한다.

답변서를 보낼 때는 자세한 안내서가 있으므로 충분히 참고가 될 것이다. 여기서 「행정심판 보충서면」이란 민사재판에서 준비서면과 같은 것이다.

구청의 부당한 처분에 대하여 법률적인 논리와 합리적인 반론을 제기하여야 한다. 그 후 행정심판청구서가 접수되고 약 2개월 내에 행정심판위원회가 개최되며, 위원들은 대체로 민간 변호사들로 구성된다.

7 지방세와 관련된 조세는 구청(군청)에서 부과, 징수된다.

■ **지 방 세**

- 취득세 · 등록세 · 면허세 · 주민세 · 재산세 · 종합토지세 · 자동차세 · 농지세 · 담배소비세 · 도축세 · 마권세 등은 보통세에 속하고,
- 도시계획세 · 공동시설세 · 사업소세 · 지역개발세 등은 목적세에 속한다.

> ※ 지방세의 부과, 징수에 관한 처분에 대한 행정심판은 이의신청, 심사청구 등 2종류가 있다.

■ 이의신청은 지방세법 제58조 제1항 및 동법시행령 제46조 제1항에 근거하며, 심사청구는 지방세법 제58조 제3항 및 동법시행령 제46조 제2항에 근거한다.

■ **양식은 다음과 같다.**

<table>
<tr><td colspan="4">지 방 세 이 의 신 청 서</td><td>처리기간
30일</td></tr>
<tr><td rowspan="3">신청인</td><td>① 성 명</td><td colspan="3"></td></tr>
<tr><td>② 주소 또는 영업장소</td><td colspan="3"></td></tr>
<tr><td>③ 상 호</td><td></td><td>④ 전화번호</td><td></td></tr>
<tr><td colspan="2">⑤ 통지(고지)서 수령일 또는 처분이 있었음을 안 날</td><td></td><td>⑥ 처 분 청</td><td></td></tr>
<tr><td rowspan="2">통지된 사 항</td><td>⑦ 세 목</td><td></td><td>⑧ 세 액</td><td></td></tr>
<tr><td>⑨ 처 분 내 용</td><td colspan="3"></td></tr>
<tr><td colspan="2">⑩ 신청의취지및불복사유</td><td colspan="3">첨부</td></tr>
<tr><td colspan="2">⑪ 증 빙 물 건 의 표 시</td><td colspan="3"></td></tr>
<tr><td colspan="5">지방세법 제58조 제1항 및 동법시행령 제46조 제1항의 규정에 의하여 별지와 같이 증빙서류를 첨부하여 이의신청을 합니다.

년 월 일

신청인 ㊞

도지사(시장 · 군수 · 구청장) 귀하</td></tr>
<tr><td colspan="4">구비서류</td><td>수수료
</td></tr>
</table>

<table>
<tr><td colspan="5">지 방 세 심 사 청 구 서</td><td>처리기간
30일</td></tr>
<tr><td rowspan="3">청구자</td><td>① 성 명</td><td colspan="4"></td></tr>
<tr><td>② 주 소</td><td colspan="4"></td></tr>
<tr><td>③ 상 호</td><td colspan="2"></td><td>④ 전화번호</td><td></td></tr>
<tr><td rowspan="4">통지된 사항</td><td rowspan="2">부 과 처 분</td><td>⑤ 세 목</td><td></td><td>⑥ 세 액</td><td></td></tr>
<tr><td>⑦ 처 분 청</td><td></td><td>⑧ 고지서수령일</td><td></td></tr>
<tr><td rowspan="2">이 의 신 청
(심 사 청 구)</td><td>⑨ 신청(청구)서
제 출 일</td><td>( )</td><td>⑩ 결정서수령일</td><td>( )</td></tr>
<tr><td>⑪ 결정사항</td><td>( )</td><td>⑫ 결 정 기 관</td><td>( )</td></tr>
<tr><td colspan="2">⑬ 청구의 취지
및 불복사유</td><td colspan="4">첨부</td></tr>
<tr><td colspan="2">⑭ 증빙물건표시</td><td colspan="4">1) 이의신청(심사청구) 결정서 사본 1부
2)</td></tr>
</table>

지방세법 제58조 제3항 및 동법시행령 제46조 제2항의 규정에 의하여 별지와 같이 증빙서류를 첨부하여 심사청구를 합니다.

년 월 일

신청인 ㊞

행정자치부장관(도지사) 귀하

<table>
<tr><td rowspan="2">구비서류</td><td>수수료</td></tr>
<tr><td></td></tr>
</table>

※ 도지사의 심사결정을 거친 후 행정자치부 장관에게 다시 심사청구를 하는 경우에는 심사결정사항을 ( )에 내서하여야 함.

사례 1

행정심판청구서

청 구 인 : 구홍부
피청구인 : 강남구청장

영업정지처분 취소

서울특별시 행정심판위원회 귀중

행정심판청구서

청 구 인 : 구 홍 부(410242-1046712)
서울시 서초구 ○○동 1061 ○○아파트 17동 308호
전화 014-799-8097

피청구인 : 강남구청장
서울시 강남구 ○○ 2동 8 전화 3451-2531

영업정지처분 취소

<청구의 취지>

1. 피청구인이 2001. 5. 3 청구인에 대하여 명령한 2개월간의 숙박업 영업정지 처분은 이를 취소한다.
   라는 결정을 구합니다.

<청구의 이유>

1. 처분 경위

가. 청구인이 2001. 3. 23 12 : 50경 청구인 업소에 외국인 관련 윤락행위 장소를 제공하였다는 이유로 청구인은 피청구인으로부터 2001. 5. 17부터 영업정지 2월의 행정처분을 받았습니다(갑제 2호증, 갑제 3호증).

나. 행정처분장은 2001. 5. 3 수령하였습니다.

2. 외국인 편의제공과 최근 숙박업계 동향

가. 본 업소는 서울시 중에서도 외국인 관광객이 가장 많이 집중된 곳입니다.

나. 최근, 국가적으로 외국인 유치를 위해 노력하고 있고, 대한 숙박업 중앙회와 서울시 보건위생과에서 「**숙박업소들은 외국인을 모시면서 일체의 불편이 없도록 하라**」라는 문서를 수시로 보내왔습니다(갑제 6호증2, 갑제 6호증1, 갑제 6호증3).

다. 한편, 본 업소는 금년 8월 한국종합무역센터에서 제53회 국제통계학회(국제 행사)가 개최됨에 따라(갑제 7호증) 지정 숙박업소로 선정될 가능성이 많았습니다.

라. 뿐만 아니라 대한숙박업중앙회에서 단체 및 외국인 투숙 가능 업소를 파악함에 따라(갑제 8호증) 본 업소는 신청을 해둔 상태입니다.

3. 숙박업에 대한 규제법 약화추세

가. 최근 이성혼숙 관련, 법원에서도 원조교제 장소제공 이유로 여관업 영업정지 처분은 부당하다는 판결이 있었습니다(갑제 9호증2, 갑제 9호증 1, 3).

나. 한편, 일반 국민들 사이에도 숙박업소에서 손님을 맞이할 때 숙박의 목적이 무엇인지는 알기 어렵다는 여론이 팽배합니다.

4. 처분청의 법적용과 본 업소의 반대입장

가. 처분청은 공중위생관리법 제11조 제1항과 동법시행규칙 제19조

(별표 7, 바항 4)에 근거하여 처분이유를 설명하고 있습니다.

나. 동법에는 공중위생영업자가 동법을 위반시 처벌을 받는다고 되어 있으며, **다만 관광숙박업은 다른 공중위생영업소와 달리 미리 협의해야 된다**는 단서가 명시되어 있습니다.

이와 같은 근거는 법률에 이르기까지 숙박업소에게 특별히 배려해 줄 수 있다는 의미로 해석됩니다.

다. 동 사건은 2001. 3. 20 06:00시경 주인 구홍부의 처 우순씨가 주인이 자리를 이탈한 사이에 한국인과 외국인이 각각 2인 총 4명이 와서 객실 1개씩을 요구하여 숙박의 최대 요금인 6만원(30,000원+30,000원)을 받고 편히 쉴 수 있도록 객실을 안내하였습니다.

그러나 미행하고 있던 경찰관 7명이 즉시 따라와 적발되게 되었습니다.

라. 만약 윤락장소 제공 목적으로 업소를 제공하였다면 정식 숙박료에 해당되는 1팀당 30,000원 전액을 결코 받을 수가 없었을 것입니다. 동 업소는 윤락금지 홍보물까지 부착하고 있습니다(갑제 11호증).

마. 업소측 관계인들은 그 당시 적발된 외국인 고객들이 방문하였을 때 윤락행위를 추정할 수 있을 정도의 판단이 서지 않았습니다.

- 더구나 고객에게 **윤락을 하기 위해 우리 업소를 방문**하였느냐고 질문하기란 쉬운 일이 아니였으며, 4명이 같은 시각에 업소를 방문하였기 때문에 더욱 의심할 수가 없었습니다.

5. 청구인은 윤락장소제공의 고의성이 없었습니다.

가. 청구인은 자신의 행위가 윤락행위의 장소를 제공하고 있다는

인식을 못하였습니다. 결코 고의성도 없었으며, 손님을 맞이하고 있다는 사실외 아무 것도 생각할 수 없었습니다.

나. 업소 종업원이자 청구인의 처인 우순은 그 당시 손님이 왔을 때 손님의 출입목적이 숙박외 어떤 목적이 있는지 알기가 무척 어려웠습니다.

다. 연인의 관계인지, 친구관계인지, 몇 번 만남의 관계인지, 처음 만난 관계인지, 술을 마신 관계인지, 윤락의 관계인지, 이를 명쾌하게 파악하기란 사실상 불가능한 현실이었습니다. 특히 그곳은 외국인이 다른 지역보다 집중되는 지역이기 때문에 더욱 불가능합니다. 특급호텔인 "라마다"가 있고 동 호텔 지하에는 나이트 클럽도 있어 외국인들이 본 업소를 수시로 이용하고 있는 편입니다.

6. 결론 및 애로

가. 이와같이 업소 관계자들은 윤락행위의 장소를 제공한다는 고의성이 전혀 없었습니다. 또한 법률전문가들이 언론 보도 등에서 말하는 구성요건해당적 착오 및 사실의 착오 등으로 해석할 수도 있을 것 같은 사안으로도 보여집니다.
목적과 결과를 예측할 수 없었던 문제였습니다.

나. 한편, 청구인은 경기불황으로 몹시 어려운 현실입니다. 수개월 동안 영업을 못하면 영원히 문을 닫아야 할 어려움에 직면하고 말 것입니다.

다. 차후 특별한 주의로 다시는 유사한 실수가 없도록 최선을 다하겠습니다. 금번에 한하여 선처를 부탁드립니다.

<입 증 자 료>

갑제 1호증 …………… 사업자 등록증
갑제 2호증 …………… 행정처분 통보
갑제 3호증 …………… 영업정지명령서
갑제 4호증 …………… 주민등록등본
갑제 5호증 …………… 한국방문의 해 관련 건의
(대한숙박업중앙회 → 구홍부)
갑제 6호증1 …………… 외국관광객맞이 관광대책(대한숙박업중앙회)
갑제 6호증2 …………… 외국관광객맞이 관광대책(서울시)
갑제 6호증3 …………… 외국관광객맞이 관광대책(서울시 세부계획)
갑제 7호증 …………… 숙박업소 예약협조건(국제통계학회 관련)
갑제 8호증 …………… 외국인 투숙가능 업소파악(대한숙박업중앙회)
갑제 9호증1 …………… 이성혼숙 행정처분 통보
(대한숙박업중앙회 강남서초지구 → 구홍부)
갑제 9호증2 …………… 원조교제 장소제공에 대한 영업정지처분은 부당
갑제 9호증3 …………… 판결(미성년자 혼숙 무죄)
갑제 10호증 …………… 공소장(구홍부의 처 ○○)
갑제 11호증1-3 ……… 각 사진

2001. 5. 4
위 신청인 구 홍 부 ㊞

서울특별시 행정심판위원회 귀중

사례 2

행정처분 집행정지 신청

신 청 인 : 구 홍 부(410242-1046712)
서울 서초구 ○○동 1061 ○○아파트 17동 308호
전화 014-799-8097

피신청인 : 강남구청장
서울시 강남구 삼성2동 8, 전화 3451-2531

강남구청 민원실에서 금일 행정심판을 청구하였습니다(접수증 첨부).

<신청의 취지>

1. 피신청인이 2001. 3. 16자 신청인에 대하여 명령한 2001. 5. 17부터 2개월간의 영업정지처분 명령은 귀청에 행정처분 취소청구 행정심판의 결정시까지 그 효력을 정지한다.

라는 결정을 구합니다.

<신청의 이유>

1. 처분경위

가. 신청인이 2001. 3. 23. 12:50경 신청인 업소에 외국인 관련 윤락행위 장소를 제공하였다는 이유로 신청인은 피신청인으로부터 2001. 5. 17부터 영업정지 2월의 행정처분을 받았습니다(갑제 2호증, 갑제 3호증).

나. 행정처분장은 2001. 5. 3 수령하였습니다.

2. 외국인 편의제공과 최근 숙박업계 동향

가. 본 업소는 서울시 중에서도 외국인 관광객이 가장 많이 집중된 곳입니다.

나. 최근, 국가적으로도 외국인 유치를 위해 노력하고 있고, 대한 숙박업 중앙회와 서울시 보건위생과에서 「**숙박업소들은 외국인을 모시면서 일체의 불편이 없도록 하라**」라는 문서를 수시로 보내왔습니다(갑제 6호증2, 갑제 6호증1, 갑제 6호증3)

다. 한편, 본 업소는 금년 8월 한국종합무역센터에서 제53회 국제통계학회(국제 행사)가 개최됨에 따라(갑제 7호증) 지정 숙박업소로 선정될 가능성이 많았습니다.

라. 뿐만 아니라 대한숙박업중앙회에서 단체 및 외국인 투숙 가능 업소를 파악함에 따라(갑제 8호증) 본 업소는 신청을 해둔 상태입니다.

3. 숙박업에 대한 규제법 약화추세

가. 최근 이성혼숙 관련, 법원에서도 원조교제 장소제공 이유로 여관업 영업정지 처분은 부당하다는 판결이 있었습니다(갑제 9호증2, 갑제 9호증 1, 3)

나. 한편, 일반 국민들 사이에도 숙박업소에서 손님을 맞이할 때 숙박의 목적이 무엇인지는 알기 어렵다는 여론이 팽배합니다.

4. 처분청의 법적용과 본 업소의 반대입장

가. 처분청은 공중위생관리법 제11조 제1항과 동법시행규칙 제19조

(별표 7, 바항 4)에 근거하여 처분 이유를 설명하고 있습니다.

나. 동법에는 공중위생영업자가 동법을 위반시 처벌을 받는다고 되어 있으며, **다만 관광숙박업은 다른 공중위생영업소와 달리 미리 협의해야 된다**는 단서가 명시되어 있습니다.

이와 같은 근거는 법률에 이르기까지 숙박업소에게 특별히 배려해줄 수 있다는 의미로 해석됩니다.

다. 동 사건은 2001.3.20 06:00시경 주인 구홍부의 처 우순씨가 주인이 자리를 이탈한 사이에 한국인과 외국인이 각각 2인 총 4명이 와서 객실 1개씩을 요구하여 숙박의 최대 요금인 6만원(30,000원+30,000원)을 받고 편히 쉴 수 있도록 객실을 안내하였습니다.

그러나 연이어 미행하던 경찰관 7명에게 적발되었습니다.

라. 만약 윤락장소 제공 목적으로 업소를 제공하였더라면 정식 숙박료에 해당되는 1팀당 30,000원 전액을 결코 받을 수가 없었을 것입니다. 본 업소에서는 윤락금지의 홍보물까지 부착해 놓고 있습니다(갑제 11호증).

마. 업소측 관계인들은 그 당시 적발된 외국인 고객들이 방문하였을 때 윤락행위를 추정할 수 있을 정도의 판단이 서지 않았습니다.

더구나 고객에게 **윤락을 하기 위해 우리 업소를 방문**하였느냐고 질문하기란 쉬운 일이 아니었으며, 4명이 같은 시각에 업소를 방문하였기 때문에 더욱 의심할 수가 없었습니다.

5. 신청인은 윤락장소 제공의 고의성이 없었습니다.

가. 신청인은 자신의 행위가 윤락행위의 장소를 제공하고 있다는 인식을 못하였습니다. 결코 고의성도 없었으며, 손님을 맞이하고 있다는 사실 외에 아무 것도 생각할 수 없었습니다.

나. 업소 종업원이자 신청인의 처인 우순은 그 당시 손님이 왔을 때 손님의 출입목적이 숙박 외의 어떤 목적이 있는지 알기가 무척 어려웠습니다.

다. 연인의 관계인지, 친구관계인지, 몇 번 만남의 관계인지, 처음 만난 관계인지, 술을 마신 관계인지, 윤락의 관계인지, 이를 명쾌하게 파악하기란 사실상 불가능한 현실이었습니다. 특히 그 곳은 외국인이 다른 지역보다 집중되는 지역이기 때문에 더욱 불가능합니다.

특급호텔인 "라마다"가 있고 동 호텔 지하에는 나이트 클럽도 있어 외국인들이 본 업소를 수시로 이용하고 있는 편입니다.

6. 결론 및 애로

가. 이와같이 업소 관계자들은 윤락행위의 장소를 제공한다는 고의성이 전혀 없었습니다. 또한 법률전문가들이 언론 보도 등에서 말하는 구성요건해당적 착오 및 사실의 착오 등으로 해석할 수도 있을 것 같은 사안으로도 보여집니다.

목적과 결과를 예측할 수 없었던 문제였습니다.

나. 한편, 신청인은 경기불황으로 몹시 어려운 실정에 있습니다. 수개월동안 영업을 못한다면 영원히 문을 닫아야 할 어려움에 직면하고 말 것입니다.

다. 차후 특별한 주의로 다시는 유사한 실수가 없도록 최선을 다하겠습니다.

이에 영업정지 집행정지를 신청하오니 선처를 간곡히 부탁드립니다.

<입증자료>

소갑제 1호증 ……………… 사업자 등록증
소갑제 2호증 ……………… 행정처분 통보
소갑제 3호증 ……………… 영업정지명령서
소갑제 4호증 ……………… 주민등록등본
소갑제 5호증 ……………… 한국방문의 해 관련 건의
(대한숙박업중앙회 → 구홍부)
소갑제 6호증1 ………… 외국관광객맞이 관광대책(대한숙박업중앙회)
소갑제 6호증2 ………… 외국관광객맞이 관광대책(서울시)
소갑제 6호증3 ………… 외국관광객맞이 관광대책(서울시 세부계획)
소갑제 7호증 ………… 숙박업소 예약협조건(국제통계학회 관련)
소갑제 8호증 ………… 외국인 투숙가능 업소파악(대한숙박업중앙회)
소갑제 9호증1 ………… 이성혼숙 행정처분 통보
(대한숙박업중앙회 강남서초지구 → 구홍부)
소갑제 9호증2 ………… 원조교제 장소제공에 대한 영업정지처분은 부당
소갑제 9호증3 ………… 판결(미성년자 혼숙 무죄)
소갑제 10호증 ………… 공소장(구홍부의 처 ○○)
소갑제 11호증1-3……… 각 사진
소갑제 12호증 ………… 행정심판 청구서 사본
소갑제 13호증 ………… 접수증

2001. 5. 4

위 신청인은 구 홍 부 ㉞

서울특별시 행정심판위원회 귀중

사례 3

행정심판청구서

청 구 인 : 한○○ 외 5
피청구인 : 종로구청장

이행의 청구

서울특별시 행정심판위원회 귀중

행정심판청구서

청 구 인 : 1. 한○○
서울 종로구 ○○동 151-3
2. 박○○
서울 종로구 ○○동 151-8
3. 이○○
서울 종로구 ○○동 151-2
4. 배○○
서울 종로구 ○○동 152-2
5. 강○○
서울 종로구 ○○동 152-3
6. 최○○
서울 종로구 ○○동 151-15

피청구인 : 종로구청장
서울시 종로구 수송동 146-2(전화 731-0468)

<청구의 취지>

1. 피청구인은 서울 종로구 누상동 144번지 지상에 건축을 허가함에 있어 ○○동 144번지상 건축물과 ○○동 145-1(2)번지상 건축물간에 도로폭이 별지도면과 같이 4미터 이상이 되게 하라.
라는 결정을 구합니다.

<청구의 원인>

1. 처분 경위

가. 청구인들은 청구취지의 목적을 달성하기 위하여 지난 1년동안 서울시청, 종로구청 등에 탄원서를 제출한 바 있으며(갑제 1~2호증),

나. 이에 따라 서울시청 민원조사담당관으로부터는 2001.1.19경「**종로구청장으로 하여금 조사하게 하여 결과를 회신하여 주겠다**」고 하였으나(갑제 3호증), 종로구청에서는 현재까지 아무런 결과통보가 없어,

다. 부득불, 행정심판청구를 하기에 이르렀습니다.

2. 법률적 이해관계

가. 첨부 도면에서와 같이 종로구 ○○동 151-1, 2, 3, 8, 15와 152-2, 3 거주주민 20여명이 화재사고 등이 발생할 경우 진입로의 협소로 소방차등의 진입이 불가능하여 소방관이 소방법 제73조와 관련된 소방활동을 하는데 막대한 지장을 초래하는 실정이며,

나. 同 주민들의 주차공간 활용이 불가능한 애로가 있습니다.

다. 앞의 상황들을 고려할 때 청구인들은 행정심판법 제9조상 청구인의 자격이 있습니다.

3. 위 법 성

가. 건축법 제2조 제1항 11호의 도로의 개념에도 도로는 4미터 이상으로 명문화되어 있습니다. 한편,

나. 사도법 제3조에서는 5가구 이상이 사용하는 도로는 사도법이 적용되는 것이 아니고 도로법이 적용된다고 설명되어 있습니다.

청구인들은 진입도로와 이해관계를 갖고 있는 가구 수는 8개의 가구들입니다(청구인 6가구와 144번지, 145번지 등 8가구).

다. 이와 같은 법규들을 종합할 때 피청구인의 처분은 위법합니다.

4. 도로폭을 4 미터 이상으로 하여야 할 이유

가. 청구인들의 집에 화재 등 급변사태가 발생하여도 긴급차량이 출입할 수가 없습니다. 현재 도로폭은 2 미터 정도에 불과하여 소방차 등이 출두·진입할 수 없습니다.

한편, 청구인들 6가구 공히 다세대 건축허가를 받아놓은 상태입니다

1가구당 10세대로서 6가구가 신축되면 60가구 이상으로 늘어나게 되어 향후 교통이 복잡하게 되며, 도로법상 도로가 개통되어야 함은 필연적입니다. 현재로서는 신축허가가 난 6가구 건축공사시 차량출입 조차도 불가능합니다.

나. 현실정은 도로법·사도법 등에도 위배되고 있는 듯 합니다.

다. 도로폭이 넓어져야 하는데 좁아지고 있습니다. 즉 누상동 145-1과 145-2 지상에 건축물이 건립되기 전에는 도로 폭이 약 230센티미터~240센티미터가 되었으나, 얼마 전에 前 번지상의 건축이 완공된 후로는 도로 폭이 200센티미터로 좁아져 청구인들의 도로통행이 아주 불편하게 되었습니다.

5. 결론 및 애로

가. 청구인들에게 진입로가 4미터 이상의 도로가 되어야 하는 것은 청구인들의 가족들 뿐 아니라, 누상동 모든 주민들의 염원사항입니다.

나. 이에, 청구인들은 행정심판법 제4조 제3호에 근거하여 행정청의

처분 및 이행을 구하는 심판을 청구하기에 이르렀습니다.

심판관님들의 공정하고 주민 편익차원의 명 심판을 기다립니다.

첨부 : 별지도면

<입 증 자 료>

갑제 1호증 ………… 탄원서(시청)

갑제 2호증 ………… 탄원서(구청)

갑제 3호증 ………… 민원회신(시청)

갑제 4호증 ………… 도시계획확인원

2001. 7. 4

위 청구인(선정당사자) 한○○

위 청구인 (선정자)

1. 한○○
   서울 종로구 ○○동 151-3
2. 박○○
   서울 종로구 ○○동 151-8
3. 이○○
   서울 종로구 ○○동 151-2
4. 배○○
   서울 종로구 ○○동 152-2
5. 강○○
   서울 종로구 ○○동 152-3
6. 최○○
   서울 종로구 ○○동 151-15

서울특별시 행정심판위원회 귀중

사례 4

행정심판청구서

청 구 인 : 이○○(480115-2036910)
우 120-092 서울시 서대문구 ○○동 51-7

피청구인(처분청) : 서대문구청
우 120-703, 서울시 서대문구 ○○동 168-6

재 결 청 : 서울시청
처분내용 : **담배소매인지정 부적합 처리**
처분청 고지유무 : 처리 통보서를 2001. 10. 10 받았습니다.

<청 구 취 지>

1. 피청구인이 청구인에 대하여 2001. 10. 6자로 한 담배소매인 지정 부적합 처리는 이를 취소한다.
2. 피청구인이 2001.10.6자로 ○○○에게 담배소매인으로 지정한 통보는 이를 철회한다.
3. 피청구인은 청구인에게 담배소매인 지정 적합통보를 한다.

라는 결정을 구합니다.

<청 구 이 유>

1. 신분관계

가. 청구인은 상기 주소지에서 ○○슈퍼를 운영해 온 자로서 담배소매인 지정 신청을 하였다가 부적합처리를 받은 자이며(갑제 2호증),

나. 피청구인은 청구인의 신청에 불법적으로 부적합 통보를 한 자입니다.

다. 한편, 청구 외 박○○는 동 사건에서 이해관계가 있는 자입니다.

2. 이해관계

가. 청구 외 박○○는 서울 서대문구 ○○동 151-7 소재 ○○상회를 운영하는 자로서 사실상 청구인과 경쟁관계에 있는 자입니다.

나. 그러나 피청구인은 청구인에게 담배소매인지정 부적합처리 통보를 하고 박○○에게는 담배소매인지정 적합 통보를 하여,

다. 청구인이 행정심판법 제9조상 법률적 이해관계가 있다고 할 것입니다.

3. 처분경위

가. 청구 외 K씨는 청구인의 앞집인 서울 서대문구 ○○동 151-9 소재 ○○슈퍼를 운영하다가 개인 사정으로 약 1년 전부터 가게 운영을 못하여 오던 중에 2001.9.27자로 폐업처리가 되었습니다.

나. 그 당시 담당 공무원(김○○, 014 - 9143 - 2667)은 청구인에게 2001. 9. 27 오후경에 전화를 하여, 소매인지정신청서를 접수하라는 비공식적인 정보를 제공하였습니다.

다. 그리하여 청구인은 2001.9.28. 09:00경에 담배소매인지정신청서를 서대문구청에 접수하였습니다. 그리고 부족한 첨부물인 사업자등록증 사본은 당일 오후 2시40분경에 별도로 가져다 주었습니다.

라. 그러나 피청구인은 청구인과 약 30미터 거리에서 ○○상회라는 간판을 걸고 영업을 하는 박○○에게 담배소매인지정 적합통보를 하였습니다.

4. 처분의 위법성

가. 청구 외 박○○는 청구인보다 늦게 신청하였으나, 박○○가 담배소매인지정 적합통보를 받았습니다.

나. (2001. 6. 30. 개정 전) 담배사업법 시행령 제11조 제1항에 의하면, 「소매인들이 동일지역내에서 신청인이 2명 이상일 경우에는 먼저 신청한 자에게 담배소매인을 지정하여야 한다」

라고 명시되어 있습니다.

5. 청구인의 입장을 대변할 근거

가. 청구인은 박 ○○ 보다 5시간 전에 접수하였습니다(갑제 1호증).

나. 담당공무원은 청구인에게 「**1개월치 봉급을 위자료쪼로 드릴 터이니 문제를 삼지 말라, 나에게 잘못이 있다 이해하라**」고 한바 있습니다.

6. 청구인은 억울합니다.

너무나 믿었던 것이었는데, 이렇게 바뀐 것입니다. 힘없는 준법자도 공정한 혜택을 받을 수 있는 심판을 기다립니다.

<입 증 자 료>

1. 갑제 1호증 ……………………… 담배소매인지정신청서
2. 갑제 2호증 ……………………… 담배소매인지정 부적합 처리 통보

2001. 10. 13

위 청구인 이 ○ ○ ㊞

서울특별시 행정심판위원회 귀중

사례 5

행정심판청구서

청 구 인 : ○○개발(주)
서울 서초구 ○○동 1814-16 대표이사 안○○
피청구인 : 서울특별시 강서구청장

건축허가취소처분 취소청구

<청 구 취 지>

1. 피청구인이 청구인에게 2000. 10. 30자로 한 건축허가취소처분을 취소하라.
2. 피청구인은 청구인에게 동 사건과 관련하여 건축허가를 이행하라.

라는 결정을 구합니다.

<청 구 이 유>

1. 피청구인 처분의 위법성

가. 청구인의 사업신청지는 현재까지 지구단위계획으로 미지정 상태입니다.

서울시 도시계획조례 제16조 등에서 제시되고 있는 지구단위계획 지정과 관련하여, 청구인 사업신청지는 행정심판이 진행되고 있는 2000. 2. 10. 현재까지 지구단위계획으로 지정되지 않았습니다(갑제 11호증).

한편, 피청구인이 제시하고 있는 규제법령 등의 조항 내용을 살펴보면「**다음 각호에 해당하는 구역에 대하여 지구단위 계획**

구역의 지정을 도시계획으로 결정할 수 있다」라고만 되어 있지, 그와 같은 법령조항에 근거하여, 피청구인은 현재까지 「同 해당지역을 지구단위 계획으로 결정한다」 또는 「결정을 위한 입안중이다」 등의 내부 문서가 없습니다.

피청구인은 2000. 10. 9 신청서 접수 이후에도 신청지가 지구단위 계획구역으로 되었다든지 될 것으로 예상되었다면 신청서 접수 후 1주일 정도되어서 청구인에게 알렸어야 할 것인데도 34일이 경과한 2000. 11. 13에 청구인의 신청서를 반려하였습니다.

또한 신청서 접수 이후 수차례 보완·협의의 기회가 있었으나 피청구인은 규제조항과 관련된 언급이 없었습니다.

※ 인접의 양천구청 관내에는 이미 여러 곳이 지구단위계획으로 지정되어 있습니다(갑제 16호증).

나. 피청구인이 규제조항으로 제시하는 해당조례 시행규칙은 청구인의 사업신청 이후 제정되었습니다.

피청구인이 사업계획승인신청서 반려사유를 도시계획법 제42조, 동시행령 제40조와 서울시 도시계획조례 제16조 등에 근거하여 신청지역이 지구단위계획구역 지정대상지역이라고 하였습니다만, 이는 심히 부당한 해석입니다.

사업계획신청서(갑제 9호증)는 2000. 10. 9에 접수되었으나 서울시 도시계획조례 시행규칙은 2000. 11. 6에 공포되었고, 예고기간이 없이 11.6부터 곧바로 시행되었습니다.

동 청구사건의 경우와 같이 조례의 공포와 시행이 문제가 되었을 때 청구인의 입장을 존중해 준 행정심판례는 지난해 국무총리행정심판위원회 심판 제99-2436호 관광숙박사업계획승인이행청구의 심판결과(갑제 10호증)에도 조례의 후제정(後制定)은 의미가 없음을 입증하고 있습니다.

또한 서울시가 2000. 7. 15 제정한 도시계획조례 제16조에도 강제적 규제내용은 없습니다. 추상적인 의미만 내포하고 있을 뿐 규제 방법등은 조례 제70조에서 시행규칙으로 정할 수 있도록 하고 있습니다. 다시 말하면 청구인 신청지를 규제할 명문화된 규정과 결정이 없다는 것입니다.

서초구청의 경우에는 2000.12월에 미흡하지만 재건축 시행방안(갑제 17호증)과 같은 구민 설득물이라도 준비중이지만 강서구청에는 공직자들의 바쁜 업무로 지구단위계획 지정 관련 명문화된 방침이 없습니다.

다. 사업계획신청서는 형식과 요건에서 완전합니다.

피청구인의 사업계획승인 신청서 반려문서(갑제 5호증, 을제 2호증)를 보면 「**신청지는 지구단위계획구역 지정 대상지역으로 지구단위계획에 따라 사업계획 후 재신청 바랍니다**」라고 표시하고 있습니다.

적어도 피청구인은 청구인에게 막연한 미지정된 법률을 소급적용시켜 주장하기보다는 재신청시의. 미비 사항을 구체적으로 제시하는 것이 국민의 편의를 돕는 피청구인의 역할이라 할 것입니다. 그러나 피청구인은 그렇지 못하였습니다

다시 말하면 반려이유는 아주 상징적이며 설득력 및 구체성이 결려된 것으로 비춰집니다.

청구인의 신청서에는 완전한 요건을 갖추고 있습니다(갑제 9호증, 갑제 11호증).

2. 피청구인 기타 주장 관련

가. 저밀도 주택(2~3층) 밀집 관련

청구인의 신청지 주변에는 주택이 전혀 없으며, 앞쪽 도로 8미터 건너서 업무·주거 혼합형태로 대부분 4~5층 규모의 근린생활 시설건축이 있을 뿐 2~3층짜리 저밀도 주택은 최고급 주택 일부가 산재하고 있습니다(갑제 15호증).

나. 건축 규모, 경관 및 환경피폐 관련

신청지 주택들은 25년 전 건립되어 일반주거지역 주택단지로 도시계획이 완료된 지역이며, 현재 노후된 주택 8개동이 있으나 대부분 비어 있습니다(갑제 15호증).

또한 신청지는 산세가 협악한 우장산 남동측 끝자락에 위치하므로 신청지 주변을 통하여는 우장산 출입을 금지하는 철조망이 설치되어 있습니다. 청구인이 신청한 사업계획은 현재 노후화로 비어있는 주택을 헐고 우장산 자연환경을 최대한 살린 자연 친화적인 최고급 중층 아파트를 건립하여 자연을 보호하고 주거환경을 고급화시키는데 의미가 있습니다.

인접 롯데아파트처럼 초고층을 계획하여 우장산 상당지역을 절개하는 형식의 옹벽설치 계획도 아닙니다.

청구인의 신청 건물이 건립될 때 보다 아름다운 도시가 될 것은 명백합니다.

다. 서울시 도시계획조례 시행지침 적용과 관련

2000. 7. 17 서울시 도시계획조례 제16조(구역지정대상지역)가 제정된 것과 청구인 신청지가 구역지정대상지역이다는 것은 별개의 문제이며, 신청지에는 청구인 사업승인 신청서 접수시까지 그리고 현재까지 후속 규정과 관련지침들이 만들어지지 않았습니다.

한편, 도시계획법 시행령 제5조의 2의 규정을 보면 「**도시계획**

구역안에서 건축불허가의 대상이 되는 경우는 추상적으로 당해 토지의 합리적인 이용이나 도시계획 사업에 지장이 될 우려가 있다는 것만으로 부족하고 구체적인 건설교통부령인 허가기준 등에 적합하지 아니한 경우에 불허가의 대상이 된다」라고 명시되어 있는 것과도 피청구인의 주장 및 답변은 배치됩니다.

3. 주변 유사 사업체의 건설진행 실태

가. 청구인 건설사업은 3,000평 정도의 소규모 사업지이지만 동신청지와 접하고 있는 서울 강서구 화곡동 1,093 외 43필지 위에 건립되고 있는 롯데 새마을 2지역 주택조합은 25,000평으로 1,164세대가 건립중에 있습니다(갑제 13호증, 갑제 14호증).

나. 롯데 새마을 2지역 주택조합은 규모, 넓이 면에서 10배를 능가할 뿐 아니라 건물 층수도 17층에서 26층이 되고 있어 청구인과 형평성에서 많은 차이가 있는 것으로 보여집니다.

다. 피청구인의 주장대로라면 롯데 새마을 2지역 주택조합이야 말로 우장산을 절개하여 30미터 옹벽을 설치하고, 북측과 동쪽의 아름다운 경관을 완전히 가리는 등 청구인의 신청사업과는 비교할 수 없을 정도의 자연경관을 해치고, 환경을 피폐화시킬 것이 확실합니다.

4. 청구인의 예산소요

롯데사업부지가 허가되는 등의 모습을 지켜보며, 청구인은 지난해 모든 여건에서 사업승인이 완전하리라는 분석하에, 동사업의 성공적 결실을 희망하며, 실제 소요된 지출금액은 2000.4월부터 사업성 검토를 위한 주변조사 및 가설계 비용 등 400만원과 토지계약금 및 중도금 등 10여개 지출 품목에 걸쳐 약 46억 33,660,000원이 지출된 상태입니다(갑제 12호증). 청구인은 가능성 있는 동 사업을 위해 청구인의 전부를 바쳤던 것입니다.

5. 청구인의 목적하는 신청사업이 수포로 돌아갈 때 청구인과 같은 중소기업은 회복불능의 함정에 직면할 것이 너무나 뻔합니다.

청구인은 2000. 10. 9 사업계획승인신청서를 강서구청에 접수하였습니다. 청구인의 접수 날짜가 지난해 10월이 아닌 2001.2월 지금에 접수를 하였다가 반려가 된 경우라면, 차라리 행정심판 청구 자체를 포기할 용의가 있겠지만 지금은 포기할 수 있는 청구인이 되기에는 너무나 어려운 현실입니다.

한편, 청구인은 결코 어떤 경우에도 피청구인과의 분쟁을 원하지 않습니다. 청구인은 영원히 同 문제가 아니더라도 피청구인과 협력하여 서울시 지역개발에 앞장서야 할 숙명적인 입장에 놓여 있습니다.

법률적으로 하자가 없는 청구인의 제반 사정을 살피시어 현명한 심판으로 위기에 처한 청구인의 기업에 용기와 힘을 주시기를 기원합니다.

<입 증 자 료>

1. 갑제 1호증 ………………… 법규관련 민원처리경과
1. 갑제 2호증 ………………… 유관 법규정 발췌 분석
1. 갑제 3호증 ………………… 관련판례
1. 갑제 4호증 ………………… 접수증
1. 갑제 5호증 ………………… 반려 공문
1. 갑제 6호증 ………………… 청구인 이의제기공문
1. 갑제 7호증 ………………… 피청구인 회신공문
1. 갑제 8호증 ………………… 청구인 등기부등본

1. 갑제 9호증 ………………… 사업계획신청서
1. 갑제 10호증 ………………… 행정심판 판례(99-2436)
1. 갑제 11호증 ………………… 토지이용확인서(신청지)
1. 갑제 12호증 ………………… 청구인 예산소요
1. 갑제 13호증 ………………… 지형도
1. 갑제 14호증 ………………… 롯데 주택건설사업
1. 갑제 15호증 ………………… 사진, 지형도
1. 갑제 16호증 ………………… 토지이용확인원(신청지 외)
1. 갑제 17호증 ………………… 재건축 시행방안(서초구청)

2001. 2. 12.
위 청구인
○○개발(주) 대표이사 안○○ ㊞

서울특별시 행정심판위원회 귀중

사례 6

행정심판청구서

청 구 인 : 구 홍 부
피청구인 : 중랑구청장

과징금부과처분 취소청구

서울특별시 행정심판위원회 귀중

행정심판청구서

청 구 인 : 구 홍 부
우 131-859, 서울시 중랑구 ○○동 90-1, 23

피청구인 : 중랑구청장
우 131-701, 서울시 중랑구 신내동 662

<청구의 취지>

1. 피청구인이 2001.10.22 청구인에 대하여 명령한「영업정지 3월 갈음 과징금 630만원」처분은 이를 취소한다.

라는 결정을 구합니다.

<청 구 이 유>

1. 처분 경위

가. 청구인은 상기 주소지에서「○○ 노래연습장」을 경영하는 자로서 2001.9.21. 04:00경 손님 중 한 사람이 경찰에 신고를 하였으며,

나. 그후 종업원인 청구 외 조용남이가 중랑경찰서 ○○2동파출소로 불려가서 조사를 받았으며,

다. 경찰에서 구청으로 동 내용을 통보하여 중랑구청은 2001.10.22 청구인에게 영업정지 3월갈음 과징금 630만원의 행정벌을 통보하였습니다.

2. 관련자 입장

가. 112에 신고한 손님

신고한 손님은 일용직 무보수 종업원이 자신과 함께 놀아주지 않는다고 화가 났던 나머지 112에 신고를 하였습니다.

나. 청구인의 입장

그 당시 일용직 무보수 종업원 이○○는 主 종업원으로 일하고 있던 조용남이가 심한 몸살로 출근은 하였으나, 일을 할 수 있는 입장이 못되어 인정에 못이겨 임시로 6시간 정도 출근하여 일을 돌보고 있었습니다(갑제 5호증).

이 때 112 신고한 손님은,

이○○가 자신들과 재미나게 놀아주지 않는다고 화가 났던 나머지 신고하였습니다.

이○○가 행한 행동은 청구인의 의사와 무관하게 이루어진 것입니다.

다. 경찰의 입장

경찰에서는 특별한 처벌 규정이 없다고 하면서 형사벌은 고려하지 않고, 행정벌의 조치를 위하여 구청으로 이첩하였습니다.

라. 피청구인의 입장

경찰의 이첩사실만을 토대로, 더 이상의 사건 배경, 청구인의 입장을 등한시하고 행정벌의 처분을 내렸습니다.

3. 청구인의 애로

가. 일용직 무보수 종업원 이○○은 主 종업원 조용남이가 몸살이

나서 일을 제대로 하기가 어려워, 잠시 대타로 일을 시킨 것이지 접대부 등의 신분이 아닙니다(갑제 5호증).

나. 이○○가 112신고한 손님의 방에 들어 간 것은 청구인의 의지 및 뜻과 무관하며, 종업원과 이○○이 자신들의 본분을 망각하고 손님의 방에 들어갔던 것 같습니다.

다. 만약 이○○가 상습적으로 접대부 역할을 해준 자라면, 손님과 언쟁을 벌일 일도 없었을 것이며, 손님이 요구하는 대로 하여 기분을 잘 맞춰 주었을 것입니다만, 불행하게도 사고를 일으켰습니다.

라. 경찰에서도 범죄를 논할 수 없는 일이라며, 구청으로 단순히 통보만 하겠다면서 종결처리한 사건입니다.

4. 피청구인의 위법성

가. 피청구인이 2001. 10. 5 통지한 처분사전통지서에는 음반・비디오물및게임물에관한법률 제39조를 적용시켰으나(갑 제1호증) 2001. 10. 22자 행정처분명령서에서는 同 법률 제8조를 적용시키고 있습니다(갑 제4호증).

처음부터 법 제8조를 적용시켰더라면 청구인은 의견서 및 기타 변론기회시에 충분한 대응을 하였을 것이지만 법을 변칙적으로 적용함에 따라, 청구인은 적절한 의견서 제시의 기회를 상실하였습니다.

나. 피청구인은 음반・비디오물및게임물에관한법률 제8조의 위반이라고 명시하고 있으나, 법 제8조의 1, 2, 3, 4, 5항 중에서 청구인의 행위가 법률상 각 조항에서 어떻게 위배되는지가 불명확하며, 同 법률과 무관합니다(갑 제8호증).

다. 법 제39조를 고찰하건데, 음반·비디오물및게임물에 관한 법률은 제35조가 마지막 법 조항입니다. 제39조는 법에 없습니다.

라. 한편, 법의 형평성과 관련하여

SBS 2001.10.3. 8시 뉴스에 의하면, 완전히 불법노래방이고, 상습적인 노래방도우미의 경우 영업정지 10일의 행정처분을 받았습니다(갑제 7호증).

청구인의 경우에는 청구인이 모르는 종업원의 순간적인 실수와 법률의 착오적용 등을 고려한다면「영업정지 90일 갈음의 630만원 과징금」은 형평성에 맞지 않는 것으로 사료됩니다.

5. 결 론

가. 청구인은 경기불황으로 몹시 어려운 처지에 놓여 있습니다.

잘아시다 시피 노래방은 장사가 되지 않아 태반이 문을 닫고 있는 현실입니다. 630만원의 과징금은 너무도 가혹합니다.

갑제 7호증의 보도내용과 같이 10일 정도에 해당하는 과징금, 즉 9분의 1에 해당하는 70만원 정도의 과징금만 낼 수 있는 선처를 바랍니다.

나. 존경하옵는 심판위원님!

차후 특별한 주의로 다시는 유사한 실수가 없도록 최선을 다하겠습니다. 금번에 한하여 선처를 부탁드립니다.

<입 증 자 료>

갑제 1호증 ························ 처분사전통지서
갑제 2호증 ························ 의견제출서
갑제 3호증 ························ 행정처분통보

갑제 4호증 ························· 행정처분명령서
갑제 5호증 ························· 진술서(이순금)
갑제 6호증 ························· 조용남 의견서
갑제 7호증 ························· 보도문
갑제 8호증 ························· 법 률

2001. 10. 31
위 신청인 구 홍 부 ㊞

서울특별시 행정심판위원회 귀중

사례 7

행정심판청구서

청 구 인 : 1. 정○○(40. 10. 5)
2. 정○○(38. 2. 8)
3. 정○○(56. 3. 19)
위 1, 2, 3 주소
서울시 마포구 ○○동 ○○아파트 106동 1103호

피청구인 : 평택시장
우 450-702 경기도 평택시 비전동 846 전화 659-4512
(업무실무자 : ○○과장 한○○, 보상 이○○, 담당 이○○)

자연녹지해제 청구

<청 구 취 지>

1. 피청구인은 2001. 5 청구인들의 토지인 경기도 평택시 ○○동 220-1 번지의 토지 일부에 한하여 처분한 자연녹지해제를 취소하고, 동 토지 전부에 대하여 자연녹지를 해제하라.
2. 피청구인은 청구인들의 토지인 ○○동 219-1, 219-2, 214-1, 220-2 수용에 대하여 2001년 말까지 주변 시가에 상응한 토지보상을 이행하라.

라는 결정을 구합니다.

<청 구 원 인>

1. 처분경위

가. 피청구인은 2001. 5에 도시계획심의위원회를 개최하여 자연녹지이자 청구인들의 토지인 경기도 평택시 ○○동 220-1 번지의 토지 일부에 한하여 대지로 전환시켜 주었습니다.

나. 또한 청구인들의 또다른 토지인 평택시 ○○동 219-1, 219-2, 214-1, 214-2 등 총 4필지가 평택시에 수용된지 십수년이 되었지만 현재까지 보상을 하지 않고 있습니다.

2. 처분의 위법성

(1) ○○동 220-1 택지 전환 문제

가. 피청구인은 수년 전에 청구인의 토지를 택지로 풀어 준다고 약속하였습니다. 그래서 청구인들은 오랜기간 수차례 방문하고, 전화한 일이 있었지만 피청구인이 조금만 기다리면 풀릴 것이다. 기다려 달라는 말만 믿고 기다리고 기다렸습니다.

나. 그러나 청구인들의 땅은 일부분에 대하여만 택지로 풀려 청구인들에게 큰 실망을 주고 말았습니다

다. 피청구인의 입장은 철길 밑으로 지하도가 만들어지면「**청구인 토지에 높은 빌딩을 신축하면 지하도를 왕래하는 차량들에게 우회전시 시야가 가려진다**」는 것입니다.

라. 그러나 피청구인이 염려하는 우려는 전혀 없습니다.

첫째, 지하도 입구에 신호등이 설치되기 때문에 청구인 토지에 건물이 어떤 형태로 만들어지더라도 결코 차량진행에 장애가 될 수 없습니다.

둘째, 토지가 길고 뾰족한 모양을 가지고 있어 고층 건물을

건립할 수 없으며,

셋째, 청구인들은 빌딩을 건축할 재력이 없으며, 동 토지를 향후 주차장으로 활용할 계획입니다.

(2) ○○동 219-1, 2, 214-1, 2 수용과 보상

가. 청구인은 그 동안 수원과 천안간 철도복복선 공사에 토지를 수십평을 수용당하였고, 국도로 200㎡ 정도가 편입되어 이미 상당한 손해를 입고 있습니다.

나. 2001. 1. 4자 보상요구에 대한 평택시의 답신에 의하면 정확한 예정일자를 명시하지 않은 채 막연히 보상을 약속하고 있습니다(갑제 3호증).

다. 청구인들은 적어도 2개월내에 아니면 2001년도내에 주변 대지와 가격이 상응한 보상조치가 있기를 원하고 있습니다.

아울러 십수년동안 토지를 사용한 사용료 지급도 함께 검토해 주시길 바랍니다.

<입 증 자 료>

1. 갑제 1호증 ………………… 지적도
1. 갑제 2호증 ………………… 내용증명서신(청구인 → 평택시장)
1. 갑제 3호증 ………………… 피청구인의 답신

2001. 5. 28

위 청구인 1. 정○○
2. 정○○
3. 정○○

경기도 행정심판위원회 귀중

사례 8

행정심판청구서

청 구 인 : 구 홍 부
피청구인 : ○○구청장

영업정지처분 취소청구

서울특별시 행정심판위원회 귀중

행정심판청구서

청 구 인 : 구 홍 부(261000-2001814)
서울 ○○구 ○○동 279, ○○여관
업소전화 2763-4478, 자택 2762-7422

피청구인 : ○○구청장
서울시 ○○구 ○○동 146-2, 전화 2731-0360

영업정지처분 취소청구소

<청구의 취지>

1. 피청구인이 2000. 12. 17.부로 청구인에 대하여 명령한 2개월간의 숙박업 영업정지 처분은 이를 취소한다.
   라는 결정을 구합니다.

<청구의 이유>

1. 처분 경위

가. 청구인이 2000. 10. 22. 청구인 업소에 미성년자를 숙박시켰다는 이유로 청구인은 피청구인으로부터 영업정지 2월의 행정처분(2000. 12. 17~2001. 2. 16)을 받았습니다(갑제 1호증1-2).

나. 행정처분장은 2000. 12. 9 수령하였습니다.

2. 처분청의 처분에 대한 청구인의 입장

가. 청구인은 75세의 노인으로서 30년 가까이 숙박업을 하고 있습니다. 저는 처음으로 이렇게 억울한 일이 발생하였습니다.

나. 2000. 10. 17 저녁에 임시고용원 63세 할머니가 일하고 있을 때, 33세 가량보이는 젊은이가 저희 업소에 와서,「시골서 온 친조카가 며칠간 잘 수 있도록 편의를 봐 주십시오. 저희 집은 300미터 가량 떨어진 곳에 있습니다. 전셋집이라 방이 없어 가족과 함께 잘 수가 없어 이렇게 부탁합니다.」

다. 라고 하여 청구인 업소 201호실을 주게 되었습니다.

라. 그리고, 당일 밤 10시 30분경에는 청구인이 전화를 받았을 때, 외부에서 삼촌이라면서 전화도 오고 하였으며, 그 후 삼촌은 수시로 여관에 와서 그들을 데리고 가서 식사도 대접하고, 여관비도 주는 등 충분한 믿음을 주었습니다.

마. 이와같은 이유로 나이가 약간 어려보여도, 삼촌이 있었기에 전혀 우려하지 않았습니다. 이런 와중에 경찰에 의하여 문제가 되었습니다.

3. 청구인의 기타 사정

가. 청구인은 2000. 4. 15부터 9월까지 여관공사를 하면서 7,000만원의 빚을 지고 있습니다.

나. 서울 종로구 창신동 ○○아파트 1705호 ○○○로부터 금년 4월에 7,000만원을 차용하였습니다(갑제 5호증).

다. 제 남편 강○○(80세, 222000-1001800)은 노환으로 몸이 불편하지만, 대한숙박업중앙회 이사로 있으며, 6.25전쟁시에는 참전용사로 국가에 공이 지대합니다.

4. 결　론

존경하옵는 심판관님!

이것은 계획적인 일입니다. 저에게 33세로 보이는 삼촌을 만나게 해 주십시오. 저는 어떤 경우에도 영업정지를 당하면 안됩니다.

그리고 억울한 사건입니다.

팔순 노인의 가련한 처지를 돌보아 주십시오.

<입 증 자 료>

갑제 1호증1-2 ……………… 행정처분 통보

갑제 2호증 ………………… 지정숙박업자지정증

갑제 3호증 ………………… 임명장

갑제 4호증 ………………… 참전용사증

갑제 5호증 ………………… 차용증

2001. 2. 2

위 청구인 구 홍 부 ㊞

서울특별시 행정심판위원회 귀중

사례 9

행정심판청구서

청 구 인 : 구 홍 부
피청구인 : ○○ 구청장

일반음식점 영업소폐쇄처분 취소청구

서울특별시 행정심판위원회 귀중

행정심판청구서

청 구 인 : 구 홍 부
서울 ○○구 ○○동 403-8 대동강
연락처 011-000-2024
(송달처 : 서초구 서초동 504-11)

피청구인 : ○○구청장
122-702 서울 ○○구 ○○동 84, 전화 4350-3454

일반음식점 영업소폐쇄처분 취소청구

처분이 있음을 안날 : 2001.12.19

<청 구 취 지>

1. 피청구인이 2001.12.14자로 청구인에게 한 일반음식점 영업소폐쇄처분은 이를 취소한다.
라는 결정을 구합니다.

<청 구 원 인>

1. 처분경위

가. 청구인이 청구인 업소에 미성년자를 출입시켰다는 이유로 2001.11.1에서 12.31까지 영업정지처분을 받은 바가 있습니다.

나. 영업정지기간 중 영업을 하며, 재차 미성년자를 출입시켰다는 이유로 청구인은 2001. 12. 14 피청구인으로부터 영업소 폐쇄처분을 받았습니다.

2. 사실 관계

가. 2001. 9. 27경 미성년자 출입에 따라 2001. 11. 1에서 12.31까지 영업정지 처분을 받음.

나. 영업정지 기간중에 10일 중 2~3일은 영업은 하지 않았지만 업소 문을 열어, 환풍을 시키고, 청소하는 등 준영업을 하였습니다.

다. 2개월간의 영업정지기간 중에 11월 7일과 12월초, 2차례에 걸쳐 미성년자를 출입시킴.

라. 2001. 12. 14 앞의 이유로 ○○구청으로부터 영업소폐쇄의 행정처분을 받았습니다.

3. 청구인이 인정하는 사실

가. 미성년자가 출입한 자체를 인정합니다.

나. 영업정지 기간중에도 단속원의 눈을 피하여 약 20%~30%의 기간동안 영업장 문을 조심스럽게 열어 영업하였음도 인정합니다.

다. 영업정지기간 중 문을 연 당일은 저녁 7시에서 10시까지, 또는 저녁 9시부터 11시까지 짧은 시간동안 영업을 하였습니다.

4. 청구인의 입장

가. 청구인이 영업정지 기간동안 문을 연 것은 빚이 많은 청구인으로서 영업정지 이전에 13명의 손님들이 5일 후에, 1주일 후에 외상값을 갚아 준다고 하여 영업소 문을 완전히 내릴 수가 없었습니다.

13명의 손님 중 3명은 200만원 이상의 외상값이 있기도 합니다. 현재까지도 이 빚을 받지 못하고 있습니다.

영업목적이 아니고, 외상값을 받기 위한 목적으로, 며칠에 한 번씩 문을 열어 놓을 수밖에 없었습니다.

나. 영업기간 중 2차례 미성년자 출입과 관련하여, 청구인은 한 두 살 어리게 보인 미성년자들에게 「우리 업소는 현재 영업정지 기간중이다. 나가달라」며 호소했으나, 그들은 즉시 나가겠다고 하면서도 연약한 청구인의 호소를 받아주지 않아 이렇게 무서운 결과를 초래하고 말았습니다.

다. 한편, 청구인은 1년 전에 동 업소를 개업하면서 홍○숙으로부터 5,000만원을 빌려서 인테리어를 하고 보증금 2,500만원(월세 130만원)을 주었습니다.

○○동 504-11번지에서 월세 20만원을 주며, 살아가고 있습니다.

라. 아들과 딸이 있으나 아직 20대 초로서 마땅한 직장에도 나가지 못하고 있습니다.

마. 남편 ○○○(48.6.24생)은 건강이 나빠 시골에서 요양중에 있습니다.

바. 이런 어려운 상황하에서 여·순반란사건 당시 공적이 다대하여 국가유공자 대우를 받고 있는 시아버지 故 윤○주님에게 나오는 월 25만원의 돈으로 어렵게 살고 있습니다.

5. 결 론

가. 청구인에게 영업폐쇄의 처분만은 거두어 주십시오.

문을 닫으면 1,000여만원의 외상값도 못 받게 되고,

나. 6명의 가족 생계에 큰 타격이 됩니다.

선처를 바랍니다.

<입 증 자 료>

갑제 1호증 ························ 행정처분결과 알림

갑제 2호증 ························ 행정처분명령서

갑제 3호증 ························ 차용증

갑제 4호증 ························ 통장 마이너스 잔고

갑제 5호증 ························ 전세계약서

갑제 6호증 ························ 국가유공자증서

갑제 7호증 ························ 요양증서

2001 12. 31

위 청구인 구 홍 부 ㊞

서울특별시 행정심판위원회 귀중

사례10

행정처분 집행정지신청

신 청 인 : 구 홍 부
서울 ○○구 ○○동 403-8 대동강
연락처 011-000-2024
(송달처 : 서초구 서초동 504-11)

피신청인 : ○○구청장
122-702 서울 ○○구 ○○동 84, 전화 4350-3454

일반음식점 영업소폐쇄처분 취소청구

처분이 있음을 안 날 : 2001. 12. 19

<신 청 취 지>

1. 피신청인이 2001. 12. 14자로 신청인에게 한 일반음식점 영업소폐쇄 처분은 귀 행정심판결과가 나올 때까지 그 효력을 정지한다.
라는 결정을 구합니다.

<신 청 원 인>

1. 처분경위

가. 신청인이 신청인 업소에 미성년자를 출입시켰다는 이유로 2001. 11. 1에서 12.31까지 영업정지처분을 받은 바가 있습니다.

나. 영업정지 기간 중 영업을 하며, 재차 미성년자를 출입시켰다는 이유로 신청인은 2001. 12. 14 피신청인으로부터 영업소 폐쇄처분을 받았습니다.

2. 사실관계

가. 2001. 9. 27경 미성년자 출입에 따라 2001. 11. 1에서 12.31까지 영업정지 처분을 받음.

나. 영업정지 기간중에 10일 중 2~3일은 영업은 하지 않았지만 업소 문을 열어 환풍을 시키고, 청소도 하는 등 준영업을 하였습니다.

다. 2개월간의 영업정지기간 중에 11월 7일과 12월초, 2차례에 걸쳐 미성년자를 출입시킴.

라. 2001. 12. 14 앞의 이유로 ○○구청으로부터 영업소 폐쇄의 행정처분을 받았습니다.

3. 신청인이 인정하는 사실

가. 미성년자가 출입한 자체를 인정합니다.

나. 영업정지 기간중에 단속원의 눈을 피하여 약 20%~30%의 기간동안 영업장 문을 조심스럽게 열어 영업을 하였습니다.

다. 영업정지기간 중 문을 연 당일은 저녁 7시에서 10시까지, 또는 저녁 9시부터 11시까지 짧은 시간동안 영업을 하였습니다.

4. 신청인의 입장

가. 신청인이 영업정지 기간동안 문을 연 것은 빚이 많은 신청인으로서 영업정지 이전에 13명의 손님들이 5일 후에, 1주일 후에 외상값을 갚아 준다고 하여 영업소 문을 완전히 내릴 수가 없었습니다.

13명의 손님 중 3명은 200만원 이상의 외상값이 있기도 합니다. 현재까지 이 빚을 받지 못하고 있습니다.

영업목적이 아니고, 외상값을 받기 위한 목적으로, 며칠에 한번씩 문을 열어 놓을 수밖에 없었습니다.

나. 영업기간 중 2차례 미성년자 출입과 관련하여,

신청인은 한두살 어리게 보인 미성년자들에게「우리 업소는 현재 영업정지 기간중이다. 나가달라」며 호소하였으나, 그들은 즉시 나가겠다고 하면서도, 연약한 신청인의 호소를 받아주지 않아 이렇게 무서운 결과를 초래하고 말았습니다.

다. 한편, 신청인은 1년 전에 동 업소를 개업하면서 홍○숙으로부터 5,000만원을 빌려서 인테리어를 하고 보증금 2,500만원(월세 130만원)을 주었습니다.

○○동 504-11번지에서 월세 20만원을 주며, 살아가고 있습니다.

라. 아들과 딸이 있으나 아직 20대 초로서 마땅한 직장에도 나가지 못하고 있습니다.

마. 남편 ○○○(48.6.24생)은 건강이 나빠 시골에서 요양중에 있습니다.

바. 이런 어려운 상황하에 여·순반란 사건 당시 공적이 다대하여 국가유공자 대우를 받고 있는 시아버지 故 윤○주님에게 나오는 월 25만원의 돈으로 어렵게 살고 있습니다.

5. 결 론

가. 신청인에게 영업폐쇄의 처분만은 거두어 주십시오.

문을 닫으면 1,000여만원의 외상값도 못 받게 되고,

나. 6명의 가족 생계에 큰 타격이 됩니다. 행정심판 결과가 나올 때까지 집행을 정지하여 주시는 선처를 바랍니다.

<입 증 자 료>

갑제 1호증 ······················ 행정처분결과 알림
갑제 2호증 ······················ 행정처분명령서
갑제 3호증 ······················ 차용증
갑제 4호증 ······················ 통장 마이너스 잔고
갑제 5호증 ······················ 전세계약서
갑제 6호증 ······················ 국가유공자증서

첨부 : 행정심판청구서 접수증

2001. 12. 21
위 신청인 구 홍 부 ㊞

서울특별시 행정심판위원회 귀중

사례11

행정심판청구서

신 청 인 : 구 홍 부
서울시 ○○구 ○○동 169-14 다모아
(송달장소 : 서울 ○○구 ○○2동 196-36호)
전화 7814-1016

피신청인 : ○○구청장
서울시 ○○구 ○○동 168-6 전화 880-1360

영업정지처분 취소

1. 피신청인이 2001. 6. 11 신청인에 대하여 명령한 3개월간의 일반음식점 영업정지 처분은 이를 취소한다.
   라는 결정을 구합니다.

<청구의 이유>

1. 처분경위

가. 신청인이 2001. 3. 30. 05:00경 신청인 업소 종업원 곽○○에게 유흥접객행위를 하도록 하였다고 하여 피신청인으로부터 2001. 6. 11 영업정지 3월의 행정처분을 받았습니다(갑제 1호증1~2).

나. 행정처분장은 2001. 6. 13 수령하였습니다.

2. 처분의 위법성

(1) 사실관계의 착오

가. 구홍부가 운영하는 업소는 술과 양주를 판매하여도 되는 일반 음식점입니다.

피신청인은 신청인이 접객행위를 하였다는 이유로 영업정지 처분을 하였습니다. 본인의 업소에 놀러온 곽○○는 찾아온 손님 정○○이가 만취한 상태에서 강력하게 술을 따르도록 요구하여 이를 수차례 거절하다가 할 수 없이 한잔의 술을 따르게 된 것으로 알고 있습니다.

그 후 계속하여 술 접대의 요구에도 거절함에 따라 술취한 고객은 곽○○에 대해 나름대로 불쾌하게 여겼던 것입니다.

나. 이에 만취한 고객은 앞의 곽○○의 거절한 행위를 용서하지 못하고 1차례 술을 따른 접객사실을 112에 신고하여 문제로 만들었습니다.

다. 피신청인은 마치 신청인이 종업원을 두고 신청인이 시켜서 상습적으로 접객한 것으로 착각하고 신청인에게 강력한 행정벌인 영업정지 3월을 내렸습니다.

(2) 피신청인은 경찰조사만 수용

가. 경찰관은 조사에서 주인인 구홍부 자신이 접객행위를 하지 않았고, 손님에 불과한 곽○○가 반강요에 의하여 접객행위를 한 사실을 인정해 주지 않았으며,

나. 주인인 구홍부에게는 한 차례의 진술기회도 주지 않은 상태에서

일방적으로 서류를 작성한 후 신청인에게 서명을 강요하였습니다. 그리고 조사가 종결처리 되었습니다.

다. 주인이 인정하지 않는 사건을 놓고 경찰은 벌금 67만원 형벌을 내렸고(갑제5호증), 피신청인은 위 처분을 내렸습니다.

(3) 다른 구청과의 행정벌 비교

가. 본 업소의 접객행위는 주인인 구홍부가 잠시 자리를 비워 몰랐던 사실이며,

나. 처음으로 발생된 사건입니다.

다. 최근에 실제 발생한 2001구 13187 사건, 2001구 8635사건 등과 비교하더라도 사건발생 배경, 결과 등을 고려할 때 3월간의 영업정지는 지나친 행정벌로 여겨집니다.

(4) 법 적용상 문제점

가. 피신청인은 식품위생법 제58조의 위반을 적용하고 있습니다.

법 제58조는 6개항 20여개의 다른 조항이 관련되고 있는데 구체적으로 어떤 행위가 법 몇조를 위반하고 있는지 불명확하며, 정확하게 적시하지 못하고 있습니다.

나. 즉 신청인의 행위가 무엇을 위반하여 앞으로 어떤 점을 고치며, 반성하여야 하는지가 이해되지 않고 있습니다.

3. 결론 및 애로

가. 앞에서 살펴본 바 대로, 본 업소에서는 손님과 손님간의 관계에서 처음으로 발생한 사건입니다.

나. 한편, 업소 주인인 구홍부의 남편은 1993년 뇌출혈로 쓰러진 이

후(갑제4호증), 신청인 혼자서 2명의 자녀와 남편을 부양하기 위해 오랜기간 식당의 파출부를 계속하다 2000.4월부터 본 업소를 경영하게 되었습니다.

다. 또한 신청인은 경기불황으로 몹시 어려운 실정에 놓여 있습니다. 수개월 동안 영업을 못하면 영원히 문을 닫아야 할 어려움에 직면하고 말 것입니다.

라. 차후 특별한 주의로 다시는 유사한 실수가 없도록 최선을 다하겠습니다. 금번에 한하여 선처를 부탁드립니다.

<입 증 자 료>

갑제 1호증1 ……………… 행정처분 통지
갑제 1호증2 ……………… 행정처분명령서
갑제 2호증 ……………… 주민등록증
갑제 3호증 ……………… 사업자등록증(추후 제출예정)
갑제 4호증 ……………… 진단서(남편)
갑제 5호증 ……………… 벌금고지서(67만원)

2001. 6. 15
위 신청인 구 홍 부 ㊞

서울특별시 행정심판위원회 귀중

사례12

행정처분 집행정지 신청

신 청 인 : 구 홍 부
서울 ○○구 ○○동 169-14 다모아
(송달장소 : 서울 ○○구 ○○ 2동 196-36호) 전화 7814-1016

피신청인 : ○○구청장
서울시 ○○구 ○○동 168-6 전화 7330-1360

행정심판청구서를 같은 날 구청에 접수하였습니다.

<신청의 취지>

1. 피신청인이 2001. 6. 11자 신청인에 대하여 명령한 2001. 6. 21부터 3개월간의 영업정지처분 명령은 귀위원회 행정심판 결과가 나올 때까지 그 효력을 정지한다.
라는 결정을 구합니다.

<신청의 이유>

1. 처분경위

가. 신청인이 2001. 3. 30. 05:00경 신청인 업소에 종업원 곽○○에게 유흥접객행위를 하도록 하였다고 하여 피신청인으로부터 2001.

6.11 영업정지 3월의 행정처분을 받았습니다(소갑제 1호증1~2).

나. 행정처분장은 2001. 6. 13 수령하였습니다.

2. 처분의 위법성

(1) 사실관계의 착오

가. 구홍부가 운영하는 업소는 술과 양주를 판매하여도 되는 일반 음식점입니다.

○○구청은 신청인이 접객행위를 하였다는 이유로 영업정지 처분을 하였습니다. 본인의 업소에 놀러온 곽○○는 찾아온 손님 정○○이가 만취한 상태에서 강력하게 술을 따르도록 요구하여 이를 수차례 거절하다가 할 수 없이 한잔의 술을 따르게 된 것으로 알고 있습니다.

그후 계속하여 술 접대의 요구에도 거절함에 따라 술취한 고객은 곽○○에 대해 나름대로 불쾌하게 여겼던 것입니다.

나. 이에 만취한 고객은 앞의 곽○○의 거절한 행위를 용서하지 못하고 1차례 술을 따른 접객사실을 112에 신고하여 문제로 만들었습니다.

다. ○○구청은 마치 신청인이 종업원을 두고 신청인이 시켜서 상습적으로 접객한 것으로 착각하고 신청인에게 강력한 행정벌인 영업정지 3월을 내렸습니다.

(2) ○○구청은 경찰조사만 수용

가. 경찰관은 조사에서 주인인 구홍부 자신이 접객행위를 하지 않았고, 손님에 불과한 곽○○가 반강요에 의하여 접객행위를 한 사실을 인정해 주지 않았으며,

나. 주인인 구홍부에게 한 차례의 진술기회도 주지 않은 상태에서 일방적으로 서류를 작성한 후 신청인에게 서명을 강요하였습니다. 그리고 조사가 종결처리 되었습니다.

다. 주인이 인정하지 않는 사건을 놓고 경찰은 벌금 67만원 형벌을 내렸고(갑제5호증), 피신청인은 위 처분을 내렸습니다.

(3) 다른 구청과의 행정벌 비교

가. 본 업소의 접객행위는 주인인 구홍부가 잠시 자리를 비워 몰랐던 사실이며,

나. 처음으로 발생된 사건입니다.

다. 최근에 실제 발생한 2001구13187 사건, 2001구 8635사건 등과 비교하더라도 사건발생 배경, 결과들을 고려할 때 3월간의 영업정지는 지나친 행정벌로 여겨집니다.

(4) 법 적용상 문제점

가. ○○구청은 식품위생법 제58조의 위반을 적용하고 있습니다. 법 제58조는 6개항 20여개의 다른 조항이 관련되고 있는데, 구체적으로 어떤 행위가 법 몇조를 위반하고 있는지 불명확하며 정확하게 적시하지 못하고 있습니다.

나. 즉 신청인의 행위가 무엇을 위반하여 앞으로 어떤 점을 고치며, 반성하여야 하는지가 이해되지 않고 있습니다.

3. 결론 및 애로

가. 앞에서 살펴본 바 대로, 본 업소에서는 손님과 손님간의 관계에서 처음으로 발생한 사건입니다.

나. 한편, 업소 주인인 구홍부의 남편은 1993년 뇌출혈로 쓰러진 이후(소갑제 4호증), 신청인 혼자서 2명의 자녀와 남편을 부양하기 위해 오랜기간 식당의 파출부를 계속하다 2000.4월부터 본 업소를 경영하게 되었습니다.

다. 또한, 신청인은 경기불황으로 몹시 어려운 실정에 놓여 있습니다.
　수개월 동안 영업을 못한다면 영원히 문을 닫아야 할 어려움에 직면하고 말 것입니다.

라. 차후 특별한 주의로 다시는 유사한 실수가 없도록 최선을 다하겠습니다. 금번에 한하여 선처를 부탁드립니다.

<입 증 자 료>

소갑제 1호증1 …………… 행정처분통지
소갑제 1호증2 …………… 행정처분명령서
소갑제 2호증 …………… 주민등록증
소갑제 3호증 …………… 사업자등록증(추후 제출예정)
소갑제 4호증 …………… 진단서(남편)
소갑제 5호증 …………… 벌금고지서(67만원)
소갑제 6호증 …………… 행정심판청구소 접수증

첨부 : 행정심판청구서, 접수증

2001. 6. 15.

위 신청인 구 홍 부 ㊞

서울특별시 행정심판위원회 귀중

사례13

행정심판청구서

청 구 인 : 구 홍 부

피청구인 : ○○구청장

영업정지처분 취소청구

서울특별시 행정심판위원회 귀중

행정심판청구서

청 구 인 : 구 홍 부(500802-2009813)
서울 ○○구 ○○동 322-1 ○○○ 간이음식점
전화 000-5330, 018-000-5339, 기타 018-000-5339
(송달장소 : 서울 송파구 신천동 20)

피청구인 : ○○구청장
서울시 ○○구 ○○동 540, 전화 4480-1114

영업정지처분 취소청구

<청구의 취지>

1. 피청구인이 2001. 4. 6 원고에 대하여 명령한 2개월간의 간이음식점 영업정지 처분은 이를 취소한다.
라는 결정을 구합니다.

<청구의 이유>

1. 처분경위

가. 청구인이 2001. 3. 23. 12:50경 원고가 경영하는 음식점에 미성년자를 출입시켰다는 이유로 청구인은 피청구인으로부터 영업정지 2월의 행정처분을 받았습니다(갑제1호증, 갑제2호증).

나. 행정처분장은 2001. 4. 6 수령하였습니다.

2. 처분청의 처분에 대한 청구인의 입장

가. 청구인은 40대 중반의 중년 부인으로 남편이 2000년 8월까지 군인으로 근무하여(갑제5호증, 갑제6호증) 남편이 주는 봉급만으로 살아와서 세상살이의 경험이 없을 뿐 아니라, 남편의 실직으로 본 업소를 7개월 가량 경영해 본 사회 초년생입니다(갑제 7호증, 사업자 등록).

나. 이와 같이 경험이 없는 터라 청구인은 모든 일에 신중을 기하였고, 특히 규정에 위배되는 어떤 일도 하여서는 안된다는 생각으로 조심스럽게 사업을 착수하였습니다.

다. 청구인은 평소 모범적인 업무를 추진하였습니다.

그래서 지난 수개월 동안 주점을 경영하면서도 관공서로부터 아무런 지적을 받지 않고 열심히 일해왔습니다.

3. 사건의 경위와 청구인의 준법노력

가. 청구인의 가계가 경찰합동단속반에 의하여 적발당하던 날 이미 경찰조사에서도 밝힌 바가 있듯이, 4명의 일행 중 3명은 완전한 성인 대학생으로서 수시로 본 업소를 출입하였습니다. 일행 중 1명은 본 업소를 처음으로 찾았습니다. 그러자 종업원인 유○○는 「대단히 죄송합니다만, 단속이 심하기 때문에 불편하시더라도 신분증을 보여주셔야 합니다」라며 신분증 제시를 강력히 요청하였습니다. 그때 소위 미성년인 그 손님은 81년 1월생이라고 하였습니다.

친구들 중에서도 가장 나이가 많게 보였으며, 약 22세 가량 보였다고 합니다. 그 순간 경찰 합동 단속반이 불시에 닥쳤던 것입니다.

이것이 청구인의 위법의 전부입니다(갑제3호증, 자술서).

나. 청구인은 미성년자의 업소출입이 상당히 위험한 줄 알고 있을 뿐 아니라 평소 미성년자의 출입을 막기 위해 종업원을 대상으로 수시로 교육을 시켰고 출입구에 입간판도 붙여 놓았습니다(갑제8호증).

4. 처음으로 청구인은 실수를 하였습니다.

가. 청구인의 법규 위반은 결코 상습적이지는 않지만 좀더 철저를 기했어야 하는데 라고 뒤늦게 깊이 반성하고 있습니다.

나. 처음있는 금번 일을 계기로 법규에 위배되는 어떤 일도 없도록 최선을 다하겠습니다.

5. 청구인의 경제사정

가. 청구인은 경기불황으로 몹시 어려운 실정에 있습니다.

청구인의 남편은 전후방 각지에서 45살이 되도록 군무에 몸담아 1년 전에 군무를 떠나 실직한 상태에 있습니다(갑제6호증1-2).

군에 몸 담으면서 국무총리, 장관, 안기부장 및 사령관님의 상을 10여개나 수여받는 등(갑제9호증 1-6) 오직 군무에만 전념한 나머지 더욱 세상사는 법을 몰라서 앞으로의 청구인 가정의 경제가 무척 난감합니다.

나. 청구인은 본 경영을 하기 위해 은행에서 1억8,000만원의 거액을 대출하여 경영에 보태기도 하고 다른 채무를 갚기도 하였습니다.

요즘은 경기가 좋지 않아 월세를 주고나면 매월 수익이 50여만원에 불과하며, 월세는 매월 100만원을 내야 합니다(갑제4호증).

이와 같이 어려운 경제 상황에서 3개월동안 문을 닫으라면 영원히 문을 닫고 다른 일을 시작해보라는 명령과 다를 바가 없는 가혹한 행정벌입니다.

존경하옵는 심판위원님!

금번에 한하여 선처를 부탁드립니다. 부족함이 없는 업주로서, 앞서가는 자랑스런 시민이 되겠습니다.

<입 증 자 료>

갑제 1호증 ……………… 행정처분 통보
갑제 2호증 ……………… 영업정지명령서
갑제 3호증 ……………… 진술서
갑제 4호증 ……………… 전세계약서
갑제 5호증 ……………… 주민등록등본
갑제 6호증1-2…………… 군장기복무증서
갑제 7호증 ……………… 사업자 등록증
갑제 8호증 ……………… 사진(미성년자 출입금지)
갑제 9호증1-6…………… 각 표창

2001. 4. 13

위 신청인 구 홍 부 ㊞

서울특별시 행정심판위원회 귀중

사례14

행정처분 집행정지 신청

신 청 인 : 구 홍 부(500002-2009813)
서울 ○○구 ○○동 322-1 ○○○ 간이음식점
전화 4424-5330, 018-000-5339
(송달장소 : 서울 송파구 신천동 20)

피신청인 : ○○구청장
서울시 강동구 성내동 540 전화 480-1114

영업정지처분 집행정치신청 사건

처분을 안 날 : 2001. 3. 20

<신청의 취지>

1. 피신청인이 2001. 3. 16자 신청인에 대하여 명령한 2개월간의 영업정지 처분은 귀청에 행정처분 취소청구 행정심판의 결정시까지 그 효력을 정지한다.

라는 결정을 구합니다.

<신청의 이유>

1. 처분 경위

가. 신청인은 2001. 3. 23. 12:50경 신청인이 경영하는 음식점에 미성년자를 출입시켰다는 이유로 신청인은 피고로부터 영업정지 2월

의 행정처분을 받았습니다(소갑제1호증, 소갑제2호증).

나. 행정처분장은 2001. 4. 10 수령하였습니다.

2. 처분청의 처분에 대한 신청인의 입장

가. 신청인은 40대 중반의 중년 부인으로 남편이 2000년 8월까지 군인으로 근무하여(소갑제5호증, 소갑제6호증) 남편이 주는 봉급만으로 살아와서 세상살이의 경험이 없을 뿐 아니라, 남편의 실직으로 본 업소를 7개월 가량 경영해 본 사회 초년생입니다(소갑제7호증, 사업자 등록).

나. 이와같이 경험이 없는 터라 신청인은 모든 일에 신중을 기하였고, 특히 규정에 위배되는 어떤 일도 하여서는 안된다는 생각으로 조심스럽게 사업을 착수하였습니다.

다. 신청인은 평소 모범적인 업무를 추진하였습니다.

그래서 지난 수개월 동안 주점을 경영하면서도 관공서로부터 아무런 지적을 받지 않고 열심히 일해왔습니다.

3. 사건의 경위와 신청인의 준법노력

가. 신청인은 가게가 경찰합동단속반에 의하여 적발당하던 날 이미 경찰조사에서도 밝힌 바가 있듯이, 4명의 일행 중 3명은 완전한 성인 대학생으로서 수시로 본 업소를 출입하였습니다. 일행 중 1명은 본 업소를 처음으로 찾았습니다. 그러자 종업원인 유○○는「대단히 죄송합니다만, 단속이 심하기 때문에 불편하시더라도 신분증을 보여주셔야 합니다.」라며 신분증 제시를 강력히 요청하였습니다. 그때 소위 미성년인 그 손님은 81년 1월생이라고 하였습니다.

친구들 중에서도 가장 나이가 많게 보였으며, 약 22세 가량 보였다고 합니다.

그 순간 경찰 합동 단속반이 불시에 닥쳤던 것입니다.

이것이 신청의 위법의 전부입니다(소갑제3호증, 자술서)

나. 신청인은 미성년자의 업소출입이 상당히 위험한 줄 알고 있을 뿐 아니라 평소 미성년자의 출입을 막기 위해 종업원을 대상으로 수시로 교육을 시켰고 출입구에 입간판도 붙혀 놓았습니다(소갑제 8호증).

4. 처음으로 신청인은 실수를 하였습니다.

가. 신청인은 법규 위반은 결코 상습적이지는 않지만 좀더 철저를 기했어야 했는데 라고 뒤늦게 깊이 반성하고 있습니다.

나. 처음있는 금번일을 계기로 법규에 위배되는 어떤 일도 없도록 최선을 다하겠습니다.

5. 신청인의 경제사정

가. 신청인은 경기불황으로 몹시 어려운 실정에 있습니다.

신청인의 남편은 전후방 각지에서 45살이 되도록 군무에 몸담아 1년 전에 군무를 떠나 실직한 상태에 있습니다(소갑제6호증1-2).

군에 몸담으면서 국무총리, 장관, 안기부장 및 사령관님의 상을 10여개나 수여받는 등(소갑제 9호증1-6) 오직 군무에만 전념한 나머지 더욱 세상사는 법을 몰라서 앞으로의 신청인은 가정의 경제가 무척 난감합니다.

나. 신청인은 본 경영을 하기 위해 은행에서 1억8,000만원의 거액을 대출하여 경영에 보태기도 하고 다른 채무를 갚기도 하였습니다.

요즘은 경기가 좋지 않아 월세를 주고 나면 매월 수익이 50

여만원에 불과하며, 월세는 매월 100만원을 내야 합니다(소갑제 4호증).

이와 같이 어려운 경제 상황에서 3개월 동안 문을 닫으라면 영원히 문을 닫고 다른 일을 시작해보라는 명령과 다를 바가 없는 가혹한 행정벌입니다.

존경하옵는 심판위원님 !

이에 행정처분 효력정지 신청을 하오니 선처를 부탁드립니다.
자랑스런 시민이 될 것을 약속합니다. 감사합니다.

<입 증 자 료>

소갑제 1호증 …………………… 행정처분 통보
소갑제 2호증 …………………… 영업정지명령서
소갑제 3호증 …………………… 진술서(유영재)
소갑제 4호증 …………………… 전세계약서
소갑제 5호증 …………………… 주민등록표등본
소갑제 6호증1-2……………… 군장기복무증서
소갑제 7호증 …………………… 사업자 등록증
소갑제 8호증 …………………… 사진(미성년자 출입금지)
소갑제 9호증1-6……………… 각 표창

첨부 : 청구서, 접수증 각 1부

2001. 4. 13
위 신청인 구 홍 부 ㊞

서울특별시 행정심판위원회 귀중

사례15

행정심판청구서

청 구 인 : 구 흥 부
피청구인 : 경기도 ○○군수

영업정지처분 취소청구

경기도 행정심판위원회 귀중

행정심판청구서

청 구 인 : 구 홍 부(47. 1. 19생)
우 443-914, 경기도 ○○군 ○○면 8-20 '류류의 월요일'
연락처 013-226-6849
(송달처 : 서초구 서초동 1714)

피청구인 : ○○군수
우 443-702, 경기도 ○○군 ○○읍 777

영업정지처분 취소청구

처분장을 받은 날 : 2001.12.21

<청 구 취 지>

1. 피청구인이 2002. 1. 3자로 청구인에게 한 일반음식점 영업정지 2월의 행정처분은 이를 취소한다.
라는 결정을 구합니다.

<청 구 원 인>

1. 처분경위

가. 청구인은 2001. 11. 27 22:00에 본 업소에 청소년을 출입시켰다는 이유로 2001. 12. 1 행정처분 사전통지를 받았습니다.

나. 2001. 12. 17 청구인은 의견서를 제출하였습니다.

다. 2002. 1. 3에서 2002. 3. 3까지 영업정지의 행정처분명령서는 2001. 12. 21에 수령하였습니다.

2. 사실관계

가. 2001. 11. 27. 22:00시경 성남기능대 손○○(82년생)와 김○○(82년생) 학생이 본 업소에 와서 음식 및 주류(소주)를 주문받아 먹고 있던 중

나. 위 학생들이 동료학생이자 미성년자인 이○○(83년생)에게 전화를 하여 본 업소로 오라고 하여 이○○가 출입한 후 약 10분후 경찰관의 합동단속에 의하여 적발되었습니다.

다. 위 3명의 학생들이 출입시 종업원 김○○은 주민등록증을 제시토록 사전에 요구하였습니다.

3. 청구인의 주장 및 입장

가. 청구인은 미성년자 출입을 막기 위한 의무를 다하였습니다.

나. 업소 김○○ 종업원은 미성년자 출입을 제재하기 위하여 다각도로 노력하고 있는 종업원입니다.

2001. 8. 25부터 1982년생은 출입이 가능하다는 사실을 알고 손○○, 김○○ 학생이 출입하였을 때 주민등록증을 요구하여 82년생임을 확인하였고,

다. 위 문제의 이○○학생이 들어왔을 때 주민등록증을 요구하였고, 미소지하였다고 하여, 주민등록번호가 몇번이냐고 묻자 이○○ 학생은 820007-1000619라고 거침없이 대답하였습니다.

라. 그래서 종업원은 이○○학생이 제시한 주민등록번호를 조회의뢰하던 중 경찰단속반이 들어왔습니다.

마. 이○○은 당시 옷차림, 얼굴형태 및 말씨 등을 미루어보아 앞의 2명보다 오히려 1살 정도 높게 보였으며, 특히, 이○○은 약1.5 개월 부족한 미성년이었습니다.

4. 청구인의 기타 사정

가. 청구인은 30년 가까이 외국에서 음악연주 등 다른 분야에 종사하다가 지금까지 모아 둔 돈과 의정부 호원동에 거주하는 여동생 김○○(500600-2030040)으로부터 2001. 10. 3에 5,000만원의 빚을 내어(갑제 7호증) 자그마한 음식점을 2달 전인 2001. 10. 31에 개업하였습니다(갑제 8호증, 갑제 3호증).

나. 청구인은 비록 미개척 분야이지만 청소년 출입의 위험적 요소를 누구보다 많이 아는 터라 출입하는 젊은 대학생들은 특별히 최대의 관심을 가지고 청소년 업소출입을 제재하여 왔습니다(갑제 4호증, 갑제 5호증, 갑제 6호증).

다. 한편, 청구인은 개인적으로 일본 도쿄밥디스트大에서 신학을 공부하여 대한예수교 안수목사이기도 합니다.

5. 결 론

가. 매월 임대료와 이자도 주어야 하는데, 영업정지를 당하면 살아가기 참으로 난감합니다.

개업한지 얼마 안되어 일어난 최초의 실수입니다.

나. 한달 사이에 외상거래 및 물품거래 관계도 복잡하게 얽켜 있습니다. 시작 단계이므로 청구인에게서 영원히 문을 닫아야 할 정도로 영업정지는 너무나 가혹한 행정처분입니다.

다. 청구인에게 영업정지의 행정처분은 거두어 주십시오.

앞으로 이런 일이 없도록 최선을 다하여 열심히 모범된 시민이 되겠습니다 감사합니다.

<입 증 자 료>

갑제 1호증 ………………… 식품접객업소 행정처분 사전통지
갑제 2호증 ………………… 행정처분 사전통지서
갑제 3호증 ………………… 영업신고증
갑제 4호증1-3……………… 사실증명서(이○○)
갑제 5호증1-3……………… 사실증명서(김○○)
갑제 6호증1-3……………… 사실증명서(손○○)
갑제 7호증 ………………… 차용증
갑제 8호증 ………………… 임대차계약서
갑제 9호증 ………………… 안수목사증
갑제 10호증 ………………… 일본신학대졸업장
갑제 11호증 ………………… 영업정지 행정처분 명령서

2001. 12. 21
위 청구인 구 홍 부 ㊞

경기도 행정심판위원회 귀중

3 경 찰 청

1 행정심판청구서를 4부 작성하여 각 지방경찰청 민원실에 3부를 접수한다.

서울지방경찰청 민원실은 서울시 종로구 내자동 201-11에 위치하고 있으며, 전화번호는 736-0112이다.

경기도지방경찰청은 수원시 장안구 연무동 산11-2에 위치하고 있고, 전화번호는 031-248-7292이다.

전국을 관장하는 경찰청은 서울 서대문구 미근동 209번지에 위치하고 있는데, 청구인들은 이곳에 접수하면 안 된다.

국무총리 행정심판위원회는 우110-760 서울시 종로구 세종로 77 정부종합청사 15층에 있고, 전화 724-1338, 1339이다.

2 피청구인이 지방경찰청이 되는 행정심판청구서는 운전면허취소처분 등이 주를 이루고 있으나, 자동차전문학원 기능강사 자격정지, 자동차학원 영업정지, 공공기관의 정보 미공개 등에 대한 행정심판청구도 있다.

3 집행정지신청서를 접수하려는 경우에도 4부를 작성하여 같은

방법으로 접수하여도 되지만 국무총리실 행정심판위원회에 직접가서 접수하는 방법도 있다.

접수시에 행정심판접수증과 행정심판청구서 사본 1부가 첨부되어야 한다.

집행정지신청서를 작성함에 있어 가장 중요한 것은 운전면허중 취소를 행정심판결과가 나올 때까지 일시적으로 정지시켜야 할 급박한 사정을 잘 정리하여야 한다는 것이다. 따라서 그런 정리가 제대로 되어 있지 않으면 집행정지신청은 별 의미가 없게 된다.

4 「제1절 행정심판 해설」을 읽어보면 작성방법과 기타 의문되는 사항에 관하여 이해가 될 것이다.

사례 1

행정심판청구서

청 구 인 : 이○○(550335-1478215)
우440-150 경기도 수원시 장안구 ○○ 703, ○○아파트 122동 404호

피청구인(처분청) : 경기도지방경찰청장
우440-701 경기도 장안구 연무동 산11-2 전화 031-248-7292

재 결 청 : 경찰청

처분내용 : **자동차 운전면허 취소**

처분청 고지유무 : 경기도 지방경찰청장으로부터 운전면허취소결정통보서를 2001. 9. 12 받았습니다.

<청 구 취 지>

1. 피청구인이 청구인에 대하여 2001. 10. 13자로 한 자동차운전면허취소 처분은 이를 감경한다.
라는 재결을 구합니다.

<청 구 이 유>

1. 처분경위

가. 청구인은 2001. 9. 3 03:18분경 음주운전을 하다가 적발되어 40일간 임시 운전면허증으로 운전하고 있으며, 2001. 10. 13부터 면허취소를 받게 되었습니다(갑제 4호증).

나. 현재 2001. 9. 3에 경기도지방경찰청장으로부터 10. 12까지 운전이 가능하다는 임시 운전면허증을 받았습니다(갑제 3호증).

2. 청구인의 운전경력

가. 청구인은 1993. 1. 1부터 현재까지 8년 9개월 동안 경기도 수원시 권선구 오목천동 814-1 소재 창성운수주식회사에서 영업용택시를 운전하며 살아가고 있습니다(갑제 5호증).

나. 청구인은 운전을 하는 동안 금년에 가벼운 벌점 15점을 받은 것 외 무사고 운전을 해왔으며(갑제 4호증),

다. 청구인은 운전 외 어떤 직업에도 종사할 수 있는 능력이 없습니다.

3. 청구인의 가족관계

가. 청구인은 세대주이자 호주로서 40세의 처 윤○○, 고등학교 2학년의 딸 이○○ 중학생 아들 이○○와 함께,

나. 청구인 봉급으로 행복하게 살아가고 있습니다.

4. 청구인의 상황과 경위

가. 청구인은 사건 하루 전 낮 오후 2시에 친구들과 만나서 음주를 하고 10시에 집에 들어와서 2시간 정도 수면을 취하고 운전을 하였습니다.

나. 음주측정 결과 0.140의 수치가 나왔습니다.

5. 취소에 따른 피청구인의 부당성

가. 술은 하루 전인 7~8시간 전에 마셨고, 약간의 휴식을 취한 점 등으로 미루어,

나. 음주수치에 나올 정도가 아니라는 판단하에 운전을 하였습니다. 그래서 수치가 생각보다 높다는 생각이 있습니다.

6. 청구인 입장

가. 청구인은 지난 3개월 전에 주소지 아파트를 1억3천700만원에 구입하여 50세를 바라보는 나이에 집안의 행복을 꿈꾸며 살아가고 있는터에 면허취소를 당하였습니다.

나. 청구인은 집 잔금을 치룰 때 돈이 부족하여 경기도 남양주시 ○○동 ○○아파트 201동 305호에 거주하는 청구인의 처 윤○○의 동생(처제) 윤○○으로부터 5,000만원을 빌렸고(갑제 7호증, 차용증), 은행융자 1,700만원을 내어 자가를 마련하였습니다.

다. 청구인의 자녀들의 학비와 생활비를 합치면 매월 청구인 봉급 전부가 소요되는 실정이온데, 청구인이 면허정지로 실직을 하면 청구인의 삶 의욕은 상실되고 맙니다.

라. 청구인은 32년만에 충남 천안시 ○○국민학교 친구들 5명을 만나서 너무나 반가웠던 나머지 아무생각 없이 술을 한잔하였습니다.

택시를 운전하는 동안 어떤 경우에도 술을 마시지 않겠다는 저의 각오로 현재까지 살았는데, 처음의 음주와 처음의 사고입니다.

마. 존경하옵는 심판위원님 !

청구인에게 이번 한 차례에 한하여 선처를 베풀어주십시오.

<입 증 자 료>

1. 갑제 1호증 ……………… 주민등록등본
1. 갑제 2호증 ……………… 주취운전자 적발내용
1. 갑제 3호증 ……………… 임시운전증명서
1. 갑제 4호증 ……………… 자동차 운전면허취소결정통보서
1. 갑제 5호증 ……………… 운전경력증명(창성운수)
1. 갑제 6호증 ……………… 운전경력증명(경찰서)
1. 갑제 7호증 ……………… 차용증

2001. 10. 8

위 청구인 이○ ○ ㊞

경기도 지방경찰청장 귀중

사례 2

운전면허취소처분 집행정지신청

신 청 인 : 이○○(550335-14787215)
우 440-150 경기도 수원시 장안구 ○○ 703, ○○아파트
122동 404호

피신청인(처분청) : 경기도지방경찰청장
우440-701 경기도 수원시 장안구 연무동 산 11-2 전화 031-248-7962

재 결 청 : 경찰청

처분내용 : **자동차 운전면허 취소**

처분청 고지유무 : 경기도지방경찰청장으로부터 운전면허취소결정통보서를 2001. 9. 12 받았습니다.

<신 청 취 지>

1. 피신청인이 신청인에 대하여 2001. 10. 13자로 한 운전면허취소처분 명령은 행정심판의 결정시까지 그 효력을 정지한다.
라는 결정을 구합니다.

<신 청 이 유>

1. 처분경위

가. 신청인은 2001. 9. 3 03:18분경 음주운전을 하다가 적발되어 40일간

임시운전면허증으로 운전하고 있으며, 2001.10.13부터 면허취소를 받게 되었습니다(갑제 4호증).

나. 현재 2001.9.3에 경기도지방경찰청장으로부터 10.12까지 운전이 가능하다는 임시 운전면허증을 받았습니다(갑제 3호증).

2. 신청인의 운전경력

가. 신청인은 1993.1.1부터 현재까지 8년9개월 동안 경기도 수원시 권선구 오목천동 814-1 소재 창성운수주식회사에서 영업용택시를 운전하며 살아가고 있습니다(갑제 5호증).

나. 신청인은 운전을 하는 동안 금년에 가벼운 벌점 15점을 받은 것 외 무사고 운전을 해왔으며(갑제 4호증),

다. 신청인은 운전 외 어떤 직업에도 종사할 수 있는 능력이 없습니다.

3. 신청인의 가족관계

가. 신청인은 세대주이자 호주로서 40세의 처 윤○○, 고등학교 2학년의 딸 이○○ 중학생 아들 이○○와 함께,

나. 신청인 봉급으로 행복하게 살아가고 있습니다.

4. 신청인의 상황과 경위

가. 신청인은 사건 하루 전 낮 오후 2시에 친구들과 만나서 음주를 하고 10시에 집에 들어와서 2시간 정도 수면을 취하고 운전을 하였습니다.

나. 음주측정 결과 0.140의 수치가 나왔습니다.

5. 취소에 따른 피청구인의 부당성

가. 술을 하루 전인 7~8시간 전에 마셨고, 약간의 휴식을 취한 점 등으로 미루어,

나. 음주수치에 나올 정도가 아니라는 판단하에 운전을 하였습니다. 그래서 수치가 생각보다 높다는 생각이 있습니다.

6. 신청인 입장

가. 신청인은 지난 3개월 전에 주소지 아파트를 1억3천700만원에 구입하여 50세를 바라보는 나이에 집안의 행복을 꿈꾸며 살아가고 있는터에 면허취소를 당하였습니다.

나. 신청인은 집 잔금을 치룰 때 돈이 부족하여 경기도 남양주시 ○○동 ○○아파트 201동 305호 거주하는 신청인의 처 윤○○의 동생(처제) 윤○○으로부터 5,000만원을 빌렸고(갑제 7호증, 차용증), 은행융자 1,700만원을 내어 자가를 마련하였습니다.

다. 신청인의 자녀들의 학비와 생활비를 합치면 매월 신청인 봉급 전부가 소요되는 실정이온데, 신청인이 면허정지로 실직을 하면 신청인의 삶 의욕은 상실되고 맙니다.

라. 신청인은 32년만에 충남 천안시 ○○국민학교 친구들 5명을 만나서 너무나 반가웠던 나머지 아무생각 없이 술을 한잔하였습니다.

택시를 운전하는 동안 어떤 경우에도 술을 마시지 않겠다는 저의 각오로 현재까지 살았는데, 처음의 음주와 처음의 사고입니다.

마. 존경하옵는 심판위원님 !

신청인에게 이번 한 차례에 한하여 선처를 베풀어 주십시오.

한편, 행정심판이 끝날 때까지 택시영업을 할 수 있도록 행정처분가처분 신청을 받아 주시기를 빕니다.

<입 증 자 료>

1. 갑제 1호증 ·················· 주민등록등본
1. 갑제 2호증 ·················· 주취운전자 적발내용
1. 갑제 3호증 ·················· 임시운전증명서
1. 갑제 4호증 ·················· 자동차 운전면허취소결정통보서
1. 갑제 5호증 ·················· 운전경력증명(창성운수)
1. 갑제 6호증 ·················· 운전경력증명(경찰서)
1. 갑제 7호증 ·················· 차용증

첨부 : 심판청구서, 접수증 각 1부

2001. 10. 12

위 신청인 이○○ ㊞

중앙 행정심판위원회 귀중

사례 3

행정심판청구서

청 구 인 : 홍○○(561335-2123223)
우158-861, 서울시 양천구 ○○동 998-18(18/4)

피청구인(처분청) : 서울지방경찰청장
우110-798 서울 종로구 내자동 201-11호, 전화 733-7593

재 결 청 : 경찰청

처분내용 : **자동차 운전면허 취소**

처분청 고지유무 : 처분사전통지를 2001. 5. 29 받았습니다.

<청 구 취 지>

1. 피청구인이 청구인에 대하여 2001. 7. 9자로 한 자동차운전면허취소 처분은 이를 감경한다.

라는 결정을 구합니다.

<청 구 이 유>

1. 처분경위

가. 청구인은 면허정지 기간내에 운전행위가 적발되어 운전면허 취소처분을 받았습니다.

나. 2001. 5. 29자로 자동차 운전면허취소 사전처분장을 강서경찰서장

으로부터 받았으며,

다. 서울지방경찰청장으로부터 2001. 7. 8까지는 운전이 가능하다는 임시운전 면허증을 받았습니다(갑제 2호증).

2. 처분의 위법성

가. 면허정기간 중 청구인의 운전행위와 관련하여 경찰조서상 크게 차이가 나는 점은 없습니다.

나. 청구인은 45일간의 면허정지를 당하여 2001. 6. 10이면 면허정지기간이 종료되는데, 11일의 잔여기간을 남겨놓고 정지기간 중 운전행위에 적발되었습니다.

다. 청구인은 운행 중에 적발된 것이 아니라, 경찰서의 경찰신문상 대치동에서 한일셀프 세차장까지 약 28㎞를 운전하였다는 사실, 즉 노출되지 않았던 사실까지 말씀드렸습니다.

라. 그렇게 진술한 것은 사실이지만, 청구인의 불법행위가 경찰관께서 직접 목격하지 않은 점까지 포함되어 처리된 것은 잘못되지 않았을까 라고 생각해봅니다.

마. 또한, 주차중인 차를 뒤로 빼다가 잠복중인 경찰관에게 적발되었습니다. 결론적으로, 한 번도 도로상에서 운전하다 적발된 일은 없습니다.

바. 법을 적용함에 있어 청구인의 입장을 충분히 반영하여 주실 것을 간절히 바라옵니다.

3. 심판위원님께 드리고 싶은 글

가. 청구인은 갑제 3호증(주민등록표)에서와 같이 88세, 82세 노부모를 모시고 사는 40대의 여성입니다.

나. 청구인은 무역회사의 직원으로 근무하면서 언제 돌아 가실지 모르는 노부모를 모시고 살아가고 있습니다.

다. 88세 아버지께서는 양천구 홍익병원과 동네 한의원 등에서 매일 매일 치료를 받으시므로 저의 차를 이용하여야 합니다. 뿐만 아니라 직장에서도 서울시내 수십개 공장거래처를 다니며 업무활동을 하여야 하는데, 면허증의 취소로 청구인의 생활이 어렵게 되었습니다.

심판위원님!

청구인에게 이번 한 차례에 한하여 선처를 베풀어 주십시오.
앞으로 어떤 일이 있어도 재차 법을 어기는 일이 없도록 하겠습니다.

<입 증 자 료>

1. 갑제 1호증 ……………… 운전면허처분 사전통지서
1. 갑제 2호증 ……………… 주민등록표

2001. 7. 9

위 청구인 홍○ ○ ㊞

서울지방경찰청장 귀중

사례 4

보 충 서 면

문　　서 : 국행심 61240-726(사건번호 : 016526)
청 구 인 : 홍○○
피청구인 : 서울지방경찰청
위 사건과 관련하여 청구인은 다음과 같이 보충서를 제출합니다.

<다　음>

1. 청구인은 자동차운전면허가 취소되면 생업의 수단인 직장을 영원히 잃게 됩니다.
2. 앞으로 교통법규를 준수하겠습니다.

바라옵건데
최 장기라도 좋으니 면허취소가 아닌 면허정지의 심판을 내려주시옵소서, 선처를 비옵니다. 감사합니다.

2001. 7. 29
위 청구인 홍○○ 올림

행정심판위원회 귀중

4 근로복지공단

1 근로자가 공장 등에서 일을 하다가 실수로 부상을 입었을 때 근로자는 사업주에게 산재(산업재해보상보험)혜택을 받을 수 있도록 해달라고 하여야 한다. 산재보험혜택은 치료비를 지급하는 요양급여, 임금의 70% 이상을 받게 하여 달라는 휴업급여, 후유증이 남은 경우 장해급여, 근로자 사망시 유족급여, 장의비, 상병보상연금, 장해특별연금, 유족특별급여 등이 있다.

사업주가 협조적으로 해줄 경우에 관할 근로복지공단 ○○지사장에게 요양신청서 등을 접수하면 된다. 양식은 근로복지공단 지사에 비치되어 있다. 회사에서 산재처리를 거부하면 별도의 진정서를 근로복지공단에 제출하여 산재혜택을 받도록 하면 된다(진정서 참조).

만약 사업주가 산재가 안된다면서 협조를 해주지 않을 때에는 근로복지공단(전화 02-670-0300) 또는 노동부(02-503-9727)에 진정서를 작성하여 보내면 된다.

세부적인 관련 법 지식은 산업재해보상보험법과 동시행령 등을 참고하고, 가까운 근로복지공단 민원실에 문의해보는 것도 효과적이다.

한편, 근로기준법에 관해서도 참고로 알아두면 효과적일 것이다.

2 근로복지공단 ○○지사에 낸 요양신청서에서 만족스런 결과를 얻지 못하면 처분결정이 있고 60일 내에 심사청구를 하면 된다.

심사청구에 불복이 있으면 결정서 등본을 받고 60일내에, 노동부의 심사위원회(산업재해보상보험심사위원회)에 재심사청구를 하면 된다.

그 후는 60일내 행정소송을 제기하게 된다.

3 경험을 통하여 발견한 사실로서, 근로자가 업무 중 상해등을 입었을 때 사업주는 근로자에게 산재혜택을 주지 않게 하려는 경우를 종종 보아왔다.

그 이유는 산재를 통하여 받는 보상액은 민사재판을 통하여 받는 판결액보다 적은 경우가 대다수이며, 근로자들은 산재혜택을 받은 후에 사업주를 상대로 민사재판을 하여 사업주로부터 별도의 보상액을 받아내기 때문이다.

4 진정서 작성방법

근로복지공단에 비치된 요양신청서에 사업주가 날인을 거부하면 근로자는 진정서를 제출한다.

진정서를 제출할 때 목격자의 진술서·진단서 등을 첨부하는 것도 좋다. 진정서가 접수되면 근로복지공단은 진상을 조사하고 타당성이 있으면 요양신청이 가능하도록 사업주에게 지시를 내릴 수 있다.

진정서를 제출한 후에 진정결과가 좋지 않을 때에는 바로 행정소송을 제기할 수 있다.

5 요양신청서 작성요령

- 산재사고가 발생하였을 경우 근로자는 근로복지공단으로 요양신청을 하게 되는데 회사측에서는 산재처리를 해주지 않으려고 날인을 거부하는 경우가 있을 수 있다. 이런 경우에는 피해자가 직접 진정서를 작성하여 직접청구를 하여야 한다.
- 그리고 산재처리가 연기되는 경우가 있는데 이 때는 연기신청서를 작성하여 치료병원에 제출하여야 한다.
- 산재치료가 종결되면 치료받고 있던 병원에서 장해보상청구서를 작성하여 관할 근로복지공단에 장해보상을 청구한다.

6 심사청구서(재심사청구서) 청구

- 근로복지공단의 처분결과에 불만이 있을 때에는 산업재해보상보험법 제90조에 근거하여 근로복지공단에 행정심판을 하게 되는 것을 말한다.
- 재심사청구는 처분청을 경유하여 노동부 산업재해보상보험 심사위원회에서 심의 · 의결한다.
- 재심사청구 결과에 대한 불복은 행정법원에 소장을 제출하면 된다.

[예문] 진정서(Ⅰ)

진 정 서

진정인 주 소 : 경기도 부천시 ○○구 ○○동 00-0
성 명 : 이 ○ ○
주민등록번호 : 500000-1000000
전 화 번 호 : 031)000-0000

피 진정인
소 재 지 : 인천시 계양구 임학동 00번지 전화번호 : 000-0000
업체 및 사업장명 : ○○종합건설(주) 인천도시철도 1-2공구 지하차도(2구간) 건설공사

진정내용 : 상기 본인은 97년 9월 중순경부터 ○○종합건설(주)가 원도급으로 ○○종합건설(주)가 하수급인으로 하여 시행중인 인천도시철도 1-2 공구 지하차도(2구간) 건설공사 현장에서 형틀목공으로 작업하던 자로서 1997년 10월 10일 오전 11시경 동현장에서 야적된 유로품을 빼내다가 오른쪽 어깨를 다쳐서 본인이 소속된 회사 직원과 동행하여 현장 인근 병원으로 찾아가 검사를 받아본 결과, 별첨 진단서와 같은 내용의 진단을 받은 사실이 있으나, 동 현장의 산업재해보상보험 수급권자인 ○○종합건설(주)에서 산업재해보상보험처리를 거부하고 있는 실정인 바, 본인이 받고 있는 위와 같은 불이익 처분을 철저히 조사하여 주실 것을 귀 공단에 진정하옵니다.

1997. 11. 13
위 진정인 이 ○ ○ (인)

근로복지공단 인천지사장 귀하

[예문] 요양신청서(별지 제25호 서식)

<table>
<tr><td>민 원 서 류</td><td rowspan="3">접수</td><td>접수일자</td><td></td><td rowspan="3">처리</td><td>선 람</td><td></td><td rowspan="3">산업재해보상보험
요양신청서</td></tr>
<tr><td rowspan="2">처 리 기 한</td><td>접수번호</td><td></td><td>조회필</td><td></td></tr>
<tr><td>처리기한</td><td></td><td>입력필</td><td></td></tr>
</table>

① 산재보험성립번호		② 사업개시번호		③ 신청구분	□최초□전원□재요양

<table>
<tr><td rowspan="3">피재
근로자
(신청인)</td><td>④ 성명</td><td></td><td>⑤ 주민등록번호</td><td>6100000-1000000</td><td>⑥ 학 력</td><td></td></tr>
<tr><td>⑦ 주소</td><td colspan="5">□□□-□□□ 부천시 원미구 도당동 000-0 ○○빌라 2-302 ☎ 011-000-0000</td></tr>
<tr><td>⑧ 직종</td><td>□□□운전기사</td><td>⑨ 채용연월일</td><td>1996. 6</td><td>⑩ 재해발생일시</td><td>1999년 9월 23일 03시</td></tr>
</table>

⑪ 재해원인 및 발생상황(※ 전원·재요양을 받고자 할 때는 그 사유를 기재)

※ 재해경위 등 주요 사항을 사실과 달리 기재하여 보험급여를 지급받은 경우에는 산업재해보상보험법 제53조 규정에 의거 배액징수 등 불이익을 받게 되니 예시문을 참조하여 사실대로·구체적으로 기재하여야 합니다.

예시문 : 압출용 용해작업장에서 용해로부터 부대설비인 공기청소기를 청소한 후 이를 배관에 조립하기 위하여 사다리를 설치하고 동료는 사다리를 잡고 재해자는 1.5m 사다리 위에서 스패터공구를 사용하여 조정기 후렌지 부분을 양손으로 조이는 순간 볼트에서 스패너가 이탈하면서 추락한 재해로서 불안전한 자세에서 유발됨.

(주)○○ 부천에서 사료를 싣고 강원도 춘천 방면으로 납품하러 가던 중 춘천시 동면 감정1리 T자형 도로에서 번호불상의 차량을 피하려고 하다가 우측 길가 노면으로 추락 전도되어 발생한 재해임.

(별지사용 가능)

⑫ 재해발생 형태 (해당번호에 표)	01. 떨어짐(추락) 02. 미끄러짐·넘어짐(전도) 03. 부딪침(충돌) 04. 날아오는 물체에 얻어맞음(낙하·비래) 05. 무너짐·내려앉음(붕괴·도괴) 06. 감김·끼임(협착) 07. 감전 08. 화재·폭발·과열 09. 고온·저온물체 접촉 10. 유해화학물질접촉 11. 업무상질병(직업병) 12. 교통사고 13. 무리한 동작 14. 기타

목 격 자	⑬ 성명		⑭ 주민등록번호		⑮ 신청인과의 관계	
전 원 신 청 시	⑯ 병·의원명칭		⑰ 소재지		☎	

<table>
<tr><td rowspan="3">본 재행와 동일한 사유로 민법 기타법령의 규정에 의하여 수령한 보상 또는 배상내역(산업재해보상보험법 제48조)</td><td>⑱ 수령일자</td><td>⑲ 수령금액</td><td>⑳ 보상 또는 배상내역(수령근거)</td></tr>
<tr><td></td><td></td><td></td></tr>
<tr><td>첨부서류</td><td colspan="2">1. 합의서 2. 판결문 3. 영수증 4. 기타</td></tr>
</table>

<table>
<tr><td>위에 기재한 사실이 틀림없음을 확인합니다.
년 월 일
사업의 명칭 ☎ 032) 000-0000
소 재 지 부산시 오정구 삼정동 00-0
사 업 주 (주) ○○ (서명 또는 날인)</td><td>위와 같이 신청합니다.
2000년 5월 일
신 청 인 : 채 ○○ (서명 또는 날인)
(☎ 011-000-0000)</td></tr>
<tr><td>근로복지공단</td><td>지역본부(지사)장 귀하</td></tr>
</table>

■ 유의사항

1. 항목별 기재내용을 빠짐없이 기재하시기 바랍니다.
   "2항 사업개시번호"는 동종사업일괄적용사업장인 경우에 기재합니다.
2. 본 신청서는 최초요양·전원요양·재요양신청시 각각 사용할 수 있습니다.
3. 재요양의 경우 치료종결당시 의료기관 소재지를 관할하는 지역본부(지사)에 신청하시기 바랍니다.
4. 작성부수 : 3부(공단용, 의료기관용, 사업장용)

구매서류	없음. 다만 재해경위, 민사배상, 등 시설확인을 위하여 관계서류가 필요할 수 있습니다.

※ 이 서식은 근로복지공단 인터넷홈페이지 www.welco.or.kr 또는 pc 통신 천리안, 하이텔, 나우누리, 유니텔 "Go WELCO"에서도 내려 받으실 수 있습니다.

[예문] 심사청구서(추가 상병) (별지 제128호 서식)

<table>
<tr><td colspan="6" rowspan="2">심 사 청 구 서</td><td>처리기간</td></tr>
<tr><td>50일</td></tr>
<tr><td rowspan="2">청구인
(대리인)</td><td>① 성명(상호)</td><td>이○○</td><td>② 주민등록번호</td><td>500000-1000000</td><td>③ 근로자와의 관계</td><td>본인</td></tr>
<tr><td>④ 주 소</td><td colspan="5">□□□-□□□ ☎
부천시 오정구 고강동 00-0 ○○주택 ○동 ○○호</td></tr>
<tr><td rowspan="2">결정을
받을 자</td><td>⑤ 성 명</td><td>이○○</td><td>⑥ 주민등록번호</td><td colspan="3">500000-1000000</td></tr>
<tr><td>⑦ 주 소</td><td colspan="5">□□□-□□□ ☎
부천시 오정구 고강동 000-0 ○○주택 ○동 ○○호</td></tr>
<tr><td rowspan="2">근 로 자</td><td>⑧ 성 명</td><td colspan="2">이 ○ ○</td><td>⑨ 주민등록번호</td><td colspan="2">500000-1000000</td></tr>
<tr><td>⑩ 사 업 장 명</td><td colspan="2">○○건설(주)</td><td>⑪ 사업장 소재지</td><td colspan="2">인천시 계양구 임학동 00-0</td></tr>
<tr><td rowspan="2">결정내용</td><td>⑫ 결 정 기 관</td><td colspan="2">근로복지공단</td><td>⑬ 결 정 연 월 일</td><td colspan="2">1999년 1월 21일</td></tr>
<tr><td>⑭ 결 정 내 용</td><td colspan="2">재요양 불승인</td><td>⑮ 결정을 안 날</td><td colspan="2">1999년 1월 24일</td></tr>
<tr><td colspan="2">⑯ 결정기관의 고지유무 및 그 내용</td><td colspan="5">심사청구할 수 있음을 고지함.</td></tr>
<tr><td colspan="2">⑰ 청구취지 및 이유</td><td colspan="5">(별첨)</td></tr>
<tr><td colspan="7">위와 같이 청구합니다.
1999년 2월 13일
청구인(대리인) 이 ○○ (서명 또는 날인)

근로복지공단 이사장 귀하</td></tr>
<tr><td colspan="6">첨부서류
1. 청구의 취지 및 이유

2. 증거조사 신청서(증거조사를 신청할 때에 한합니다)
* 이 용지는 무료로 배부하여 드립니다(뒷면 참조).</td><td>수수료

없음</td></tr>
</table>

<table>
<tr><td colspan="6" rowspan="2">재 심 사 청 구 서</td><td>처리기간</td></tr>
<tr><td>50일</td></tr>
<tr><td rowspan="2">청 구 인</td><td>① 성명(상호)</td><td>이○○</td><td>② 주민등록번호</td><td>490928-1055811</td><td>③ 근로자와의 관계</td><td>본인</td></tr>
<tr><td>④ 주 소</td><td colspan="3">서울시 도봉구 창동 27 ○○아파트 1910동 1408호</td><td>⑤ 전화</td><td>993-0545
기타연락처
017-269-2113</td></tr>
<tr><td rowspan="2">원처분을 받은 자</td><td>⑥ 성 명</td><td>이○○</td><td>⑦ 주민등록번호</td><td>420928-1055811</td><td>⑧ 전화</td><td>993-0545</td></tr>
<tr><td>⑨ 주 소</td><td colspan="5">서울시 도봉구 창동 27, ○○아파트 1910동 1408호</td></tr>
<tr><td rowspan="2">근 로 자</td><td>⑩ 성 명</td><td colspan="2">이 ○ ○</td><td>⑪ 주민등록번호</td><td colspan="2">420928-1055811</td></tr>
<tr><td>⑫ 사 업 장</td><td colspan="2">○○상선(주)</td><td>⑬ 사업장 소재지</td><td colspan="2">서울 중구 ○○동 51-1</td></tr>
<tr><td colspan="2">⑭ 원처분 기관</td><td colspan="2">근로복지공단 서울지역본부장</td><td colspan="3">⑮ 원처분연월일 : 2001.4.24</td></tr>
<tr><td colspan="2">⑯ 결정기관명</td><td>근로복지공단</td><td>⑰ 결정서 받은 날</td><td>2001.7.21</td><td>⑱ 결정이 있음을 안날</td><td>2001.7.21</td></tr>
<tr><td colspan="2">⑲ 고지유무 및 그 내용</td><td colspan="5">재심사 청구를 90일내 할 수 있음을 고지함.</td></tr>
<tr><td colspan="7">⑳ 청구취지 및 이유 (별첨)</td></tr>
<tr><td colspan="7">산업재해보상보험업무 및 심사에 관한 법률 제3조 제1항 및 동법시행령 제2조의 규정에 의하여 위와 같이 청구합니다.
2001. 8. 17
청구인 이 ○ ○ ㊞
산업재해보상보험심사위원회 위원장 귀하</td></tr>
<tr><td colspan="7">첨부서류
1. 청구의 취지 및 이유
2. 증거조사 신청서(증거조사를 신청할 때에 한합니다)</td></tr>
</table>

【첨부서류】

<청 구 취 지>

1. 피청구인(근로복지공단 서울지역본부장)은 청구인 피재근로자 이○○에 대하여 2001. 4. 24(심사청구 결정은 2001. 7. 19) 행한 요양불승인 처분을 취소하고 同 요양을 승인하라.
   라는 결정을 구합니다.

<청 구 이 유>

1. 신분관계

가. 청구인은 1976. 9. 10 ○○상선(주)에 입사하여 근로자로 근무하던 중 1995. 10. 22. 21:00경 직원총원명부로 인력, 병력 대상자 선별 야간작업 중 갑자기 어지럽고 정신이 혼미하여 의식을 잃고 약 10분간 엎드려 있다가 일어나보니 입이 돌아가 있고 말이 나오지 않아 경희의료원으로 이동하여 진찰을 받고 뇌경색증으로 요양 중

나. 1998. 3. 31 同 회사에서 사직하게 되었습니다.

다. 현재는 장애등급 제2급 2호 장애자입니다(을지병원 판정).

2. 처분경위

가. 2001. 3. 23 요양신청서 접수
(1995. 10. 23～1998. 12. 22까지 입원, 1157일간)

나. 2001. 4. 24 최초요양신청에 따른 요양 불승인결정 및 통보받음.

다. 2001. 5. 28 심사청구서 접수

라. 2001. 7. 19 요양 불승인결정 및 통보받음.

마. 2001. 8. 16 재심사청구서 접수

3. 사실관계 (갑제 8호증 1~3)

가. 청구인은 평소 지병이 있긴 하였지만 업무수행에 지장을 줄 정도로 몸이 불편하지는 않았습니다.

나. 다른 동료들에 비하여 1시간 이전에 출근하고 밤 늦게까지 업무를 하는 등으로 과로하였고(갑제 8호증 3),

다. 청구인은 비상계획부 과장으로서 전시동원업무 · 민방위업무 · 부서행정업무 · 보안업무 등을 담당하였고(갑제 12호증),

라. 발병 전에는 을지연습준비 및 을지연습 사후보고서 작성 등으로 밤을 새우는 일도 있었으며,

마. 200여명의 병적사항확인 및 동원구별로 전산입력, 연4회 선박통신훈련, 6개국합동 선박통제훈련, 연4회 선박실태조사, 민방위훈련 및 예비군교육훈련 등으로 과로하였습니다.

4. 심사청구 결정에 불복이유

가. 뇌경색증이란 산재대상이 되는 병입니다.

- 과중한 업무수행으로 인하여 누적된 피로가 원인이 되어 발생하는 것이 뇌경색증으로서,
- 무리한 작업 후 퇴근하여 숙소로 돌아와서 휴식을 취하다 쓰러져 뇌경색증이란 판명을 받은 경우는 산업재해보상보험법상의 재해에 해당됩니다(대법원 판례 1993. 2. 12 선고, 92 누 16553 판결). (신쌍식 著 산재보상과 민사배상의 법률지식 p.187 청림출판刊)

나. 업무중에 병 때문에 병원으로 이동하였습니다.

- 휴식 중 또는 출퇴근 시간이 아닌 업무 중 발병한 사고입니다.
- 청구인은 1996. 10. 22이 일요일인 데도 출근하여 '96년도 사업계획 및 예산(갑제 18호증)을 작성하고, 여직원 이○○은 오후 3시경 퇴근하고 청구인은 밤 늦게까지 일하고 있었습니다. 그런 중에 청구인에게 사고가 난 것입니다.
- 더 이상의 무슨 증거가 필요하겠습니까?

다. 회사내에서 청구인은 중역들을 제외하고는 나이가 제일 많은 편이며, 그 당시 회사는 법정관리에 있어서 청구인과 같은 자는 퇴출 제1호에 해당되는 상황에 놓여 있어 항상 마음 조이며 살아왔고, 그래서 죽기를 각오하고 오직 업무에만 전념하였습니다.

라. 평소의 지병은 없었던 것이나 마찬가지입니다.

질병으로 결근한 경우가 없었고, '96년도 정기검진에서 당뇨에 대한 언급이 없었습니다(갑제 11호증1).

설사 피청구인의 주장을 받아들여 종전에 뇌경색이 4번 이상 발병이 되었다고 하더라도 청구인 입사 이전에 발병된 것이 아닌 한 평소의 지병이란 표현을 쓸 수 없는 것입니다.
그 정도로 청구인은 건강하였습니다.

<입 증 자 료>

갑제 1호증 ························ 요양신청서(2001. 3. 23)
갑제 2호증 ························ 불승인결정통보 (2001. 4. 24)
갑제 3호증 ························ 심사결정서 보냄(2001. 7. 19)
갑제 4호증 ························ 의무기록사본(경희대 의과대)
갑제 5호증 ························ 진료부

갑제 6호증1-4………………… 진단방사선보고서 등(CT, MRI)
갑제 7호증 …………………… 소견서
갑제 8호증1-3………………… 각 진술서
갑제 9호증 …………………… 주민등록증
갑제 10호증…………………… 경력증명서
갑제 11호증1-2 ……………… 건강진단의뢰 및 결과('96)/건강진단서('96)
갑제 12호증1-2 ……………… 각 청구인 업무
갑제 13호증 …………………… 소득원천징수부
갑제 14호증 …………………… 근로소득원천징수영수증
갑제 15호증 …………………… 퇴직금계산서
갑제 16호증 …………………… 문서 보유기간표
갑제 17호증 …………………… 문서보존기간 기준
갑제 18호증 ……………………'96년도사업계획 및 예산
갑제 19호증1-2………………… 각 청구인 자술서

2001. 8. 17

청구인 이 ○ ○ ㉢

산업재해보상보험심사위원회 위원장 귀하

5 토지수용위원회

1 토지수용

고속전철을 건설하는 사업 또는 신도시를 건설하기 위하여 대규모 주택단지를 조성하는 것 등을 예로 들 수 있는데, 이와같이 공익적 사업을 위하여 강제로 타인의 토지를 취득하는 것을 토지수용이라고 한다.

따라서 토지의 수용과 사용에 관한 재결(裁決)을 하게 하기 위하여 건설교통부에 중앙토지수용위원회, 특별시·광역시·도에 각 지방토지수용위원회를 두고 있다.

2 토지수용 절차

토지수용 절차는 준비단계, 사업인정, 조서작성, 협의, 토지수용위원회의 재결 등의 단계를 거쳐 토지를 수용하게 된다.

3 수용재결 방식

기업자가 토지수용위원회에 수용재결을 신청하면 토지수용위원회는 관계서류 사본을 관련 구청·군청 등에 보내어 공고하고, 심의를 개시하게 되면 심의일자·장소를 기업자와 토지소유자에게 통지한다.

그리고 심의단계에서 필요하면 토지감정을 하게 된다.

4 토지수용위원회의 수용재결

토지수용위원회의 심의단계에서 심의를 마치면 수용재결을 하게 되고 이 때, 재결서를 작성하여 기업자와 토지소유자에게 보낸다.

5 이의신청

토지소유자 또는 기업자는 중앙토지수용위원회의 재결에 대하여 이의가 있는 때에는 재결서 정본이 송달된 날로부터 1월 이내에 중앙토지수용위원회에 이의신청을 할 수 있고 또 지방토지수용위원회의 수용재결에 대하여 불복이 있으면, 재결서 정본을 송달받은 날로부터 1월 이내에 지방토지수용위원회를 거쳐 중앙토지수용위원회에 이의신청을 할 수 있다(토지수용법 §73·74).

이의신청 기간이 다른 행정심판에 비하여 짧은 이유는 토지수용 문제로 분쟁이 오래가면 공익사업에 막대한 지장이 있다는 이유 때문이다.

중앙토지수용위원회는 이의신청에 대하여 「이의재결」을 한 후 그 이의재결서를 당사자에게 보낸다(동법 §75).

6 이의신청의 재결에 대하여 불복이 있으면 재결서가 송달된 날부터 1월 이내에 행정소송을 제기할 수 있다(동법 §75조의 2 전단).

<table>
<tr><td colspan="5" align="center">이 의 신 청 서</td></tr>
<tr><td rowspan="2">신 청 인</td><td>주 소</td><td colspan="3">서울 중구 다동 ○○○</td></tr>
<tr><td>성명또는명칭</td><td colspan="3">○ ○ ○</td></tr>
<tr><td rowspan="2">상 대 방
(기 업 자)</td><td>주 소</td><td colspan="3"></td></tr>
<tr><td>명 칭</td><td colspan="3">중앙토지수용위원회</td></tr>
<tr><td>재 결 일</td><td>20○○.○○.○○</td><td>신청대상인
토지및물건</td><td colspan="2">별 첨</td></tr>
<tr><td>재결서정본
수 령 일</td><td colspan="4">20○○.○○.○○</td></tr>
<tr><td>신청의요지</td><td colspan="4">별 첨</td></tr>
<tr><td>신청의이유</td><td colspan="4">별 첨</td></tr>
<tr><td colspan="5">20○○년 ○○월 ○○일 토지수용위원회의 수용재결에 대하여 위와 같은 이유로 승복할 수 없으므로 이에 이의신청서를 제출합니다.

20○○. ○○. ○○
신청인 ○ ○ ○ ㊞

중앙토지수용위원회 귀중</td></tr>
</table>

6 공무원연금관리공단

1 공무원이 공무로 인하여 부상을 입거나, 질병이 생긴 경우에 현 공무원 또는 과거 공무원이었던 자는 공무원연금법의 규정에 따라 1) 공무상 요양비 신청, 2) 공무상 요양일시금 청구 3) 재해부조금 청구 4) 사망조위금 청구등을 하게 된다.

요양일시금이란 공무상 요양비의 실제요양 기간이 2년을 넘어도 완치가 되지 않을 때 일시에 지급해 달라는 금액이며, 재해부조금은 공무원이 수재나 화재 등으로 재산상 손해를 입었을 때 월 보수액의 6배에 상당하는 금액의 범위 안에서 지급하는 금액이다. 또 사망조위금이란 공무원의 배우자 또는 직계존속 등이 사망하였을 때 지급하는 금액이다.

2 공무원연금법, 공무원연금법시행령, 공무원연금법시행규칙등이 관련법령이다.

공무원연금관리공단은 우135-081, 서울시 강남구 역삼동 701에 있으며, 전화는 560-2086-7번이다. 지방사무소는 지역번호없이 1588-4321전화로 문의하면 된다.

3 심사청구를 하기에 앞서 해당 청구인은 연금관리공단에 비치

되어 있는 양식에 따라 신청을 하여야 한다.

예를들면, 공무상요양승인신청, 장해급여연금청구 등의 청구가 그것이다.

1차로 위와 같이 청구한 후에 만족스러운 결과가 나오지 않았을 때 심사청구를 하게 된다.

4 청구양식은 다음과 같다.

[별지 제6호서식]

(앞 쪽)

<table>
<tr><td rowspan="2">※
접
수</td><td>. . .</td><td colspan="4" rowspan="2">공무상요양일시금청구서

※ 뒤쪽의 작성방법을 읽고 작성하시기 바랍니다.</td><td>처리기간</td></tr>
<tr><td></td><td>30일</td></tr>
<tr><td rowspan="7">요
양
공
무
원</td><td>① 성 명</td><td></td><td>② 주민등록번호</td><td colspan="3">-</td></tr>
<tr><td rowspan="2">③ 주 소</td><td colspan="2" rowspan="2">□□□-□□□</td><td rowspan="2">전
화
번
호</td><td>자 택</td><td>( ) -</td></tr>
<tr><td>휴대폰</td><td></td></tr>
<tr><td rowspan="2">④ 직급·호봉
(기여금기호)</td><td></td><td rowspan="2">⑤ 연금취급
기 관 명
(기관기호)</td><td colspan="3"></td></tr>
<tr><td>□□□□□□</td><td colspan="3">□□□□□□</td></tr>
<tr><td>⑥ 급여수령
금융기관</td><td>은행
※ □□</td><td>⑦ 계좌번호</td><td colspan="3"></td></tr>
<tr><td>⑧ 재원부담
회 계</td><td colspan="5">□ 1. 행정자치부일반회계 2. 정보통신사업특별회계
3. 철도사업특별회계 4. 지방자치단체 5. 지방교육행정기관</td></tr>
<tr><td rowspan="3">승
인
사
항</td><td>⑨ 최초요양
승인번호</td><td></td><td>⑩ 최초요양
승인 연월일</td><td colspan="3">. . .</td></tr>
<tr><td rowspan="2">⑪ 기요양기간
(계 일간)</td><td colspan="2">입 원 (일간)</td><td colspan="3">통 원 (일간)</td></tr>
<tr><td colspan="2">. . .~ . . .(일간)
. . .~ . . .(일간)
. . .~ . . .(일간)
. . .~ . . .(일간)</td><td colspan="3">. . .~ . . .(일간)
. . .~ . . .(일간)
. . .~ . . .(일간)
. . .~ . . .(일간)</td></tr>
<tr><td colspan="2">⑫ 요양일시금청구액</td><td>원</td><td>⑬ 예정요양기간</td><td colspan="3">. . .~ . . .(일간)</td></tr>
<tr><td colspan="7">공무원연금법시행령 제33조 제1항의 규정에 의하여 위와 같이 청구합니다.
년 월 일

청구인 (서명 또는 인)

공무원연금관리공단 이사장 귀하</td></tr>
<tr><td colspan="7">첨부서류 1. 실제요양기간이 2년을 넘은 후의 예정요양기간과 요양내용에 대한 담당의사소견서 1부
2. 예정요양기간에 있어서의 진료비명세서 1부
3. 청구인의 실명확인통장 사본 1부</td></tr>
</table>

210㎜×297㎜ (신문용지 54g/㎡)

공무상요양일시금청구서 작성방법

※ 표시란은 기재하지 말 것

1. ③란의 주소는 우편물을 수령할 수 있는 주소(실제 거주하는 주소)를 쓰십시오.
2. ⑥란의 급여수령 금융기관은 시중은행, 지방은행, 우체국, 농·수협중앙회 또는 전국단위협동조합의 "실명 확인된 통장" 계좌번호를 쓰시고 통장 사본을 첨부하여 주십시오.
   ※ 급여수령 제외 금융기관 : 외국계 은행(본사가 외국에 있는 경우에 한함), 신용금고, 새마을금고 등
3. ⑧란은 요양일시금을 부담하게 될 회계를 구분한 것으로 □안에 해당번호를 쓰십시오.
4. ⑨~⑪란은 공무상요양(기간연장) 승인결정서 내용대로 쓰십시오.
5. ⑫란의 요양일시금청구액은 예정요양기간 동안에 소요되는 진료비를 쓰십시오.
6. ⑬란은 예정요양기간은 공무상요양일시금을 받고자 하는 향후 예정요양기간(실제요양기간 2년 경과후의 기간)을 쓰십시오.

<참고사항>

○ 공무원연금법시행령

제33조【공무상요양일시금】 ① 법 제36조의 규정에 의하여 공무상요양일시금을 받고자 하는 자는 공무상요양일시금청구서에 다음의

서류를 첨부하여 공단에 제출하여야 한다.

1. 법 제35조의 규정에 의한 실제요양기간이 2년을 넘은 후의 예정요양기간과 요양내용에 대한 담당의사의 소견서
2. 예정요양기간에 있어서의 진료비명세서

② (생략)

[별지 제20호서식]

(앞 쪽)

<table>
<tr><td colspan="7"># 심 사 청 구 서
※ 뒤쪽의 작성방법을 읽고, 작성하시기 바랍니다.</td><td>처리기간
60일</td></tr>
<tr><td rowspan="4">청구인대리인</td><td>① 성 명</td><td></td><td colspan="2">② 주민등록번호</td><td colspan="3">-</td></tr>
<tr><td rowspan="2">③ 주 소</td><td rowspan="2">□□□-□□□</td><td rowspan="2" colspan="2">전화번호</td><td>자 택</td><td colspan="2">( ) -</td></tr>
<tr><td>휴대폰</td><td colspan="2"></td></tr>
<tr><td>④ 대상공무원과의 관계</td><td colspan="6"></td></tr>
<tr><td rowspan="5">대상공무원</td><td>⑤ 성 명</td><td></td><td colspan="2">⑥ 주민등록번호</td><td colspan="3">-</td></tr>
<tr><td rowspan="2">⑦ 주 소</td><td rowspan="2">□□□-□□□</td><td rowspan="2" colspan="2">전화번호</td><td>자 택</td><td colspan="2">( ) -</td></tr>
<tr><td>휴대폰</td><td colspan="2"></td></tr>
<tr><td rowspan="2">⑧ 연금취급 기 관 명 (기관기호)</td><td></td><td rowspan="2" colspan="2">⑨ 직급·호봉 (기여금기호)</td><td colspan="3"></td></tr>
<tr><td>□□□□□□</td><td colspan="3">□□□□□□</td></tr>
<tr><td colspan="2">⑩ 처분연월일</td><td></td><td colspan="2">⑪ 문서번호</td><td colspan="3"></td></tr>
<tr><td colspan="2">⑫ 심사청구이유</td><td colspan="6">별 지</td></tr>
<tr><td colspan="8">공무원연금법시행령 제88조의 규정에 의하여 위와 같이 청구합니다.
년 월 일
청구인 **(서명 또는 인)**
(⑬) **귀하**</td></tr>
<tr><td colspan="8">**첨부서류** : 심사청구이유서 1부</td></tr>
<tr><td colspan="8">다음 서류를 첨부하여 이송합니다.
년 월 일
⑭ 공무원연금관리공단 이사장
또는 해당 지방자치단체의 장
공무원연금급여재심위원회 위원장 귀하 *기관전화번호 : ( ) -</td></tr>
<tr><td colspan="8">**첨부서류** : 1. 변명서 1부
2. 관계서류 2부</td></tr>
</table>

210㎜×297㎜ (신문용지 54g/㎡)

심사청구서 작성방법 (뒤 쪽)

1. ③란의 주소는 우편물을 수령할 수 있는 주소(실제 거주하는 주소)를 쓰십시오.
2. ⑩란의 처분연월일은 급여에 관한 결정 등이 있은 날 또는 그 사실을 안 날을 쓰십시오.
3. ⑪란의 문서번호는 급여에 관한 결정 등을 통보받은 문서번호를 쓰십시오.
4. ⑫란의 심사청구이유는 원처분의 위법·부당한 내용을 서술식으로 작성하되, 새로운 입증자료가 있으면 함께 첨부하십시오.
5. ⑬란은 공무원연금법시행령 제88조 제1항의 규정에 의하여 청구서를 공무원연금관리공단에 제출하는 경우에는 "공무원연금관리공단 이사장"을, 지방자치단체의 장에게 제출하는 경우에는 해당 지방자치단체의 장을 쓰십시오.
6. ⑭란은 공무원연금법시행령 제88조 제2항의 규정에 의하여 청구서를 공무원연금급여재심위원회로 이송하는 기관의 장을 쓰되, 이송하는 기관이 공무원연금관리공단인 경우에는 "공무원연금관리공단 이사장"을, 지방자치단체의 장인 경우에는 해당 지방자치단체의 장을 쓰십시오.

<참고사항>

○ 공무원연금법시행령

제88조(심사청구의 절차) ① 급여에 관한 결정, 기여금의 징수 기타 법에 의한 급여에 관한 결정에 이의가 있는 자가 법 제80조 제1항의 규정에 의하여 급여재심위원회에 심사를 청구하고자 할 때에는 법 제80조 제2항에 규정된 기간내에 심사청구서에 이유서를 첨부하여 공단에 제출하여야 한다. 다만, 법 제26조

제1항 단서의 규정에 의한 지방자치단체의 공무원의 재해부조금 및 사망조위금에 관한 결정에 이의가 있는 자는 당해 지방자치단체의 장에게 제출하여야 한다.

② 제1항의 청구서를 받은 공단 또는 지방자치단체의 장은 10일 이내에 변명서와 기타 필요한 자료를 첨부하여 급여재심위원회에 송부하여야 한다.

7 공무원 징계

1 공무원의 신분보장(헌법 제7조 제2항)

공무원은 그 의사에 반하여 불이익을 받지 아니한다(국가공무원법 §68조, 지방공무원법 §60조).

불이익 처분으로는 징계처분과 의사에 반한 인사처분, 휴직, 강임 또는 면직등을 말한다.

2 소청심사위원회

소청이란 공무원이 신분에 관한 불이익한 처분을 받았을 경우에 이를 다툴 수 있는 특별한 행정심판을 말하며, 이에 대한 관련법령으로는 소청절차규정이 있다.

행정기관소속 공무원에 대한 소청심사위원회는 총무처(현재는 행정자치부)에 소청심사위원회를 두고 있고 그 위치는 우110-760, 서울 세종로 77-6이며, 전화번호는 02-720-4263이다. 궁금한 사항은 직접 문의하면 된다.

국회, 법원, 헌법재판소, 선거관리위원회 소속공무원의 소청사항을 심사·결정하기 위하여 국회사무처·법원행정처·헌법재판소 사무처 및 중앙선거관리위원회 사무처에 자체 소청심사위원회를 두고 있다.

3 지방공무원의 소청제도

지방공무원의 그 의사에 반하는 불리한 처분에 대한 소청을 심사·결정하기 위하여 시·도에 지방소청심사위원회 및 교육소청심사위원회가 설치되어 있다(지방공무원법 §13). 또한 지방공무원법 제21조, 제73조에는 심사청구 및 재심사청구를 할 수 있는 규정을 두고 있으며, 지방공무원징계및소청규정 제15조에도 상세하게 규정되어 있다.

서울특별시청의 소청심사위원회 전화는 731-6559이다.

4 행정소송

소청결과에 불만이 있는 자는 행정소송법이 정한 기간내(결정문을 받고 60일 내)에 행정소송을 제기할 수 있다.

사례 1

소청심사청구서

청 구 인 : 구 흥 부 (543321-1892621)
서울 서초구 ○○3동 1714-16
피청구인 : 서울특별시 ○○구청장

정직 2월의 징계처분 취소청구

<청 구 취 지>

1. 피청구인이 2001. 12. 26자로 청구인에 대하여 명령한 감봉 2월의 징계처분을 취소한다.
   라는 결정을 구합니다.

<청 구 이 유>

1. 신분관계

가. 피청구인은 2001. 12. 26자 청구인 대상으로 정직 2월의 징계처분을 한 ○○구청장이며,

나. 청구인은 1982. 6. 1부터 지방공무원 7급에 공채되어 ○○동사무소에 근무하고 있는 6급 공무원입니다.

2. 징계처분 경위

가. 피청구인은 2001. 10. 5 ○○구청내 김선달이란 주민으로부터 청구인이 금 50만원의 뇌물을 받았다는 진정서를 접하고,

나. 피청구인은 청구인 대상으로 탐문조사를 하고는 징계에 회부하여 정직 2월의 징계처분을 하였습니다.

3. 피청구인의 위법성

가. 피청구인은 진정한 김선달이가 익명이란 사실을 알고도 진정서를 접수하였습니다.

나. 피청구인은 청구인과 평소 사이가 좋지 않은 김○○의 말만 믿고 금 50만원을 받은 것으로 단정을 지었습니다.

다. 청구인은 금품을 받은 일이 없습니다.

그 날짜에 50만원이 청구인의 국민은행 통장으로 입금된 것은 친구 조○○가 빌려갔다가 돌려준 돈입니다

<입 증 자 료>

갑제 1호 ························· 징계처분장
갑제 2호 ························· 조○○ 진술서
갑제 3호 ························· 김선달 익명사실 확인서

2002. 1. 15
위 청구인 구 홍 부 ㊞

서울특별시 소청심사위원회 귀중

사례 2

군무원인사소청심사청구

항 고 인 : 구흥부
피항고인 : S사령부

면직무효확인

국방부 군무원인사소청심사위원회 귀중

군무원인사소청심사청구

소 청 인 : 구 홍 부(前 사무관)
우137-885, 서울 서초구 서초3동 1714-16 원동빌라 104호,
전화 017-269-2113

피소청인 : S사령부
경기도 과천시 중앙동 ○○○ 번지

면직무효확인(군무원인사법 제34조, 제35조의 2, 제43조, 행정심판법 제18조 7항)

<청 구 취 지>

1. 피소청인이 소청인에 대하여 2001.1.31.자로 한 면직처분은 무효임을 확인한다.
라는 결정을 구합니다.

<청 구 이 유>

1. 머리말

존경하옵는 S사령관님!
그리고 항고심사위원장님!
저는 18년 7개월을 오직 사령관님과 S사령부를 위해 이 몸바쳐 죽을 각오로 충성을 다한 자이옵니다.
S사령부에 대한 미련과 애정을 끊기 어려워…,

S사령부란 이름을 더욱 더 오래 기억하고 싶은 생각에서…,
징계재심사 청구를 하게 되었고, 이도 부족하여 민사재판으로 인도하는 등 약하디 약한 옛부하는 몸부림쳤습니다.
급기야, 오늘의 면직무효확인을 청구하기에 이르렀습니다.

2. 신분관계

가. 소청인은 피소청인 직장에서 1982.6.1 공무원 7급, 공채2기로 입대하여, 1994.1.1 5급(사무관)으로 승진하였고, 2000.6.2 해임되었다. 그 후

국방부 인사소청심사에서 정직1월로 감경되어 복직하였으나, 피소청인들의 강한 사직압력으로 2001.1.31 의원면직 처리되었습니다. 소청인은 징계 및 면직시 피소청인 부대 ○○처에 근무하였습니다.

나. 피소청인은 충성심이 강한 소청인에게 여러 개의 불법**(진정서 조작, 허위보고, 징계절차위법, 징계협의서와 징계의결서를 2년이 된 현재까지 미전달, 강요에 의한 사직 등)**을 가하여 퇴출시켰으며(갑제 3호, 소변경신청서),

S사령부와 다투는 과정에 충성심이 도망간 사람으로 비추어질 수 있으나, 20년 가까이 S사령부에서 충성한 자로 현재에도 충성심은 예나 다름이 없습니다.

다. 피소청인 S사령부는 국방부 직속부대로서 주소지에 본부를 두고 있으며, 육·해·공군 각 부대와 각 도에 예하부대를 두고 있습니다.

2. 인사소청제기 목적

가. 소청인이 1년에 200차례 근무시간에 불륜, 유부녀에게 2억원을

갈취미수 등의 허위사실로 공직에서 박탈되었는데, 현재에도 소청인을 아는 많은 ○○대원과 업무상 알았던 통일부 직원 및 북한연구자들은 그렇게 알고 있어, 사실을 바로잡아 명예를 회복하기 위함임.

나. S사령부 근속 20년은 채워야 한다는 개인욕심

다. 비록, S사령부와 소송행위는 하였지만, 죽어 국립묘지에 가고자 하는 욕심.

3. 면직이 무효가 되어야 할 이유

1) 소청인이 면직처리 되는 과정인 2000. 12. 9에서 2001. 1. 31 사이에 소청인은 적어도 소청인 입에서 사직서 이야기를 한 바가 한번도 없습니다(갑제 1호증, 사실조회신청서).

2) 소청인이 면직처리 되는 과정인 2000.12.9에서 2001.1.31 사이에 소청인은 S사령부 부대건물 안으로 들어간 일이 없으며, 들어갈 수도 없습니다.

   복직이 되었으면, 같은 식구이기 때문에 고생했다면서 커피라도 한잔 주면서 격려의 악수를 해줘야 하는데, 피소청인은 그렇게 하지 않고, 소청인에게 사무실 접근조차 방해하였습니다.

   왜냐하면, 피소청인은 퇴출된 자가 복직하는 것은 부대지휘에 미치는 악영향이 지대하다는 계산에서 소청인의 부대출입을 막았습니다.

3) 소청인이 면직처리되는 과정인 2000. 12. 9에서 2001. 1. 31 사이에 소청인은 9차례 사직서를 제출하게 되었으나, 이는 모두 소청인 자신의 뜻에 따라 제출된 것이 아닙니다. 차후 변론시 입증하겠습니다. 2001. 1. 31 면직처리된 9번째 사직서를 살펴보더라도, 소

청인의 자필은 일부에 불과합니다. 즉 반강요에 의한 사직을 입증하고 있는 것입니다.

4) 또한 부대정서, 환경 등이 소청인으로 하여금 사직서를 제출하게 할 수 밖에 없는 상황으로 만들었습니다(갑제 2호증, 신○○증언 조서). 다툼(쟁송 등)을 벌인 소청인이 S사령부에 복직하는 것은 북괴뢰군이 이마에 「나는 북한 인민군이요」라는 띠를 두루고 국군부대로 침입하는 것과 같은 상황이 된 것이었습니다.

5) 부대에서 오래 근무한 부대원에게는 사직서를 접수하고 일정기간 후에 사직처리를 하고 있습니다.

예를 들면 현역은 1년간 직업보도기간을 둔다든지, 군무원은 사직서 제출 후 3~5개월 지나서 면직처리된 내규가 있다고 합니다.

그러나, 피소청인은 2000. 12. 29 소청인에게 9번째 사직서를 강요받아 1개월내 즉시 면직처리를 시켰습니다.

6) 감찰조사과장 이○○, 김○○도 사직서를 요구했고(갑4호증 5면 상단) 또한 이○○, 임○○은 해임 이전에도 사직을 강요하였습니다.

7) 2000. 12. 9 국방부 법무관리관실에서 소청인은 징계와 관련하여 소청심사위원회가 개최되었습니다.

그후 소청인은 2000. 12. 9부터 2000. 12. 29까지 9차례, 사직서를 요구에 의하여 제출한 바가 있는데, 9차례 사직서를 제출하는 동안 소청인은 소청인 자신이 복직이 되었는지, 안되었는지를 모르는 상태에서 사직서가 제출되었습니다. 2001. 1. 8. 22시경 소청인은 자택에 도착하여 국방부 법무과로부터 온 등기물을 보고 소청인은 정직 1월로 되었다는 사실을 취초로 알았습니다.

※ 즉 사직서를 제출하여야 할 신분상 하등의 이유도 없는 자가 강요에 의한 사직서를 작성한 것입니다.

8) 2000, 12. 14. 11:00시경 당시 S사령부 감찰실 조사과장 중령 이용우는 소청인 핸드폰으로 전화를 하여「급히 만나달라, 구홍부씨가 사직서만 작성해주면 해임을 면하게 해주겠다」고 말을 했습니다. 그때, 소청인은「어떤 경우에도 당신의 도움은 받지 않는다」라고 말한 바가 있습니다.

이와 같이 소청인은 사직서 제출을 강요받았습니다.

9) 이◯◯와 임◯◯ 2000. 6. 2 소청인이 해임되기 이전에도 사직서를 작성해 달라고 요구하였습니다.

그때, 소청인은「당신이 무슨 자격으로 나에게 사직서를 요구하느냐」며 싸운일이 있습니다.

4. 참고사항 (2000.6.2자 징계가 무효인 이유)

가. 피소청인은 소청인 징계시 방출에 목표를 세웠던 나머지, 징계협의서를 주지 않아 소청인이 논리적으로 대응하지 못하고 중징계(해임)을 받았습니다(공무원징계령 제7조 제7항).

나. 징계 이후 징계처분장은 받았으나, 징계의결서를 2년된 현재까지 받지 못하여(공무원징계령 제19조 제2항),

징계에 대한 소청심사(2000. 12. 9)에서 징계무혐의를 받을 수 있었으나, 소청인은 정직 1월의 중징계를 받았습니다.

다. 피소청인은 징계시에 징계위원 중 1명은 군법무관을 포함시켜 징계를 하여야 하는 데도(군무원인사법시행령 제19조 제3항), 법전문가인 법무관이 없는 상태에서 징계하여 징계무혐의를 피할 수 없었습니다.

5. 소청이 지연된 이유

가. 소청인은 이몸 바쳐 S사령부와 군을 위하여 죽을 각오로 임하였습니다.

그러나 S사령부 불법자 10명에 의하여 억울하게 16개의 불법행위로 해임을 당하였습니다.

그후 국방부 법무과 소청심사로 복직되었으나,

나. 불법자들의 요구와 강압에 의하여 사직서가 제출되었습니다.

불법자들이 건재하는 한 복직은 어렵습니다.

다. 그후 해당 불법자 10여명이 스스로 불법을 인정하고 충성조직에서 사퇴하였을 때, 인사소청을 제기하려고 하였습니다.

현재까지 불법자들이 건재하지만, 약 40% 정도는 지방으로 전출된 상태입니다(강○○대령(진)전역, 구○○님, 이○○님, 김○○님, 오○○님 타부대 전출 지방으로 이동).

한편, 박○○ 장군님에 대하여서는 사령관님 취임 10일 전에 소를 취하시켰습니다. 그래서 박사령관님께서는 소청인에게 현 사건을 객관적인 눈으로 대응해 주리라는 판단이 있습니다.

라. 따라서 지금의 시기는 소청인이 복직하는데, 좋은 여건이라고 판단됩니다. 설사, 국방부 소청에서 좋은 결과를 못 얻으면 행정법원, 서울고등법원, 대법원에서 재판이 진행되면 몇 년의 기간이 경과될 것이고, 그러면 쥐(소청인)앞의 고양이(불법자 10여명)와 같은 불법자 10여명은 S사령부 수뇌부에서 사라질 것이 명백합니다.

5. 결 론

가. 부대에 누를 끼친 원인 제공자가 저(소청인)라는 사실은 잘 압니다.

나. 제가 이렇게 안해도 되는데, 이렇게 하여야 하는 이유는 S사령부가 미워서도 아니고, 법이 최고이다 라는 생각 때문도 아닙니다.

다. 어떻게 보면, 할 일이 많은 이 세상에서 빨리 잊어버리고 다른 일에 큰 관심을 돌려야 할 자가 바로 저 일수도 있습니다.

제가 퇴출 이후 계속하여 불법을 자행하고 있는 피소청인의 일부 식구들의 행위를 지켜보기 어렵습니다.

라. 더욱 성숙되어가는, 저의 제2고향 S사령부를 만들고 싶습니다.

감정을 배제한 반론(답변)을 기다립니다.

<입 증 자 료>

갑제 1호증 ……………… 사실조회신청서

갑제 2호증 ……………… 신○○증언조서

갑제 3호증 ……………… 소변경신청서

2002. 2

위 항고인 구 홍 부 ㉑

국방부 군무원인사소청심사위원회 귀중

사례 3

장교징계항고심사청구

소 청 인 : 준위 김○○
피소청인 : 국군 제4466부대장

징계처분무효확인의 청구

국방부 항고심사위원회 귀중

장교징계항고심사청구

청 구 인 : 준위 김○○(490610-1243510)
우 431-050, 안양시 ○○구 ○○3동 113

피청구인 : 국군 제4466부대장
경기도 과천시 ○○동 13번지

징계처분무효확인의 청구(군인사법 제60조의 3 제2항 근거)

<청 구 취 지>

1. 피청구인이 청구인에 대하여 1998. 7. 13자로 한 견책처분은 무효임을 확인한다.
   라는 결정을 구합니다.

<청 구 이 유>

1. 신분관계

가. 청구인은 피청구인 소속직장인 국군 제4466부대에서 1966. 7. 2부터 현재까지 군장교(육군 준위)로 근무하고 있으며, 1999. 7. 2이 군복무 33년이 되는 날이었고, 청구인은 향후 2년 후에 전역예정에 있습니다.

나. 피청구인 국군 제4466부대는 국가안보부대이자, 군핵심기관으로서 현재 경기도 과천시 ○○동 13번지에 위치하고 있습니다.

2. 징계처분 내용, 청구인 입장

가. 피청구인은 청구인을 대상으로 1998. 7. 13자로 징계를 개최하여 경징계인 견책처분을 하였습니다.

나. 그 당시 징계혐의에 대하여 다소 억울하며, 사실과 다른 점이 많았으나 청구인은 군안보부대의 내부문제를 외부로 또는 제3의 심판기관에 알리는 것은 충성인의 도리가 아니다는 생각과 징계혐의서와 징계의결서도 받지 못한 상태에서 다툼은 곤란하다는 생각으로 항고심사청구를 못한 것입니다.

3. 피청구인 처분의 위법성(징계무효원인)

가. 피청구인은 청구인을 징계할 때, 공무원징계령 제7조 제7항에 근거한 징계혐의서를 사전에 청구인에게 주지 않아 청구인은 징계위원회가 1988. 7. 13 개최되어, 징계위원들이 징계혐의에 대하여 해명의 기회를 주었을 때,

청구인은 징계혐의 내용을 구체적으로 아는 바가 없어 논리적으로 대응할 기회를 상실하였습니다.

나. 공무원징계령 제19조 제2항에 근거하여 징계의결서를 징계혐의자에게 송달하여야 하는 데도 1쪽짜리 징계처분장만 청구인에게 전달하고 징계의결서는 전달하지 않았습니다.

다. 이로 하여금 청구인은 무엇 때문에 징계를 받았는지 구체적으로 모르는 상태에서 항고심사청구를 할 필요가 없다는 계산에서 몇 년을 지내왔습니다.

4. 결 론

최근에 청구인은 군인사법 제60조의 3 제2항에 무효확인 청구는 상당한 기간이 경과하여도 가능하다는 정보를 접하고 본 항고심사를 청구하게 되었습니다.

심사위원님들의 현명한 심판을 기다립니다.

2001. 11.

위 청구인 김 ○ ○ ㊞

국방부 항고심사위원회 귀중

사례 4

장교소청심사청구

청 구 인 : 대령 구 홍 부
피청구인 : K 학교장

인사명령취소 청구

국방부 법무관리관실 귀중

장교소청심사청구

청 구 인 : 구 홍 부 (521010-1249429)

현소속 및 직책 : 육군 제9군단 제○○보병사단 제○○○보병연대장

전소속 : 국군 K학교

계 급 : 대령

군 번 : 359282(단간 12기)

주 소 : 서울 서대문구 서초동 75-83

전화 및 연락처 : 02-903-6778, 01?-703-0923

피청구인 : K학교장

경기도 ○○군 ○○읍 165번지, 전화 784-5○○○ (교환)

인사명령취소 청구 (군인사법 제50조 근거)

<청 구 취 지>

1. 피청구인 K학교장이 1998. 12. 청구인 대령 구홍부에 대한 육군원복의 인사명령은 이를 취소한다.
2. 피청구인은 청구인을 K학교로 재전입시켜 계급과 경력에 맞는 지위와 직책을 부여한다.

라는 결정을 구합니다.

<청 구 이 유>

1. 처분경위

가. 청구인은 1998. 12. 20. 20년 이상 몸담아 근무한 K학교에서 방출(전출)되어 육군본부로 원복되었습니다.

나. K학교의 특수성으로 K학교에서 근무하다가 타부대로 방출될 경우는 단순한 군인사가 아니고 징계를 받은 것보다 더 가혹한 처벌에 해당되고 있습니다.

다. 청구인은 1997년도 11월에 대령진급심사에서 대령으로 진급되어, 1998년도 1월에서 12월까지 국방대학원에서 교육을 이수하고 K학교 근무의 명을 받아야 했으나, 피청구인의 불법행위로 육군본부로 방출되었습니다.

2. K학교 대령급 인사실태와 청구인의 육군원복 인사

가. K학교내에는 교장님 밑에 5개의 처와 1개의 실 그리고 그 산하에 20여개의 예하부대가 있습니다.

나. 20여개의 예하부대 중 약 10여개는 대령이 지휘하는 부대이며, 10여개는 중령이 지휘하는 부대입니다.

다. 청구인의 경우 육군으로 원복(방출)되지 않았다면 지금쯤 예하부대장을 하고 있을 가능성이 높습니다.

라. 그러나 피청구인의 불법행위로 1998. 12. 20 청구인은 육군본부로 원복조치 되었습니다.

3. 청구인 관련 일지

1998. 12. 1. K학교에서 대령급 원복심사위원회 개최

1998. 12. 20. 대령 구홍부, 6군단으로 전출(방출)
2000. 1. 15. 대령 구홍부, 제1차 고충처리 청구서 제출
군인사법시행령 제60조의 4~9에 근거함.
K학교는 해당 고충처리 부서로 미이첩(민원관련법 위반)

2000. 1. 대령 구홍부, K학교 기획관리실장 준장 김◯◯와 면담
준장 김◯◯ 언동 → 고충처리청구서를 읽고 어떤 형태든 명예회복을 시켜주어야 한다.

2000. 2. 2. K학교로부터 답신장 수령
2000. 2. 7. 대령 구홍부, 제2차 고충처리 청구서 제출
현재까지 심의결과 미수령

2000. 11. 1. 대령 구홍부, K학교 참모장 소장 양◯◯ 제1차 면담
참모장 언동 → 최대령 잘못이 없음이 확인되었으며, 왜 타부대로 전출되었는지 모르겠음. 다시 검토해 보겠음. 격려금 100만원 수령

2001. 2. 6. 대령 구홍부, K학교 참모장 소장 양◯◯ 면담
참모장 언동 → 최대령 잘못이 없어 참모장으로서 재전입 시키기로 결심함. 사령관께 건의했으나 재가치 않아 不可 격려금 50만원 수령

2001. 5. 현재 제2차 고충처리심사청구에 대한 무응답

4. 청구인에 대한 인사명령의 위법성

(1) 사전보직심의예고제 시행상 위법

가. 1990년도 시행하여 1998년도에 정착된 육군방침에 의하면, 장교

는 사전에 보직심의예고제에 의하여 대상자인 청구인과 충분히 의논을 하게 되어 있습니다(갑제 6호증).

나. 피청구인은 同 법을 위배하고 청구인과 의논한 바가 없이 인사명령을 내렸습니다.

(2) 원복심사 절차상 위법

가. 1998. 11월에 K학교에서 국방대학원에 교육간 11명의 피교육생 대상으로 K학교원복심사를 하였습니다.

나. 그때 피청구인은 중대한 하자가 있었습니다.

청구인에게 아무런 하자가 없음을 알고도 K학교에로 원복을 시키지 않고 육군본부로 원복(타부대 전출)시켰던 것입니다.

다른 K학교 원복자들에 비하여 아주 우수한 실정이었는데, 피청구인은 고의적으로 청구인을 내쫓은 것입니다.

다. 당시 심○○ 참모장도 아래와 같이 언동한 바가 있습니다.

「구홍부 대령의 잘못이 무엇이냐? 잘못이 없는데 어떻게 전출시키느냐? 진급이 빨리되었다면 진급을 시킨 심사위원들과 전임 유○○교장의 책임이지 구대령의 잘못이 아니지 않는가? 전임학교장의 잉크도 마르기 전에 무슨 짓들이냐」

※ 원복심사란 흠이 있는 자를 방출시키는 심사제도입니다.

5. 청구인의 K학교 근무 중 충성심과 업무노력

가. 근무면에서

절대충성과 불철주야 근무하여 조기 대령으로 진급(갑제 2호증)

나. 도덕적인 면에서

현대판 청백리라고 할 정도로 부정과 타협하지 않았으며, 1일

3성의 실천을 통하여 타의 추종을 불허(갑제 2호증)
감찰실 동향에 부정적인면 無로 기재

다. 자기 발전면에서

군사교육과정 우등, OAC 우등, K학교전입시 2등, 육군대학 교육이수시 우등, 장교전문반 1등, 군생활 중 중등교사자격 취득, 경희대 대학원 석사취득

라. 기타 타부대 전출을 수용하기 어려운 이유

1. 타부대 전출은 사형과 같습니다.
   밑물고기가 바다물에서 생활하는 것과 같아 곧바로 사직하여야 하는 현실입니다.

2. 청구인은 K학교 5,000 식구내에서 유일하게 K학교 사병 → K학교 하사관 → K학교 초급장교(소위) → K학교 영관장교(대령) 등을 거친 산 증인입니다.

3. 조기 진급이 타부대 전출의 큰 요인이라고 하였는데, K학교의 3심제를 거쳐 → 육군본부의 심사를 거쳐 → 국방부 장관이 달아준 대령입니다. 조기 진급을 흠으로 내세우는 것은 심히 부당합니다.

존경하옵는 심사위원장님 그리고 심사위원님들!

저의 타부대 전출은 저에게 가혹한 형벌과 같습니다.
사실상 장교로서 생명이 끝난 것입니다.

타부대 전출 이후 오랜시간 곰곰히 생각해 보았습니다. 과연, 피청구인의 타부대 전출처분에 절대복종하는 것이 충성하는 것인가?를 ………

결코 그 것이 충성이 아니다는 생각을 하였습니다.
심사위원님들의 현명하신 처분을 기다립니다.
감사합니다.

<입 증 자 료>

1. 갑제 1호증 ……………… 신상자료
1. 갑제 2호증 ……………… 1차고충처리 청구서
1. 갑제 3호증 ……………… K학교 답신
1. 갑제 4호증 ……………… 2차고충처리 청구서
1. 갑제 5호증 ……………… 3차고충처리 청구서(미접수)
1. 갑제 6호증 ……………… 육군방침
1. 갑제 7호증 ……………… 주민등록등본

2001. 12. 28
위 청구인 구 홍 부 ㊞

국방부 법무관리관실 귀중

사례 5

항고심사청구서

1. 사　건 : **징계처분 감경**

2. 항고인
   - 성명 : 구 홍 부　연락처 : 017-5760-2113
   - 소속 : 국군 7682부대
   - 직책 : 통일연구분석관 (사무관)
   - 군번 : 750696
   - 주소 : 서울 서대문구 ○○ 2동 145-25(우편번호 120-092)
   - 주민등록번호 : 551023-1892812 (45세)

3. 피항고인 : 국군 7682 부대

4. 항고인 대리인 : 변호사 선임 미정

<항고취지>

「피항고인은 2000년 6월 2일 항고인 구홍부 사무관에 대한 해임처분은 이를 감경한다」
라는 결정을 구합니다.

<항고이유>

항고인은 부대를 사랑하고 있습니다. 항고인은 부대를 떠날 수가 없습니다.

몸과 마음 모두를 바쳐 일하고자 하는 최고의 애국인이며, 충성인들만 모인 부대에서 비록 잘못이야 있다고는 하지만 떠나야 하는 자연인이 되고 싶지 않습니다. 분단 이후 우리 부대가 없었다면 이 땅은 자유민주주의 체제를 유지할 수 없었을 것입니다. 저는 그 속에서 일역을 하며 살았던 것이 너무나 행복하였고 자랑스러웠습니다.

부대를 떠나달라는 명령이 아닌 한 항고인은 존경하옵는 사령관님, 참모장님 그리고 방○처장님의 그 어떤 명령과 처분도 따를 것입니다.

큰 죄를 지은 항고인이 무슨 할말이 있겠습니까마는 다음과 같은 주장으로 항고 이유를 밝히고자 합니다.

복직을 위해 항고인의 주장을 펴다보니 부대의 명예가 불가피하게 약간 실추될 수 밖에 없는 점 용서를 빕니다. 상처의 고름을 짜며 발전의 계기라고 생각하여 주실 것을 바라옵니다.

1. 항고인 주장사실 요지

항고인은 부대 감찰이 제시한 비행 중 성실의무 위반, 근무지 이탈 그리고 품위유지의무 위반 등 3종류에서 성실의 의무위반과 근무지 이탈은 전적으로 부정하며, 다만 「품위유지 의무위반」 중에서 여자 관련 만남만을 인정하며 형법상 범죄가 되는 행위(여자관련 강제성, 금품수수 미수, 폭로협박, 조사가 진행되는 과정에서 만남 등) 등은 사실과 다를 뿐 아니라(갑제 5호증 2) 인정하지 않습니다.

다시 말해서 同 사건은 불가피하게 여자의 적극적인 유혹으로 여자를 알게 되었고 항고인은 곧 후회하게 되었으며, 그 여자는 항고인이 후회하는 것을 눈치채고 항고인의 관심을 얻어내기 위해 좁은 생각으로 집으로 밤늦게 전화를 하는 등 한 가정을 불행하게 만들고 있었습니다(갑제 6호증). 이에 항고인은 항고인의 처에게 모든 것을 고백하고 부부공동 대응으로 그 여자의 전화를 막아내는 과정에 발생한 사건으로 그 여자를 만나고 헤어진 것 외에 어떤 비행도 없었습니다.

결론적으로 항고인의 여자관계는 이 세상에서 단 2 명만 아는 사실인 것을 감찰이 민간인 조사를 통하여 탈로가 나게 되었고 지금도 민간인은 어느 누구도 아는 자 없는 실정입니다.

2. 비행누설 및 징계를 받게 된 경위

부대감찰의 同 비행 인지경위는 관련 여인이 항고인의 사무실 전화번호를 알기 위해 '2000.2~3월경 국방부 민원실에 문의하자 국방부 민원실은 부대교환전화를 안내하였고 부대교환은 감찰실 조사과 전화를 안내하였습니다. 조사관은 항고인의 사무실 전화를 알려주는 대신 교활한 방법으로 전화접촉 및 직접접촉으로 신문하여 항고인의 비행 사실을 알게 되었습니다.

한편 감찰은 5. 1일 항고인을 조사 후 5. 25일경 두 사람의 과장(조사과장, 2과장)을 통하여 현재 부대실정은 감축계획에 따라 모범부대원도 옷을 벗어야 하는 입장이다. 비행을 저질렀으니 자진사퇴하는 것이 좋지 않느냐며 사퇴권유를 받았습니다.

이에 항고인은 하늘같이 높은 지위의 신분인 "과장" 앞에서 감히 「징계를 하면 견책 정도 나올 비행을 놓고 어떻게 그런 말씀을 할 수 있습니까? 여러 공직을 경험했지만 부대에서 가증 큰 보람을 느끼고 있습니다. 제발 저를 짜르(방출시킬) 생각은 하지 말아주십시오. 용서가 곤란하면 징계에 회부시켜 처벌을 받도록 하겠습니다.」라고 항고인의 의사를 피력하였습니다.

그러자 수일내 괘심죄에 걸려 5월 29일 징계에 회부되었고 감찰의 아주 과장된 비행사실이 징계위원들에게 낭독되었고 급기야 부대 50년 역사에 없는 해임이란 중징계를 받게 되었습니다.

다음은 분야별 구체적인 항고인의 주장 사실입니다.

1. 품위유지 의무위반 관련

同 사건은 이 세상에서 2명만이 아는 여자관련 사건을 부대감찰이 민간인 조사를 통하여 인지한 사건입니다. 형사 문제가 된 것도 아니며 관련 여자가 처벌을 호소하는 사항도 아닙니다

항고인은 '99. 4월 비행 후 '99년 9~10월경부터 후회하게 되었으며 관계를 청산하기 위해 한없는 노력과 눈물을 흘렸습니다. 만약 항고인이 쾌락만을 추구하고 윤리를 무시하여 상대가 만나고자 할 때 만남을 계속하였다면 이 문제는 영원히 둘 만이 아는 사건이 되었을 것입니다.

동 사건은 항고인의 가족까지 동원하여 마무리가 잘 되고 있는 과정에 감찰이 문제를 만들어 확대시킨 사건입니다.

현재까지 민간인은 항고인의 처만 압니다. 조사를 받고 나서 항고인은 모든 것을 처에게 구체적으로 고백하였습니다.

동 사건과 관련하여 고2학년의 딸, 중2학년의 아들, 80노인인 어머니 그리고 아내 등 모든 가족들은 반년 이상 밤 늦게 집으로 걸려오는 그녀의 전화에 시달려 항고인의 무엇인가 석연치 않은 잘못에 미워는 했지만 가정을 책임지겠다는 항고인의 의지를 지켜보면서 부부공동대책을 강구하였고, 항고인의 모든 것을 용서하였습니다(갑제 6호증). 한편 전화스토킹범으로 고소라도 하여야 한다는 자세를 취하는 등 현재까지 가정엔 화목이 계속되고 있습니다(갑제 6호증, 갑제 7호증).

그녀의 스토킹행위를 막기 위해 그녀의 동거인에게 항고인의 처 및 동생이 전화를 하지 말아달라고 전화한 바 있습니다.

또한 남녀간 만남을 통하여 소비되는 일체의 비용은 항고인이 부담하였으며 300만원을 차용해 달라는 것은 농담이었고 갈취목적은 전혀 없었습니다. 그 여인은 만원짜리 하나를 항고인에게 준 일이 없는 여인입니다(갑제 5호증 2).

다만 오랜기간동안 그녀는 지속적으로 만나고 싶어하고 항고인은 거부하는 관계일 뿐이었습니다. 동 사건에서 항고인은 남녀간의 문제 외 형법 및 기타 법률에 위배되는 어떤 행위도 없었습니다(갑제 5호증).

※ 전화를 끊기 위해 가족을 시켜 전화를 하지 말도록 한 것이지 폭로 또는 협박 등의 용어는 부적절합니다(갑제 5호증 2).

또한 그녀는 항고인을 무척 좋아했던 것은 인정하나 정신적으로 상당한 문제가 있는 자, 즉 미숙아로 판단되는 바 그 이유는 사랑하는 사람을 무슨 목적에서인지 모르지만 과장하여 조사관의 전화신문에 응한 후 곧바로 항고인의 사무실에 전화를 하여 보고싶어 미치겠다라고 하였으며, 밤늦게 항고인의 집에 전화를 하여 지금 밖으로 나와 만나달라고 한 사실도 수없이 많았는데, 그와 같은 행위가 도덕적으로 잘못되었다는 인식을 못하는 여자였으며, 해임 후에도 해임사실을 알면서 하늘이 무너지는 항고인의 심정은 이해하지 못하고 수차례 전화하여 놀러가자는 등의 언행을 보이는 것으로 보아 정신적으로 미숙한 여인으로 판단되었습니다.

징계심사위원님들은 항고인의 비행자체는 잘못되었으나 항고인이 비행 중 후회를 한 점, 여자의 정신상태, 항고인은 스스로 도덕적으로 큰 잘못을 하였다는 사실에 깊이 반성하고 있는 점, 그리고 법률에 위배되는 행위는 없다는 점 등으로 항고인을 이해하여 주시면 대단히 감사하겠습니다.

2. 성실의무 위반관련 (갑제 8~갑제 12호증 6)

항고인은 평소 성실히 일해왔고 '99년 6월 1일 이후 1년간은 부대사(부대 50년사) 집필요원(총 4명)으로 명을 받아 부대본부에서 승용차로 50분 거리인 서오릉 ○○학교에서 부대사 집필업무를 수행하였습니다.

부대사 집필과 관련하여 자료한 점 없는 상태에서 저는 부대사를 만들기 위해 1년 동안 2개월에 한차례씩 있는 외박을 한번도 가질 않았으며 매일 1시간에서 1시간 30분 전에 출근을 하여 집필에만 전념하였습니다(갑제 8호증, 갑제 9호증).

또한 16차례의 일직사관 근무 후 다음 날 반나절은 쉬게 되어 있는 휴식을 한번도 취하지 않으면서까지 200여명의 부대 근무원로 장군 및 선배들과 만나서 인터뷰를 했으며 500여개의 자료를 수집하는 정열을 보였습니다(갑제 10호증, 갑제 11호증).

한편 부대사가 걱정이 되어 새벽 2시에서 3시에 출근하여 피곤한 줄 모르고 일한 적도 많았습니다.

부대사 집필의 어려움 속에서도 통일부를 출입하며 본부업무를 돕기 위해 안간힘을 다했을 뿐만 아니라, 상부의 특명사항을 수행하는 등 지난 1년 열두달은 제 인생 및 공직 24년 중에서 업무와 관련하여 가장 힘들고 어려웠던 한해였습니다.

2000년 1월 이후 부대사 제1차 초안(총분량 1200면)이 완성되어 수정보완을 거쳐 파견기간이 종료되던 '00년 5월 31일 제5차 초안이 완성되었습니다. 4권의 책 저술 경험이 있는 항고인의 노력과 역할은 막중하였습니다. 현재는 부대사의 질을 높이기 위해 원래 계획인 인쇄를 중단하고 파견기간을 연장하여 추가적인 보완 작업중이며, 부대창설 50주년 기념일인 '2000. 10. ?일 전후로 출판될 예정입니다(갑제 10호증~갑제 12호증의 6).

개인 행동을 한 일이 한번도 없었습니다(갑제 17호증).

또한 1년 중 12차례는 상관의 승인을 받아 부대 본부내에 있는 서울 ○○병원에 가서 항고인 어머니(박삼선)의 약을 대신 수령하였습니다. 약 3시간 정도가 소요되었습니다(갑제 21호증).

그래서 감찰 조사과정에서 감찰이 주장한 200회 이상의 근무지 이탈은 모두 업무 및 식사 목적의 출타였습니다.

근무지를 이탈하지 않고 토요일 오후 퇴근시 만났을 뿐입니다.

항고인이 1~2차례 근무지를 이탈하였다고 하더라도 1년 중 20일 이상을 외박하지 않고 일한 노고를 생각한다면 작전중이 아닌 한 근무이탈의 비행은 논할 수 없다고 사료되어집니다(갑제 17호증 - 갑제 21호증).

4. 개전의 정과 관련하여

항고인은 윤리전공 석사이며 수십년 동안의 불자로서 4년 가까이 불교신문을 직접 만들어(갑제 28호증 1-2) 매월 2차례씩 400명의 독자에게 무료배포하는 등 석가모니의 가르침을 열심히 배워가는 과정에 도덕성을 타락한 큰 비행을 저질러 '2000. 5. 1일 조사를 받고 나서 생명까지 포기하고 싶은 심정으로 살았습니다.

항고인은 자신뿐만 아니라 모든 자가 죄를 지으면 처벌을 받아야 한다는 생각으로 살기 때문에 부대내 항고인을 아껴주는 분이 다소 있어도 찾아가서 징계를 막고자 노력하지 않았습니다.

징계위원회가 개최되었을시 감찰조사 내용이 항고인의 입장과 다소 차이가 있어 이해를 시키다보니 용서를 빌 시간이 없었습니다.

한편, 징계가 개최되기 수일 전에 조사과장 등 몇 분이 사직을 권유하였습니다. 사직을 권유한다는 것은 무척 어렵고 조심스러운 문제인데다 높은 분의 주장이라 고민고민하다 정든 부대를 떠나지 않겠다고 답변을 하였습니다. 그런와중에 동 문제가 징계로 이어지다보니 다소 미움을 얻어 개전의 정이 없는 부대원으로 판단이 되었을 것으로 추정됩니다. 항고인은 직속상관분들에게 수도없이 용서를 빌었습니다(갑제24호증).

항고인은 어느 누구보다 많은 반성을 하고 있습니다.

5. 항고인이 받은 표창 (갑제 26호증)

가. '85.12.31 국군 제7682 부대장 표창
나. '86.10. 7 국군 제7682 부대장 표창
다. '90.11. 5 국방장관 표창
라. '92.12.21 총무처장관 표창
마. '95.10.21 대통령 표창
바. '98.10.21 서초구청장 표창

※ 항고인이 만약 징계를 받지 않았더라면 부대사 집필의 공로로 집필요원 4명 공히 10.21일 부대창설 50주년에 대통령 훈장 등을 받을 수 있었을 것으로 추정.

6. 감찰조사 및 징계관련 불만

가. 둘만이 알아야 할 항고인의 여자문제를 부대원 다수인 500명 이상이 알게 하여 명예를 훼손하였습니다.

나. 민간인 조사 및 신문(갑제 5호증 1~2)

- 사건 인지과정에 여자가 항고인의 사무실 전화만을 알고자 한 것이 목적이었는데 조사과에서는 5차례 접촉(전화 또는 코리아나 호텔에서 만남)을 요구하여 항고인의 비행 모두를 확인하였으며,
- 조사과가 항고인의 전화번호를 그녀에게 알려줄 당시만 여자가

전화하였고(첫 전화) 나머지 4회는 조사관이 민간인을 조사 및 신문하는 형식으로 항고인의 비행을 확인하였습니다.

· 그녀가 항고인에게 만남을 요구하여 항고인이 거부할 때는 다소 과장된 비행을 제공하기도 하였습니다.

· 무엇보다 남녀간 아주 구체적인 과거사 내용은 조사관(조사 2계장)이 2번째 전화부터 귀찮게 민간인 여자를 신문하였고, 응답하고 싶지 않는 것을 반강제로 답을 얻어내었습니다.

· 무리수를 뜬 감찰은 한 때(5. 2 ~ 5. 15까지) 항고인 사건을 없었던 것으로 하려고 하다가, 부대에서 방출을 시켜도 문제점이 없을 것이다란 계산에서 징계 및 해임을 하기에 이른 것입니다.

다. 민원사무처리법률 관련위배

· 민원사무처리 법률에 위배되는 행위 산재

· 민원을 합리화시키기 위해 그녀를 코리아나 호텔로 불러내어 준비된 서식에 도장을 받았습니다.

라. 징계협의자(비행기, 항고인)의 진술서 등 주장은 완전 무시

· 동사건에서 항고인의 감찰조사시 작성한 진술서 내용은 참고하지 않고 감찰 독단적인 판단에 의해 비행내용 및 의견서 작성

· 감찰조사를 왜 하는지가 의문시되어 이렇게 비행자 입장을 무시한 조사를 할 바에야 조사하지 않고 바로 징계를 개최함이 '좋을 것으로 사료됩니다.

마. 징계절차상 하자

· 징계시 징계위원 개개인이 표결을 통하여 결의토록 되어 있는데 항고인은 그런 사실을 본 일이 없습니다.

· 즉 해임이란 방침을 세우고 밀고나간 것입니다.

7. 향후 항고인의 부대기여도 예상

항고인은 부대명예를 실추시킨 책임을 통감하고 해임을 수용하여야 마땅하나 우리 부대에 대한 애정이 남다르며, 학식과 경험이 풍부하여 부대내의 어떤 어려운 업무도 해낼 수 있는 능력이 있다고 사료되며, 한편 지난 1년간 부대사를 집필하며 느낀 교훈적 요소를 오늘을 사는 우리 부대원 생활에 꼭 접목시켜 보고자 하는 욕심에 가득차 있습니다.

부대생활 중 자기 발전을 위해 야간에 집필한 개인 저서와 업무 중 부대관련 저술책자는 다음과 같습니다.

<다 음>

가. 재미있는 형법(행법사刊, 350면, 8판)

나. 북한연구법전(행법사刊, 891면)

다. 재산상속과 유언·유증의 법률(대한법률정보刊, 417면)

라. 세계화시대 장병이념교육(안보전략연구소刊, 410면, 95년에 전군에 배포, 3명공저)

마. 부대 50년사(1080면, 비매품, 4명저, 10월 인쇄)

바. 부대 장기발전 계획(법제도 분야 저술, 2급비밀, 기관실 1과 주관)

사. 부대원 생활규범(윤리강령 만들기 전 240면의 본 책자 제작, 사령관님께 보고하자 내용을 줄여 윤리강령으로 만들라고 지시하여 동 책자는 그 당시 10부만 제작 보관)

아. 부대원 윤리강령(감찰실 파견, 3명 공저)

이상 앞의 모든 것과 증거자료 27종류를 근거로 50년만에 찾아온 「해임 제1호」인 항고인의 징계에 대하여 징계위원님들의 민주적이며 합리적인 징계결과를 기대하며 위와 같이 항고심사를 청구합니다.

※ '00.6.10. 11시5분경 정○○ 계장으로부터 징계처분장을 수령하였습니다.

<입증자료>

갑제 1호증 …………… 주민등록등본
갑제 2호증 …………… 경력증명서
갑제 3호증 …………… 징계처분장
·
·
·
·
갑제 18호증 ………… 통일부 불법자료 수집현황

2000. 8. 1

위 항고인 구 홍 부 ㉞

국방부 법무관리관실 귀중

사례 6

공무원소청심사청구서

청 구 인 : 구 홍 부(여)
서울 서초구 서초동 1714-16, 전화 5360-2412
(파면 전 근무처 : ○○중학교)

피청구인 : ○○북도 교육감

근　　거 : **국가공무원법 제76조, 교육공무원법 제53조, 소청절차규정, 공무원징계령**

<청 구 취 지>

1. 피청구인이 청구인에게 2001. 1. 15자로 한 파면처분은 이를 취소한다.

라는 결정을 구합니다.

<청 구 원 인>

1. 처분경위

가. 청구인은 99. 8. 22~2000. 4. 14까지 ○○중학교의 서무과장으로 재직 중 공금유용 및 횡령, 계좌입금 미실시, 영수증 미징구, 채주도장 임의 각인 등 회계질서문란 및 지방공무원법 제48조(성실의 의무) 동법 제53조(청렴의 의무)의 규정을 위반하였다는 사유로 서울특시교육청 징계위원회에서 파면처분을 받았으나,

나. 다음 소청의 요지와 같이 부분적으로 사실과 다르므로 파면 처분은 지나치다는 생각에서 이에 소청심사를 청구합니다.

2. 청구인의 반론

가. 본건 징계의결 내용에 의하면 99. 9. 18 ~ 2000. 2. 26 사이에 도급경비 및 학교운영 지원회계에서 금1,978,430원을 가정생활비로 사용하였다고 하는데 이것은 사실과 차이가 있습니다.

나. 그 당시 서류를 이중으로 작성하여 공금을 유용한 것은 사실이지만 금1,978,430원을 횡령하였다고는 생각되지 않습니다. 당시 공금을 유용한 만큼 예산이 비게 되었는데, 그 빈 부분이 학교육성회계직원 떡값분인 급여가 모자라게 되어 교장선생님과 서무부장님께 질책을 받고, 사실 유용하였다고 말하고 그 돈을 변상하였어야 하는데, 그렇지 못하고, 본인이 사무착오를 하여 모자라게 되었다고 말하고 모자란 급여분을 알아서 처리하겠다고 하였습니다.

다. 그 후 본인이 그 모자라는 급여분을 정확한 금액은 아니지만, 1,800,000원 정도를 급여담당자에게 주었습니다. 당시 제가 몸도 좋지 않고 정신적으로 시달리고 있던 중이어서, 그 유용금을 정확히 계산하였어야 하는데 그렇지 못하고 그 급여분만 주고 나면 횡령은 아닐 것이라고 생각이 되었고 나머지 십몇만원 유용금을 변상하려고 했지만 용기가 없어서 못하고 있던 중 종합감사를 받게 되었고 감사받던 중 그 부분에 관하여 진술 비슷하게 말을 해보았지만, 급여담당자가 받지 않았다고 답변하는 바람에 너무 기가차고 분통이 터졌습니다.

라. 감사담당계장님이 교장선생님 · 서무부장님 입회하에 다시 한번

물으시더니 이 부분에 관하여 사실대로 진술하지 않을 경우 검찰에가서 진술하여야 한다는 말을 듣고 너무 겁이 나고 무섭고 정신이 없어 본인이 금1,978,430원을 횡령하였다고 진술해 버렸습니다.

마. 교장선생님과 서무부장님은 그러한 사실이 없다고 하시고, 급여담당자는 돈을 받은 일이 없다고 답변을 하니 저는 정말 어떻게 하여야 할지 정신이 아찔하고 또 그 당시 교장선생님이 정년퇴임이시라 저로 인해 불명예가 되지 않을까 염려가 되었습니다.

바. 당시 제가 용기를 갖고 진실을 말하였다면 지금 이렇게 억울하지는 않았으리라 생각도 해보았습니다. 모든 것이 저의 잘못이고, 저로 인해 다른 사람이 피해를 입지 않을까 걱정이 되는 마음이 먼저 앞서 진실을 밝히지 못하고 위증을 하였습니다. 또 돈을 받은 사실이 밝혀지지 않으면 어떻게 하나 겁도 났습니다. 아무도 본 사람이 없고 또 받았다는 영수증도 없는데 다행히 학교운영지원회계 직원 중 받았다는 영수증이나 통장에 제가 횡령을 할 의도가 전혀 없었는데, 횡령자로 낙인이 찍혀 형사고발까지 당하고 횡령금은 횡령금 대로 그대로 물고 벌금은 벌금대로 물게 되고 평생 신원에 불명예로 남게 된다고 생각하니 분하고 억울하였습니다.

3. 개인사정

가. 또 이렇게 파면을 통지받고 나니 앞으로 살길이 막막하였습니다. IMF로 인해 집안사정이 너무도 어렵고, 부모님 또한 연로하시어 제게 의지하고 계십니다.

제 앞으로 은행에서 대출받은 돈뿐만 아니라 교원공제회에서 돈 등 지금 제가 파면당하면 헤어날 수가 없고 앞으로 살 희망도 업습니다.

나. 유서를 써놓고 자살을 해버릴까 아니면 한강다리 위에 올라가 억울함을 호소하며 뛰어 내릴까 생각도 많이 하고 울기도 많이 하였습니다.

다. 그렇지만 연로하신 부모님을 남겨놓고 자식된 도리로서 먼저 세상을 떠난다는 것이 저승에 가서도 그 한이 될 것 같고 죄가 될 것 같아 살고자 희망을 가졌습니다.

라. 용기를 내어 모든 진실을 밝히고 구제를 받고 싶습니다.

본인은 정말 추호도 돈을 횡령할 의도가 아니었습니다. 너무도 다급하고 어려운 상황이어서 어리석은 마음에 공금을 유용한 것은 사실이지만 그 돈을 떼먹고 사기를 할 생각은 정말 추호도 없었습니다.

23살 젊은 나이에 공무원을 시작하여 10년간 공직에 근무하면서 그래도 최선을 다하려고 노력하였습니다.

부모님 또한 못난 딸자식이라도 공직생활을 하는 것을 자랑스러워 하셨는데 이런 파면통지를 받으시고는 몸져누워 계십니다.

누구를 탓하기 이전에 제 자신의 과오와 어리석음을 탓하고 반성하면서 참회하고 있습니다.

부디 관대한 처분이 내려진다면 새로운 인간이 되어 새 삶을 살고 싶고 떳떳하게 인생을 살고 싶습니다.

선처하여 주시옵길 간곡히 빕니다.

<입 증 자 료>

1. 갑제 1호증 ······················ 주민등록등본
1. 갑제 2호증 ······················ 징계처분사유설명서
1. 갑제 3호증 ······················ 사실관계확인서
1. 갑제 4호증 ······················ 어머니 탄원서

2001. 2. 15

청구인 구 홍 부 ㉑

○○북도 교육소청심사위원회 귀중

8 국가보훈처

국가 보훈처는 정부조직법상 중앙행정기관으로서 국무총리 소속하에 속한다. 국가유공자 및 그 유족에 대한 보훈과 제대군인의 보상·보호와 군인보험에 관한 사무를 관장한다.

현재 국가보훈처는 서울시 영등포구 여의도동 17-23, 전화 780-9601에 위치하고 있으며, 전국 광역시 및 도에 각 1개의 지방보훈청이 있다.

<table>
<tr><td colspan="5">행 정 심 판 청 구</td></tr>
<tr><td rowspan="2">청 구 인</td><td>① 성 명</td><td>구○○</td><td>② 주민등록번호</td><td>780930-111021</td></tr>
<tr><td>③ 주 소</td><td colspan="3">부산광역시 동구 ○○ 5동 252-1041 (5/5)</td></tr>
<tr><td>④ 선정대표자 관리인
또는 대리인</td><td colspan="4"></td></tr>
<tr><td>⑤ 피 청구인</td><td colspan="2">부산지방보훈청장</td><td>⑥ 재결청</td><td>국가보훈처장</td></tr>
<tr><td>⑦ 청구대상인
처분내용</td><td colspan="4">국가유공자 비해당결정 통지</td></tr>
<tr><td>⑧ 처분있음을 안 날</td><td colspan="4">2000년 9월 27일</td></tr>
<tr><td>⑨ 심판청구
취지 · 이유</td><td colspan="4">「피청구인은 청구인 구○○에게 국가유공자의 자격을 부여한다」라는 결정을 구합니다.</td></tr>
<tr><td>⑩ 처분청의 고지유무</td><td colspan="2"></td><td>⑪ 고지내용</td><td></td></tr>
<tr><td>⑫ 증거 서류</td><td colspan="4"></td></tr>
<tr><td>⑬ 근거 법조</td><td colspan="4">행정심판법 제19조, 동법시행령 제18조</td></tr>
<tr><td colspan="5">위와 같이 행정심판을 청구합니다.

2000년 월 일
청구인 구○○ (서명 또는 날인)</td></tr>
<tr><td colspan="5">※ 첨부서류 : 청구서 부본</td></tr>
</table>

사례 1

행 정 심 판 청 구 서

가. 청구인

주　　　소 : 부산광역시 동구 ○○ 5동 252-1041

주민등록번호 : 780931-1110218

성　　　명 : 구 ○ ○

나. 피청구인 : 부산지방 보훈청장

<청 구 취 지>

1. 피청구인이 2000. 9. 22 청구인에 대하여 한 국가유공자 등록거부 처분은 이를 취소한다.

라는 결정을 구합니다.

<청 구 이 유>

1. 입대 전 지병상태

가. 정상적인 신체검사를 거쳐 정상적인 상태로 입대하였습니다.

나. 입대를 며칠 앞두고 특별한 이유없이 허리가 빠근하여 부모님께 말씀 드렸더니 며칠 후 입대할 것인데 허리가 좋지 않으면 큰일이라 하시며 검진을 받아보자 하셔서 1998년 9월 8일 부산진구 부전동 소재 배철방사선과 의원에서 X선 검진결과 허리에 약간의 무리가 있은 것으로 생각되며 2~3일 통원치료를 받으면 호

전될 것이라 하였으며, 최근에 일상생활 이외 특별히 한 일이 무엇인지 질문하기에 이틀 전 동래 친구들과 집 부근의 초등학교 운동장에서 야구운동을 한 일이 있었다고 말씀드렸습니다.

다. 아버님께서 이번 달 14일에 신병훈련소에 입대할 아이인데 혹시 입대연기나 면제사유의 조건이 될 수는 없느냐고 질문하시니까 이런 질병은 보통 사람들도 흔히 발병하는 것으로서 질문하신 요건이 될 수 없으며 그런 요건이 되려면 디스크 증세가 있어야 가능하나, 이것은 디스크 증세가 아니라는 것이었습니다.

라. 3일간의 통원치료 중 2일간 물리치료와 약물치료를 받고 요통이 호전되어 1일은 약물치료만 받고 요통이 사라져 동년 9월 14일 논산훈련소에 입대하였습니다(갑제 4호증 참조 … 배 철 의원의 검진자료 참조).

마. 이전에는 요통이 있었거나 치료를 받은 사실이 전혀 없었으며 검진, 치료를 받은 것은 이번이 처음이었습니다[갑제 5호증 참조 … 개인별급여내역(의료보험진료내역)].

2. 군입대 후 발병 및 병악화

가. 신병훈련소에서 요통발병

1) 1998년 9월 14일 신병훈련소에 입대하여 신체검사 때에도 요통이 없었으며 전반기 6주간 교육훈련 기간 중 사격술예비훈련, 소총사격, 각개전투훈련 때에도 허리에 아무런 이상 없이 훈련을 종료하였습니다.

2) 81㎜ 박격포 병과 주특기(1124)를 받아 1998년 11월 4일부터 논산훈련소에서 3주간(2주는 훈련, 1주는 작업)의 후반기 81㎜ 박격포 교육훈련을 받게 되었으며,

3) 훈련의 하루 일과는 아침 6시 30분에 기상하여 연병장에서 아침 점호, 체조, 연병장 구보(약 2~30분) 후 주변청소, 아침식사가 끝나면 훈련 출동준비 소총을 휴대하고 병기창고에서 약 08:30 경 4개부분으로 분리된 박격포를 들어 메고 행군하여 약 20분 거리의 연병장, 때로는 박격포 사격장(행군으로 약 1시간)에 도착하여 09:00부터 50분 훈련하고 10분 휴식으로 17:00까지 훈련을 마치고 4개부분으로 분리한 박격포를 들어 메고 막사로 복귀하여 병기를 청소하여 병기창고에 입고시키고 몸을 씻고 저녁식사 후 휴식 점호준비, 21:00에 저녁점호 22:00에 취침으로 일과가 종료되며,

4) 81㎜ 박격포는 42.5㎏으로 보병의 공용화기로서 가장 무거운 중량의 병기이며 조립된 상태로는 무거워 이동이 곤란하므로 항상 포열, 포판, 포다리, 가늠자 등의 4개부분으로 분리하여 보관하며 이동시에는 각각 들어메고 보행으로 이동하여 조립설치하여 사용하며,

5) 포 1문에 포수, 부포수, 1번탄약수, 2번탄약수 등 4명이 1개조로 주어진 임무를 바꾸어 가며 훈련하며 훈련 요령은 분리한 포열, 포판, 포다리, 가늠자를 조립설치 하고 목표물조준, 포탄장진 발사 후 분리하는 동작을 반복하여 신속하게 숙달시키는 훈련으로서 무거운 병기를 항상 들어서 움직이며 분리, 조립설치를 민첩한 행동으로 계속 반복하여 실시하며,

6) 조립설치, 목표물조준, 포탄장진 발사, 분리하는데 소요시간은 약 5~6분으로 하루에 약 50여회 반복 실시함으로 허리에 많은 무리와 충격이 지속적으로 가해지며 체력소모가 아주 많아 무척 고된 훈련이었으며 하루의 훈련 일과를 끝마치고 나면 마치 파김치가 된 기분이었습니다.

7) 후반기 81㎜ 박격포 교육훈련 2주째인 동년 11월 16일경 연병장에서 훈련을 끝마치고 분리된 포열을 들어 메고 막사로 복귀하던 중 17:00경 막사 부근에서 허리가 삐끗하여 갑자기 바늘로 찌르는 듯한 통증이 발생하여 바로 옆에 있던 훈련동료 김광수에게 이 얘기를 하였더니 허리 통증부위를 주물러주며 일과를 마치고 의무실에 가보라고 하였으나 조금 있으니 견딜만 하여 의무실에 가지는 않았습니다(갑제 6호증 참조…… 인증서).

8) 그 이후 허리 통증을 수시로 느꼈으나 못 견딜 정도는 아니었으며 훈련병인 처지에 제대로 이 얘기도 못하고 고통을 참으며 동년 11월 24일 후반기 교육을 모두 마쳤습니다.

나. 요통악화

1) 1998년 12월 3일 ○○사단 ○○연대 3대대 12중대(중화기중대)에 전입하여 계속되는 주특기(81㎜ 박격포) 교육훈련을 받았으며 소대장님께 훈련소 후반기교육 때부터 요통이 있다고 말씀드려 사단의무대에 처음 외진을 받게 되었으며 군의관 면담시에 입대직전 요통으로 3일간 치료받고 호전되었던 사실과 훈련소 후반기 교육 중 요통이 발생하여 현재까지 지속되고 있어 입실치료 받기를 요청하였더니 입실치료를 받으려면 사회종합병원급에서 디스크 진단을 받아오라 하였습니다.

2) 1998년 12월 24일 입대 후 100일 휴가(4박 5일)를 받아 귀가하여 부모님께 훈련소 후반기 교육 중 요통이 발생하여 현재 고통을 받고 있으며 군에서 적절한 치료를 받지 못하고 있고, 적절한 치료를 받으려면 사회 종합 병원급에서 디스크 진단을 받아야 입실 치료가 가능하다고 말씀드려, 부산 동구 범일동 소재 문화병원에서 CT촬영 검진을 받은 결과 디스크 초기증세가 보

이며 몇 개월 물리치료를 받으면 호전될 것이라고 하였습니다.

3) 1998년 12월 28일 귀대하여 문화병원의 검진자료(C.T 촬영사진과 소견서)를 제출하고 1999년 1월 중순경 사단의무대에 입실하여 물리치료와 약물치료를 받고부터 요통이 다소 호전되었으나 자대에 복귀하여 병영생활을 하면 요통이 심화되어 다시 입실치료, 자대복귀 병영생활을 반복하는 과정에서 요통이 더욱 악화되었습니다.

4) 특히 동년 4월 중순경 준비태세 훈련 후 요통이 더욱 악화되었으며 왼쪽 하지 신경둔화 증세가 나타나 4월 말경 의무대에 재입실 치료 중 5월초부터 국군일동병원에서 매주 1회씩 외진 검진치료를 받았으나 별다른 차도가 없었습니다.

5) 일동병원 군의관 ○○○의 지시에 의해 1999년 6월 7일 서울지구병원에서 MRI 촬영 검진결과 동년 6월 10일 요추 4-5간 요추 추간판 탈출증이라는 진단을 받고 동년 7월 5일 국군일동병원에 입원 치료를 받게 되었습니다(갑제 10호증 p69-4 참조 … 진단서).

6) 1999년 7월 19일 부모님께서 면회를 오셔서 담당군의관(○○○)과 의무실에서 면담을 가졌습니다. 아버님께서 현재 환자의 증세가 어떤지, 어떻게 치료를 할 것인지의 질문에 군의관께서 환자상태를 살펴본바 몇 개월 물리치료를 받으면 호전이 예상되며 호전되지 않을시에는 수술을 하여야 할 것이라 말씀하셨으며, 이에 부모님께서 되도록 수술을 하지 않는 방향으로 치료하여 주시고 만약 수술을 하지 않을 수 없을 경우에는 사회병원에서 수술을 받을 수 있도록 협조를 부탁하시고, 저에게는 군에서 수술을 받으면 안된다고 당부하시고 가셨습니다만, 저는 수술전, 후에 부모님께 아무런 연락도 취하지 않았습니다.

제가 일동병원에 입원 치료받고 있는 동안에 저와 같은 증세로 수술을 받고는 모두가 완쾌되어 퇴원하였으며, 수술이 잘못된 일이 있었다는 말은 들어보지 못하였으며 하루라도 빨리 고통에서 벗어나 퇴원하고 싶은 일심으로 수술이 잘못될 수도 있다는 생각은 상상도 하지 않았으므로 수술을 받는 것이 두렵지도 않았습니다. 부모님께서는 군에서 수술받는 것을 무척 두렵게 생각하시기에 걱정하실까봐 연락하지 않았던 것입니다.

3. 수술의 실패

가. 국군일동병원에서 반복하여 물리치료와 약물치료를 받았으나 요통과 좌하지 방사통이 지속되어 99년 8월 23일 요추 수핵탈출증 수술을 받게 되었으며, 수술직전 수술부위(L4-5번)에 붙여놓은 표시물(크립)이 아래쪽(L5-S1)으로 미끄러져 내려간 것을 확인하지 못하고 수술을 한 연후에 수술결과를 확인하는 과정에서 당초 계획된 수술위치(L4-5)가 아닌 곳(L5-S1)에 수술이 잘못된 것을 확인하고는 긴급 재수술에 들어가 당초 계획된 수술위치(L4-5)에 무리한 수술을 시행함으로써 신경보호막이 찢어지는 손상과 또한 신경이 손상을 입어 좌하지에 신경마비 장애가 발생된 것으로 알고 있으며 수술자료에도 계획된 수술 이외 긴급 재수술 한 기록이 있으며 담당 군의관(○○○)도 이 사실을 인정하였습니다.

나. 수술 후 계속 치료를 받았으나 신경마비 증세가 호전되지 않아 신경마비 상태를 정밀 진찰하여 적절한 치료를 받을 목적으로 1999년 9월 17일 검진 휴가를 받아 귀가하여 부모님께서 원하지 않은 수술을 받은 것과 또한 수술이 잘못되어 좌하지 신경마비 증세가 발생되었다는 말을 들으시고는 부모님께서 너무나 크게

상심하시어 저는 몸둘바를 몰랐으며 온 가족이 크게 슬퍼하며 원망하여 쥐구멍에라도 들어가고 싶은 마음뿐이었습니다.

다. 1999년 9월 20일 1차 좌천동 소재 봉생병원에서 MRI 촬영검진 결과 수술결과가 온전치 못하여 재수술을 하여야 한다는 소견이었으며 2차 봉생병원의 검진자료를 부산대학병원에 제시하고 CT촬영, 신건전도, 컴퓨터체열 검진결과 현재상태에서 재수술은 위험을 초래할 수 있다는 소견과 추후 변화에 따라 재수술을 결정하는 것이 바람직하다고 하였습니다(갑제 8, 9호증 참조…봉생병원, 부산대학병원 검진소견서).

라. 1999년 10월 11일 검진자료를 가지고 귀대하여 검진자료를 제출하고 치료를 받아오다 신경마비 증세가 지속되는 상태로 1999년 11월 27일 의병제대를 하였습니다.

4. 육군참모총장의 공상자 확인

가. 육본 중앙 전, 공상 심사위원회 심의 결과에서도 발급번호 99-4025호('99.12.31)전, 공상으로 확인되어 "국가유공자요건 해당" 사실확인을 인정하였습니다(갑 제2호증 참조…… 전, 공상 해당 통보서).

나. 병상일지상에서도 공상으로 인정하고 있습니다.

1) 의무조사 보고서와 공무 상병 인정서에서 98년 9월 훈련소 때부터 요통이 있어오다 동년 12월부터 요통 및 좌하지 방사통이 악화되었으나 별다른 치료없이 지내다 99년 4월경 훈련 받은 후부터 통증이 악화되어 검진결과 수핵탈출증으로 진단되어 동년 7월 5일 국군일동병원에 입원하였다고 되어 있습니다(갑 제10호증 p69-22, p69-8 참조…… 의무조사보고서, 공무상병인증서).

2) 군의관소견서에서도 입대 전 운동하다 생긴 요부염좌를 수핵탈출증의 기왕증으로 보는 것은 무리가 있으며 입대 전 지속적인 요통으로 수핵팽윤증이나 수핵탈출증(의증) 정도의 판단이 되지 않았던 상태에서 입대 후 생긴 요통 및 하지방사통 증상으로 수핵탈출증이 진단된 경우 이를 공상으로 판단하는 것이 타당하다고 판단하고 있습니다(갑 제10호증 P69-7 참조……군의관 소견서).

5. 기 타

가. 결론을 말씀드리면 위에서 언급한 바와 같이 입대 전 흔히 있을 수 있는 요통으로 3일간의 통원 치료를 받고 호전된 사실이 있었으나 이것은 디스크 지병이 아니라는 것이며 정상적으로 신체검사를 거쳐 정상적인 상태로 군에 입대하여 논산훈련소 후반기 81㎜ 박격포 교육훈련 중 무거운 병기를 들어 메고 이동하는 훈련도중에 발생된 요통을 즉시 적절한 치료를 받지 못하고 반복되는 훈련과 병영생활로 그 증세가 악화되어 요추 수핵탈출증(L4-5번)으로 진행되어 척추 절제술을 시행받게 되었으며 또한 수술과정의 부주의(과실)로 신경마비증세의 불구자가 된 것이 명백한 사실입니다.

나. 본인은 대학 1학년 재학 중 1학기 종료 후 휴학계를 내고 군에 입대하였는데 지금 2학기 등록을 하지 못하고 있습니다. 신체변화의 충격으로 고통과 실의에 빠져 은둔생활을 하고 있으며, 또한 적절한 재활치료도 받지 못하고 있는 자신의 처지가 너무나 안타깝고 고통스럽습니다.

다. 대법원판례 사건번호 91 누 2359호 국가유공자등록거부처분 취소

판결요지에 보면 기존의 허리 이상이 있던 것이 훈련과정에 악화되어 추간판탈출증 증세로 발전된 것으로 훈련과 추간판탈출증 사이에 상당인과관계가 있다고 하여 위 질병을 국가유공자예우등에관한법률 제4조 제1항 제6호 소정의 교육훈련 중 발생한 상이에 해당한다고 본 사례가 있음을 참작하여 주시기 바랍니다[갑 제11호증 …… 국가유공자등록거부처분취소 참조(대법원판례)].

<입증자료>

1. 갑제 1호증 ………… 국가유공자 비해당 결정통지(부산지방 보훈청)
1. 갑제 2호증 ………… 전, 공상 심의결과 통보서(육군참모총장)
1. 갑제 3호증 ………… 자술서(구 ○○)
1. 갑제 4호증 ………… 배 철 의원의 검진, 치료 자료
1. 갑제 5호증 ………… 개인별 급여내역 (의료보험진료내역)
1. 갑제 6호증 ………… 인증서 (김 ○○)
1. 갑제 7호증 ………… 각 서 (○○○)
1. 갑제 8호증 ………… 소견서(봉생병원)
1. 갑제 9호증 ………… 소(의)견서 (부산대학병원)
1. 갑제 10호증………… 병상일지 (국군일동병원)
1. 갑제 11호증………… 국가유공자등록거부처분취소 (대법원판례)

2000. 11. 15

위 청구인 구 ○ ○ ㊞

중앙 행정심판위원회 귀중

사례 2

행 정 심 판 청 구 서

청 구 인 : 구 홍 부

피청구인 : ○○보훈지청장

유족연금지급 비대상결정처분 취소

중앙 행정심판위원회 귀중

행 정 심 판 청 구 서

청 구 인 : 구 홍 부(512620-2353310)
충북 제천시 홍제동 45-2호, 전화 011-777-1748
(송달장소 : 우 153-824, 서울 금천구 독산5동 996-7)

피청구인 : ○○보훈지청장
우 380-180 충주시 문화동 2141 전화 043-845-1302

유족연금지급 비대상결정처분 취소

<청구의 취지>

1. 피청구인이 2001. 5. 25 청구인에 대하여 한 유족연금지급 비대상결정처분은 이를 취소한다.
라는 결정을 구합니다.

<청구의 이유>

1. 처분경위

가. 청구인은 남편 故 홍길동(이하 고인이라 칭함)이 2000. 11. 3 사망하여 2000. 11. 21 피청구인에게 유족연금지급신청을 하였으나,

나. 피청구인은 2001. 1. 3 고인의 상처와 사망간에 인과관계가 없다고 하여 청구인의 청구를 기각시켰습니다.

2. 故 홍길동의 고엽제환자 일지

가. 1965. 10. 13~1967. 11. 12 육군맹호부대 소속으로 월남전 참가

나. 1998. 10. 19 고엽제 휴유증에 의한 위암, 말초신경병으로 진단되었음(대전보훈병원, 갑제 4호증 1-2).

다. 2000. 8. 9 고엽제 관련 말초신경병으로 상이등급 6급 2항 44호로 판정(대전보훈병원, 갑제 8호증)

라. 2000. 11. 3. 10:35 사망(갑제 5호증)

3. 피청구인 처분의 위법성

가. 피청구인은 갑제 5호증 상에서 직접사인이 급성호흡부전 패혈증 쇼크라는 이유로 고엽제와 관련된 사망이라고 볼 수 없다고 하고 있습니다.

나. 이는 심히 유감이며, 피청구인이 관련 법규를 잘못 적용하였을 뿐 아니라 진단서에 편중된 입장을 두둔한 잘못된 처분 및 심판입니다.

※ 특히, 피청구인은 위암이 고엽제와 무관하다고 하고 있습니다. 그러나 관련법에는 아주 유관한 것으로 되어 있습니다.

다. 피청구인의 위법처분으로 청구인은 국가유공자등예우및지원에 관한법률 제12조 제1항·제3항에 근거한 연금을 받지 못하게 되었습니다.

4. 故 홍길동은 고엽제가 원인이 되어 사망하였습니다.

가. 고인은 갑제 1호증 1에서 4까지의 각 진단서를 살펴보면 중심되는 병명이 위암과 말초신경염이라는 것을 쉽게 알 수가 있습니다.

진단서마다 여러개 병중에 윗자리에 명시되어 있습니다.

나. 이는 갑 제1호증(재결서)의 4-나-(다)에서 명시된 대로 대전보훈병원과 국가보훈처도 고인이 고엽제 관련 위암이 발생하였다고, 인정하고 있습니다.

다. 고엽제후유증환자지원등에관한법률 제5조 제1항 4와 제2항 12를 살펴보면, 위암과 말초신경병은 고엽제와 직결된 병이라는 것을 알 수 있습니다(갑제 9호증, 갑제 10호증).

라. 1970년대 말에 태어난 고인의 딸 구순선도 현재 은행원이지만 겨울이면, 항상 목이 차가워 사무실에서도 스카프를 감고 생활하는 등 고엽제후유증 2세 환자와 다름없는 증상들이 나타나고 있습니다.

마. 앞의 정황을 미루어 보아

故 홍길동은 비록 의사가 아닌 일반인도 위암으로 사망하였다고 말하지 않을 사람이 누가 있겠습니까?

위암과 말초신경병이 원인이 되어 사망하였다면, 비록 상이등급 6급에 해당된다 하더라도 상이등급 5급의 경우와 같은 혜택(연금지급)을 받아야 할 것입니다(국가유공자등예우및지원에관한법률 제20조 제2항에 충족됨).

5. 결론 및 애로

가. 청구인의 남편은 고엽제와 관련하여 생명을 잃었습니다.

나. 청구인이 남편을 위하여 오랜기간 간호한 사실과, 남편의 입원치료 및 진료일지 등을 보면 위암과 관련된 죽음이 명백합니다

피청구인이 사망진단서만을 완전히 믿는다는 것은 너무나 논리적이지 못합니다.

다. 이에 청구인은 피청구인의 처분을 바꾸고자 행정심판에 이르렀습니다.

<입 증 자 료>

갑제 1호증 …………… 재결
갑제 2호증 …………… 호적등본
갑제 3호증 …………… 주민등록표
갑제 4호증 1~4 ……… 각 진단서
갑제 5호증 …………… 사망진단서
갑제 6호증 …………… 법적용대상 재결정 통지
갑제 7호증 …………… 대통령명의의 유공자증서 수여안내
갑제 8호증 1~7 ……… 각 신분증
갑제 9호증 …………… 고엽제 관련 법률
갑제 10호증…………… 고엽제 관련 대법원판례

2001. 8. 13

위 청구인 구 홍 부 ㉑

중앙 행정심판위원회 귀중

사례3

행정심판 청구서

신 청 인 : 강용록 외 1(강용진)
피신청인 : 의정부보훈지청장

순직공무원적용비대상자결정처분 취소

국무총리 행정심판위원회 귀중

행정심판 청구서

청 구 인 : 1. 강용록(940420 - 1173721)
2. 강용진(951026 - 1173791)
위 청구인들의 주소
우 486-851, 경기도 연천군 청산면 ○○리 19
위 청구인들은 미성년자이므로 母인 법정대리인 김순옥
김순옥(000726-2300910)의 주소
우 486-851, 경기도 연천군 청산면 ○○리 19

피청구인 : 의정부보훈지청장
우 480-844, 경기도 의정부시 의정부1동 238-8
전화 031-843-5795
(담당과장 ○인철, 주무 ○ 경우, 담당 ○○○)

순직공무원적용비대상자결정처분 취소

<청 구 취 지>

1. 피청구인이 1993. 1. 27 청구인에 대하여 한 순직공무원적용비대상자 결정처분은 이를 취소한다.
라는 재결을 구합니다.

<청 구 이 유>

1. 신분관계

가. 청구외 김순길은 1992. 8. 7.에 소방공무원으로 임용되어 2002. 9. 11. 저녁에 사망하였으며, 故 김순길의 가족으로는 위 청구인 강용록, 강용진이가 있으며,

나. 법정대리인 김순옥은 김순길과 1994. 3. 31. 결혼하여 위 청구인들을 낳고, 1999. 5. 3. 김순길과는 합의이혼한 상태입니다. (갑제22호증 1, 2, 호적등본)

다. 피청구인은 청구인에게 故 김순길과 관련하여, 순직공무원적용비대상자결정 처분을 내렸습니다(갑제21호증).

2. 처분경위

0. 청구인은 2002. 12. 국가유공자 등록을 신청

0. 피청구인은 2003. 1. 27. 청구인에게 국가유공자 비대상 결정 통보

0. 청구인은 2003. 3. 20. 행정심판청구

3. 사실관계

가. 故 김순길은 2002. 9. 11. 08:50분경에 출장을 떠나 16:30분경에 소방서에 돌아왔고, 당일 18:00경 자택으로 돌아가 대기근무를 하다(갑제3호증에서 대기근무 인정),

나. 집 부근 의정부시 민락동 청구아파트 104동 옆에서 조깅을 하던 중에 갑자기 쓰러져, 지나가던 허길현, 양해석이가 발견하고 경찰에 신고하려던 차, 순찰중이던 의정부경찰서 송산파출소 경장 이도영에게 신고를 하였으며,

다. 인근 바른정형외과 구급차로 의정부시 소재 백병원으로 이송하였으나, 원인미상의 사망판정에 의하여 사망하였습니다.

4. 의정부보훈지청의 비대상결정통지 이유

가. 공무원연금공단에서 故 김순길과 관련하여, 유족보상금 지급대상으로 결정하였다 하더라도 예우법 적용여부를 결정하는 것은 보훈심사위원회의 독자적이고, 고유한 권한이므로 보훈청이 얼마던지 비결정을 할 수 있다.

나. 과로로 인한 사망이라고 주장하나, 자택부근에서 조깅중에 사망했고, 또한 사망원인이 불명확하여 공무수행과 인과관계를 인정하기 어렵다.

위 2개 이유로 의정부보훈지청은 청구인에게 비대상결정을 내렸습니다.

5. 피청구인 처분의 부당성(순직이 되어야 할 이유)

1) 의정부소방서는 이미 공무중의 사고로 인정했습니다.

가. 사망경위조사서(갑제 8호증)는 의정부소방서장과 소방관 고영호가 작성하였습니다.

同 조사서에도 나타나 있듯이 故 김순길은 1년에 25일간의 휴가가 있지만, 1년 중 3일간의 휴가만 가고 일했으며, 턱없이 부족한 인원과 열악한 환경에서 구급 및 화재진압 업무를 수행하였고, 사망 1주간에 92시간을 근무에 임했습니다.

과로로 사망했다고 하였습니다.

故 김순길은 다른 어떤 공무원 근무와 비교되지 않을 정도로 과로하였습니다.

나. 갑8호증에 나타나 있듯이, 사망일 기준 1개월간의 근무실태를 살펴보면, 1개월간 360시간근무, 소내근무 75시간, 비번활동 41

시간, 근무 중 출동 115건, 새벽시간 출동 24건, 출동훈련 1일2회로서 1개월에 60회훈련, 장비점검 1개월에 60차례, 기동순찰 7개노선 1일 2회씩 60회 순찰을 했습니다.

사망일 기준하여 24시간 사이에, 13번 구급차가 출동하고, 6차례 업무적인 지시와 기타일을 했습니다(갑8호증, 갑11호증1).

사망당일 새벽 출동이 2건이 됩니다(갑8호증, 갑11호증1).

1일 평균 8차례 출동합니다. 실질적인 비번이 없습니다.

다. 앞의 내용들은 의정부소방서장, 고영호 소방관이 이미 인정한 사실입니다.

주요서증 증거자료로는 갑제8호증, 갑제11호증, 갑제3호증 등이 있고, 보강증거로는 갑제13호증에서 갑제21호증, 갑제2호증에서 갑제7호증이 있습니다.

2) 사실상 근무시간에 사망했습니다.

비록 집 부근에서 사망했지만, 갑제3호증의 동료직원 정한원 소방경찰관의 확인서에도 명시되어 있듯이 당시 故 김순길은 근무 대기중이었습니다.

3) 공무원연금공단에서도 공무 중 사망을 인정했습니다.

공무원연금관리공단은 공무원연금법 제51조, 제52조에 명시된 바와 같이 故 김순길은 공무상 사망하였다고 인정하였습니다 (갑제9호증).

4) 사망원인의 불명확 관련

가. 소방공무원사망보고(갑제20호증11)의 사체검안서를 살펴보면 직접사인과 선행사인이 미상으로 표시되어 있습니다.

나. 이는 담당의사가 타살이냐, 자살이냐의 사인을 못 구별한 것이 아니고, 사망과정에 충분히 설명해 주는 사람이 없어, 정확하고 구체적인 사망의 원인이 무엇인지 잘 모르겠다는 것이지, 공무와 무관한 죽음이 아니다는 이야기는 아닌 것입니다.

5) 사망원인의 불명확 관련

가. 보훈청은 대법원 판례 93누22999와 92누14762를 제시하며, 故 김순길의 경우는 공무상 사망과 거리가 멀다고 하지만,

나. 92누14762는 공무원이 중앙선을 침범한 사고라서, 2개 판례 모두 관련있는 판례가 아닙니다.

6. 결 론

가. 앞에서 살펴보았듯이 故 김순길의 사망은 명백한 공무상의 사망입니다.

나. 이에 청구인은 피청구인의 행정처분은 잘못되었다고 생각하며, 그 처분을 변경코자 同 행정심판을 청구하기에 이르렀습니다.

입증자료

갑제1호증 ………………… 사망보고(소방서)
갑제2호증 ………………… 출장신청서(사망당일)
갑제3호증………………… 동료확인서(사망당일 집에서 대기명령)
갑제4호증 ………………… 진료기록부
갑제5호증 ………………… 건강검진결과(사망2개월 전)
갑제6호증 ………………… 변사체확인서(경찰서)
갑제7호증 1-2 …………… 신문(순직)
갑제8호증 ………………… 사망경위조사서(소방서장, 고영호 소방관, 1개월후)
갑제9호증 1 ……………… 유족보상금 신청
갑제9호증 2 ……………… 유족보상금 결정통보서 (공무원연금관리공단)

갑제10호증 1-2 …………… 근무상황부(연가현황)
갑제11호증 1-2 ……………사망 전 근무행적
갑제12호증 1 ……………… 공무원인사기록
갑제12호증 2 ……………… 공무원연금카드
갑제13호증 ………………… 기동순찰노선
갑제14호증 ………………… 소방검사서
갑제15호증 ………………… 소방파출소 일과표
갑제16호증 ………………… 소방공무원체력관리규칙
갑제17호증 ………………… 위험시설 단속계획
갑제18호증 ………………… 긴급구조훈련계획
갑제19호증 ………………… 각 무선페이징시스템 결과보고
갑제20호증 1 ……………… 소방용수 보강계획
갑제20호증 2 ……………… 무선페이징 자체관리운영지침계획
갑제20호증 3 ……………… 8월 정기소방검사계획수립
갑제20호증 4 ……………… 무허가위험물 일제단속계획시달
갑제20호증 5 ……………… 구급대원 지정현황변경통보
갑제20호증 6 ………………8월 소방용수시설 일제점검결과보고
갑제20호증 7 ……………… 위험물저장시설 등 현황파악 및 소방점검지시
갑제20호증 8 ……………… 긴급구조종합훈련계획보고
갑제20호증 9 …………… 무허가위험물 일제단속결과보고(9.10)
갑제20호증10 …………… 무허가위험물 일제단속결과보고(9.12)
갑제20호증11 ……………… 소방공무원사망보고
갑제21호증 ………………… 국가유공자등예우및지원에관한법률 적용비대상결정통지
갑제22호증 1 ……………… 호적등본(김순길)
갑제22호증 2 ……………… 호적등본(김순옥)

2003. 4. 21.

청구인 : 1. 강용록

2. 강용진

위 청구인들은 미성년자이므로 母인

법정대리인 김순옥

국무총리 행정심판위원회 귀중

9 검 찰 청

1 고소장의 접수

고소장을 접수하면 경찰서 또는 검찰청에서는 피고소인을 소환하여 조사한 후에 범죄가 성립된다고 판단될 때에는 검사는 재판에 회부한다. 이것을 검사의 공소제기라고 한다.

그러나 검사가 범죄가 성립되지 않는다고 판단한 때에는 무혐의 처리를 하게 되므로 이 때 고소를 한 사람은 난감한 상황에 직면한다.

검사의 불기소 처분, 즉 무혐의 처리에 대응하는 방법의 하나로 항고와 재항고가 있다.

2 항 고

항고는 지방검찰청 검사가 무혐의 처리를 하였을 때 고소인은 해당 검찰청 민원실에 가서 「공소부제기이유서」를 발급받을 수 있다.

「공소부제기이유서」는 사건 담당검사가 작성한 것으로 무엇 때문에 그 사건이 죄가 성립되지 않는다는 것을 설명하고 있다. 그러므로 공소부제기이유서를 잘 읽고 검사의 처분에 대하여 법률적인 논리에 맞게 반론을 제기하여야 한다. 이 것이 항고장이다.

항고장은 처분검찰청 민원실에 접수하며, 상급 고등검찰청에서 재수사를 하게 된다.

3 재항고 / 재정신청

고발장은 재항고를 할 수 있으나, 고소장은 재정신청을 해야한다.

재항고장은 고등검찰청 검사의 처분에 불복을 할 때, 대검찰청에 접수하는 항고장을 말한다.

재항고장은 고등검찰청 민원실에 접수하고, 대검찰청에서 수사한다.

4 항고와 행정심판

항고는 일종의 행정심판과 비슷하지만 행정심판법의 적용을 받지는 않는다. 형사소송법의 적용을 받고 있다. 그러나 사실상 넓은 의미의 행정심판과 같은 것으로 볼 수 있다.

사례 1

항 고 장

사 건 : 창원지검 61100-1930(2001 형 제23288호, 절도)
피의자 : 1. 임○○
2. 이○○

위 형사사건과 관련하여 2001. 8. 29, 창원지검 김○○ 검사님은 혐의가 없다는 이유로 불기소 처분을 내렸습니다.

그러나 고소인은 다음과 같은 이유로 항고를 제기합니다.

<항 고 이 유>

1. 범용선반기를 제3의 장소로 옮김과 관련

가. 임○○과 이○○는
1) 지게차 등 특수기계들을 사용하여,
2) 아무도 없는 틈을 이용하여,
3) 야간의 어두운 시각에(겨울밤의 저녁 5시경) 5톤 화물트럭에 싣고,

나. 누구나 볼 수 있는 곳이 아닌 피의자 자신의 창고에 은닉하였습니다.

만약 누구나 볼 수 있는 대문 앞 또는 뜰에 두었다면 불법영득의 목적이 없었다고, 판단해 볼 수 있으나 아무도 모르게 창고

안에 숨겨 두었기 때문에 불법영득의 목적이 있었습니다.

2. 지게차 기사의 행방을 찾는데 무척 애를 먹었습니다.
3. 세상의 모든 사람들이 채권이 있다고 하여 채무자의 빈집에 들어가서, 임의대로 물건을 가져온다면 대한민국의 채무자들은 살 수가 없습니다. 초등학교 학생들도 검사님의 처분을 이해하기 어렵습니다.
4. 만약 피의자들이 절도 장소에 쪽지라도 남겨 두었다면 불법영득의 목적이 없었을 것으로 생각해 줄 수 있으나, 이는 그렇지 못합니다.
5. 만약 절도죄를 구성하지 않으면, 형법 제323조 권리행사방해죄로 처리해 주실 것을 간곡히 비옵니다.

<첨 부 서 류>

1. 공소부제기이유고지 1통

2001. 9.

위 항고인(고소인) 윤○○ ㊞

창원지방검찰청 귀중

사례 2

재 항 고 장

재항고인 : 안 ○ ○

피재항고인 : 강○○ 외 1인

대 검 찰 청 귀중

재 항 고 장

사　　건 : 서울고검 2000불항 제5208호(서울지검 2000 제26636호)
재항고인 : 안 ○ ○(580418-1657518)
서울 중구 ○○동 62-7(세계로안경타운내 ○호, ○○안경)
전화 : 813-4742(자택), 757-5776(점포)

피재항고인(피의자) : 1. 강 ○ ○(680808-1537912)
서울 서초구 ○○동 1334 ○○아파트 5동 408호
2. 김 ○ ○(610830-1052211)
서울 용산구 ○○로 2가 2-44

위 항고사건과 관련하여 2001. 1. 30 서울고검 정○○ 검사님은 항고기각처분을 하였는 바, 이는 사실관계 및 법리를 오해한 원인으로 판단되기에, 이에 다음과 같은 이유로 재항고를 제기하는 바입니다.

<재항고 이유>

1. 공소부제기이유고지 내용에 대한 반론

공소부제기 이유고지 내용	고소인의 반론
'96년 초에 강○○이가 고소인에게 2층 안경점 공동계약을 제의(건물주는 박○○ 외1)	인정함.
'96년 4월에서 7월까지 5차례 고소인이 강○○에게 3,000만원 전달	인정함.

강○○, 고소인, 박○○, 차○○ 등 공동으로 안경점 대신 레스토랑을 열기로 하였는데,	레스토랑사업 계획은 고소인과 아무런 상의없이 강○○ 일행이 결정. 고소인은 3년 후인 99년 9월 알게됨.
이에 반대한 고소인, 박○○, 차○○에게 돈을 돌려주다(고소인의 몫은 2,140만원임).	고소인은 애초부터 모르는 일이며, 돌려받은 돈 2,140만원은 별도 상가부지 매입계약금임. 차○○는 계약과 무관함(참고자료 1).
이와 병행하여 강○○, 안○○, 전○○, 최○○, 김○○, 김○○ 6명이 상가부지를 박○○으로부터 매입키로 약속	'이와 병행' 부분에는 사실과 다름. 나머지 부분은 인정함.
'96. 9. 13 계약체결, 계약금조로 1억600만원 전달	강○○과 김○○에게 위임한 일로서 구체적인 것은 모르나 대체로 인정.
안○○ 돈 5,140만원 중 3,000만원은 상가부지 매입계약금으로 사용	상가부지 계약금은 3,000만원이 아니고 2,140만원이었음(증인 박○○와 박○○ 확인서, 참고자료 7~8).
2,140만원은 고소인이 레스토랑사업에 불참하여 돌려주었다.	레스토랑사업에는 애초부터 계약한 바도 없으며, 3년 후 알게 됨. 그 돈은 상가부지 매입계약금으로 돌려 받은 것임.
부지계약금으로 1억600만원 중 안○○(고소인)이가 부지공동매입을 안하겠다고 하여 계약금 3,000만원은 위약금으로 처리되어 떼었음(못받음).	고소인이 부지매입은 수용, 그러나 공동사업은 반대하였음. 계약금이 떼인다는 말은 없었음. 그 후 강○○은 계속하여 3,000만원을 준다고 하였음.

2. 고소인 주장 요지

가. 안○○의 돈 5,140만원 중 3,000만원은 상가부지매입계약금이 아니며, 상가부지 매입계약금은 2,140만원입니다.

나. 강○○이가 레스토랑사업에 불참하여 돌려주었다고 하는 금 2,140만원은 사실상 상가부지 매입 계약금으로 돌려받은 것입니다.

다. 3,000만원은 위약금으로 떼인 돈이 아니고 2층 안경점 공동구입 관련 돈으로 강○○이가 계속하여 돌려주겠다고 하였습니다.

라. 강○○과 강○○의 참고인들이 모의하여 수사관들 앞에서 3,000만원을 고소인에게 돌려줄 일이 없는 것처럼 진술을 하고 있습니다.

마. 한편, 고소인이 상가부지매입 후 공동사업과 관련하여 반대한 관계로 고소인과 강○○ 일행들(조사시 강○○ 편에 선 모든 자들)간에 그토록 좋았던 사이가 적대관계로 된 것입니다.

3. 강○○은 상가부지 계약해지 이후에도 고소인에게 수차례 3,000만원을 돌려주겠다고 약속함.

가. '97년도에 강○○은 고소인에게 사건 당사자들의 업소인 세계로 안경타운 건물에 인접한 금성다방 가운데 테이블(거울옆 좌석)에 앉아서 커피를 마시면서 「3,000만원은 안경점 2층을 분양하면 돌려준다」라고 하였으며, 또한 98년도에 강○○은 「자신의 피자가게를 팔아서라도 돌려줄 것이니 걱정하지 말아라」고 하였던 자 였습니다.

나. 또한 가게 부근 포장마차집에서 낙지를 안주로 하여 같이 식사를 하면서, 그리고 고소인 가게에서도 수차례 강○○은 3,000만원을

돌려준다고 언약을 하였습니다.

다. 이와 같은 사실을 고소인의 처도 알고 있는 사실이며, 고소인과 친분관계에 있는 박○○씨도 고소인으로부터 듣고 잘 알고 있습니다.

라. 참고자료 4(약속어음)는 강○○이가 '96. 12. 11 강○○ 사무실에서 안○○에게 돌려준 2,140만원짜리 어음입니다. 이때 동 어음은 상가부지매입과 관련하여 계약금을 돌려받은 것입니다. 이때 증인 박○○의 사실관계확인서(참고자료 7), 박○○의 확인서(참고자료 8)를 보면 충분히 입증되고 있습니다.

그때 강○○은 뒷탈이 우려되어 고소인으로부터 각서까지 받아갔습니다. 각서 대강의 내용은 「상가부지 매입권리를 포기한다」였습니다.

마. 또한 1999년도(또는 '98년도 일수도 있음) 봄에 강○○은 처제 결혼식을 올리고 나면 3,000만원을 고소인에게 돌려주겠다고 한 일도 있었습니다.

4. 강○○이 말을 바꾼 이유 분석

(1) 강○○, 김○○ 등과 고소인의 친분관계 성립

'95년경 세계로안경타운에서 만나서 상호간에 동일 업종의 상인으로서 화목하게 지냈습니다. 수시로 단합을 위해 식사도 같이 하고 부부동반 야유회 및 남자들끼리 온천장에 가는 등 이웃간에 친했습니다.

(2) 강○○과 고소인의 불화

가. 이와 같이 친분관계가 두텁던 사이였는데 '96. 12. 11. 상가부지

매입 및 공동사업과 관련하여 고소인이 빠지기로 한데 앙심을 품고 극한 대립을 하게 되었습니다.

나. 1999년도 정확한 날짜는 기억하기 어려우나 수십차례 3,000만원을 주겠다고 하던 강○○은 말을 바꾸어 3,000만원을 받은 일도 없고 줄 일도 없다고 하게 된 것입니다.

다. 그래서 고소인은 분함을 참지 못하여 2000년 초에 고소를 하게 되었습니다.

라. 이와 같이 감정의 골이 심화되고 있던 중 강○○은 세계로안경타운의 구조물내부에 담을 막아(참고자료 9에서 (1)→(2)→(3)을 연결하여 벽으로 쌓음) 고소인이 장사를 하는데 막대한 지장을 초래한 장본인이 되고 있습니다(참고자료 9, 도면).

벽이 가로놓여 아는 고객도 고소인의 점포를 찾기가 어렵게 된 것입니다.

마. 지금은 강○○이가 중심이 되어 상인들 대다수가 연합하여 고소인이 부지공동매입과 공동사업추진에서 탈퇴한 이후, 고소인을 철저히 따돌리고 있는 실정입니다.

(3) 고소 이후 강○○의 살기 전략

가. 강○○과 김○○는 고소인으로부터 고소를 당한 이후 수단 방법을 가리지 않고 유죄를 면하고자 참고인들에게 선심을 쓰는 등 안간힘을 다하고 있습니다.

나. 상가부지 주인이었던 박○○도 검사님 앞에서는 강○○의 편에 서서 입장을 바꾸어 강○○에게 유리한 쪽으로 진술하고 있습니다.

고소인의 처가 박○○을 찾아가서 2,140만원이 어떻게 되었느냐? 왜 거짓말을 하느냐? 라고 하였을 때 박○○은「오래되어 잘 모르겠다」라는 자신없는 말을 하였습니다. 결코 거액의 돈을 위약금으로 처리하지 않은 것입니다.

5. 결 어

존경하는 대검찰청 대검사님 !

고소인은 자유민주국가의 국민의 한 사람으로서 이와 같은 사실이 왜곡되어 수사결과가 나오는 것을 보았습니다.

경찰서, 서울지검 검사님, 서울고검 검사님께서는 피고소인의 주장과 입장만 수용해주었습니다.

피고소인들은 상가부지 계약이 해지된 이후 수차례 3,000만원을 준다고 하였으며, 위약금으로 처리되지 않았을 뿐 아니라, 상인들의 내부 분쟁에서 고소인이 따돌림을 당하는 신세가 되다보니 이를 악용하여 피고소인과 참고인들이 연합하여 동 사건과 관련하여 말을 바꾸어 고소인을 기망시켜 고소인에게 재산적 피해를 주고 있는 사건입니다.

수사과정에서 박○○, 박○○, 박○○, 박○○ 등을 조사 참고인으로 세워 고소인(재항고인)의 진실을 밝히겠습니다. 저는 억울합니다.

대한민국 검찰의 무궁한 발전을 기원합니다.

<첨부 입증자료>

1. 참고자료 1 …………… 강○○ 작성 메모(박○○에게 직접 전달)
1. 참고자료 2 …………… 임대계약서 사본
1. 참고자료 3 …………… 각 영수증(항고장 제출시 첨부함)
1. 참고자료 4 …………… 약속어음
1. 참고자료 5 …………… 위임 및 각서
1. 참고자료 6 …………… 인증서(박○○ 확인서)
1. 참고자료 7 …………… 사실관계확인서(박○○)

1. 참고자료 8 …………… 사실관계확인서(박○○)
1. 참고자료 9 …………… 도 면
1. 참고자료 10 ……………항고사건 처분통지

2001. 2. 20

위 재항고인(고소인) 안 ○ ○ ㊞

대 검 찰 청 귀중

10 국 세

1 지방세와 국세

조세에는 지방세와 국세가 있다.

지방세와 국세를 구별하지 못하면 행정심판을 시작하지 말아야 할 정도로 중요한 사항이다. 왜냐하면 행정심판 청구 절차와 접수처가 서로 다르기 때문이다. 즉 지방세는 구청(군청)에서 수납하지만 국세는 세무서·관세청 등에서 수납하기 때문이다.

1. 지방세

지방세로서 보통세에 해당되는 것은 등록세·면허세·주민세·재산세·종합토지세·자동차세·농지세·담배소비세·도축세·마권세 등이며, 목적세에 해당되는 것은 도시계획세·공동시설세·사업소세·지역개발세 등이다.

※ 지방세 관련 행정심판은 국세부분을 반드시 읽어본 후 제2절 구청(군청) 지방세 부분을 읽어보아야 한다.

2. 국 세

국세는 직접세로서 소득세 · 법인세 · 상속세 · 증여세 · 토지초과이득세 · 자산재평가세 · 부당이득세 등이 있고, 간접세로서는 부가가치세 · 특별소비세 · 주세 · 전화세 · 인지세 · 증권거래세 등이 있다. 그리고 교육세 · 교통세 · 농어촌특별세 등은 목적세에 해당한다.

2 국세와 관련된 행정심판

1. 국세의 부과, 징수에 관한 처분에 대한 행정심판은 이의신청, 심사청구, 심판청구 등 3종류가 있다.

2. 이의신청은 처분청(세무서 등 때로는 지방국세청도 해당됨), 심사청구는 국세청장이, 심판청구는 국세심판소가 각각 결정을 한다.

3. 이의신청은 국세기본법 제66조 및 동법시행령 제54조의 규정에 근거하며, 처분의 통지를 받고, 90일 내에 이의신청을 하여야 한다.

4. 심사청구는 국세기본법 제61조 및 동법시행령 제50조에 근거하며, 이의신청에 대한 결정서 통지를 받고 90일내에 심사청구를 한다.

5. 심판청구는 국세기본법 제68조 및 동법시행령 제55조에 근거하며, 심사청구에 대한 결정통지서를 받고 90일내에 심판청구를 한다.

국제심판은 과천시 중앙동 1번지에 소재한 재정경제부 국세심판소(전화 02-503-7171)에서 심판을 한다.

6. 이의신청 · 심사청구 · 심판청구의 양식은 다음과 같다.

<table>
<tr><td colspan="6" rowspan="2">이 의 신 청 서</td><td>처리기간</td></tr>
<tr><td>90일</td></tr>
<tr><td rowspan="3">신
청
인</td><td>① 성 명</td><td>○○○</td><td>② 주민등록
번 호</td><td>550501-
○○○○○○○</td><td>③ 납세
번호</td><td></td></tr>
<tr><td>④ 주소 또는 영업소</td><td colspan="2">서울용산구○○동○○○</td><td>⑤ 전화번호</td><td colspan="2">777-○○○○</td></tr>
<tr><td>⑥ 상 호</td><td colspan="5">없 음</td></tr>
<tr><td colspan="2">⑦ 처 분 청</td><td colspan="5">용산세무서장</td></tr>
<tr><td colspan="2">⑧ 처분이 있는 것을 안 연월일(처분통지를 받은 경우에는 그 받은 연월일)</td><td colspan="5">2001. 4. ○.</td></tr>
<tr><td colspan="2">⑨ 통지된 사항 또는 처분의 내용</td><td colspan="5">증여세 금10,000,000원</td></tr>
<tr><td colspan="2">⑩ 불복의 이유</td><td colspan="5">별 첨</td></tr>
<tr><td colspan="7">국세기본법 제66조 및 동법시행령 제54조의 규정에 의하여 위와 같이 이의신청을 합니다.

2001. 5. ○.

신청인 ○ ○ ○ (인)

서울지방국세청장 귀하</td></tr>
<tr><td colspan="6" rowspan="2">첨부 : 대리인에게 위임한 경우는 위임장</td><td>수수료</td></tr>
<tr><td>없 음</td></tr>
</table>

<table>
<tr><td colspan="6">심 사 청 구 서</td><td>처리기간
90일</td></tr>
<tr><td rowspan="3">청구인</td><td>① 성 명</td><td>○○○</td><td>② 주민등록 번호</td><td>550501-○○○○○○○</td><td>③ 납세 번호</td><td></td></tr>
<tr><td>④ 주소 또는 영업소</td><td colspan="2">서울 관악구 신림동 ○○○</td><td>⑤ 전화번호</td><td colspan="2">584-○○○○</td></tr>
<tr><td>⑥ 상 호</td><td colspan="5"></td></tr>
<tr><td colspan="2">⑦ 처 분 청</td><td colspan="5">관악세무서장</td></tr>
<tr><td colspan="2">⑧ 처분이 있는 것을 안 연월일(처분통지를 받은 경우에는 그 받은 연월일)</td><td colspan="5">2001. 4. ○.</td></tr>
<tr><td colspan="2">⑨ 통지된 사항 또는 처분의 내용</td><td colspan="5">종합소득세 금10,000,000원</td></tr>
<tr><td colspan="2">⑩ 이의신청을 거친 경우에는 이의신청을 한 날</td><td>2001. . .
(이의신청일)</td><td colspan="3">⑪ 이의신청의 결정통지를 받은 날
(결정의 통지를 받지 못한 경우에는 결정기간이 경과한 날)</td><td></td></tr>
<tr><td colspan="2">⑫ 불 복 의 이 유</td><td colspan="5">별 첨</td></tr>
<tr><td colspan="7">국세기본법 제61조 및 동법시행령 제50조의 규정에 의하여 위와 같이 심사청구를 합니다.

2001. 5. ○.
청구인 ○ ○ ○ (인)

국 세 청 장 귀하</td></tr>
<tr><td colspan="6">첨부 : 1. 대리인에게 위임한 경우는 위임장
2. 이의신청을 거친 경우에는 그 결정서 사본
3. 불복이유서</td><td>수수료
없 음</td></tr>
</table>

<table>
<tr><td colspan="6" rowspan="2">심 판 청 구 서</td><td>처리기간</td></tr>
<tr><td>90일</td></tr>
<tr><td rowspan="3">청
구
인</td><td>① 성 명</td><td>○○○</td><td>② 주민등록
번 호</td><td>○○○○○○-
○○○○○○○</td><td>③ 사업자
등록번호</td><td></td></tr>
<tr><td>④ 주소 또는 영업소</td><td colspan="2">서울 관악구 신림동 ○○○</td><td>⑤ 전화번호</td><td colspan="2">584-○○○○</td></tr>
<tr><td>⑥ 상 호</td><td colspan="5"></td></tr>
<tr><td colspan="2">⑦ 처 분 청</td><td colspan="5">관악세무서장</td></tr>
<tr><td colspan="2">⑧ 심사의 청구를 한 날</td><td>2001. . .</td><td colspan="3">⑥ 심사청구의 결정통지를 받은 날 (결정의 통지를 받지 못한 경우에는 결정기간이 경과한 날)</td><td>2001. . .</td></tr>
<tr><td colspan="2">⑨ 통지된 사항 또는 처분의 내용</td><td colspan="5">기 각</td></tr>
<tr><td colspan="2">⑫ 불 복 의 이 유</td><td colspan="5">별 첨</td></tr>
<tr><td colspan="7">국세기본법 제68조 및 동법시행령 제55조의 규정에 의하여 증빙서류를 갖추어 위와 같이 심판청구 합니다.

2001. . .

청구인 ○ ○ ○ (인)

국세심판소장 귀하</td></tr>
<tr><td colspan="7">첨부 : 1. 대리인에게 위임한 경우는 위암장
2. 심사결정서 사본 1부
3. 기타 증빙자료</td></tr>
</table>

11 노동위원회

1. 행정심판청구서 양식

<table>
<tr><td colspan="5">부당해고 구제신청서</td></tr>
<tr><td rowspan="3">신
청
인</td><td>①성 명</td><td></td><td>②주민등록번호</td><td></td></tr>
<tr><td>③주 소</td><td colspan="3">(전화)</td></tr>
<tr><td>④사업장명</td><td></td><td>⑤근무부서</td><td></td></tr>
<tr><td rowspan="5">피
신
청
인</td><td>⑥사 업 명</td><td></td><td>⑦사업종류</td><td></td></tr>
<tr><td>⑧대 표 자</td><td colspan="2">직위 :</td><td>성명 :</td></tr>
<tr><td>⑨근로자수</td><td colspan="3"></td></tr>
<tr><td>⑩사 업
소 재 지</td><td colspan="3">(전화)</td></tr>
<tr><td colspan="5">⑪ 신청이유
(구체적 사실은 육하원칙에 따라 별지로 기재하여 주시기 바랍니다.)
1. 부당해고( )취소 및 원직복직
2.</td></tr>
<tr><td colspan="5">근로기준법 제33조 제1항 및 동법시행규칙 제6조의 규정에 의하여 위와 같이 정당한 이유 없는 해고 등에 대한 구제를 신청합니다.
2002년 월 일
신 청 인 성명 (인)
대 리 인 성명 (인)
서울지방노동위원회 귀하</td></tr>
<tr><td colspan="5">첨부 구비서류 : 정당한 해고 등이 아님을 입증하는 자료</td></tr>
</table>

12 병 무 청

행정심판 청구서

청 구 인 : 구용훈

피청구인 : 전남지방병무청장

산업기능요원 편입취소행정처분 취소

국무총리 행정심판위원회 귀중(02-724-1338)

행정심판 청구서

청 구 인 : 구용훈(001112-148021
주소 : 우550-250, 전남 여수시 둔덕동 000
근무처 : (주)한유기술
신 분 : 산업기능요원
전 화 : 주간 061-000-2036

피청구인 : 전남지방병무청장
우501-745, 광주광역시 동구 학1동 69
전화 062-230-4254

<신 청 취 지>

1. 피청구인은 청구인에게 2002년 10월 22일 부로 한 산업기능요원 편입취소행정처분은 이를 취소한다.
2. 피청구인은 청구인에게 2002년 12월 16일자로 한 입영명령을 취소하고, 산업기능요원의 신분을 부여하여 2002년 8월 22일 행정처분과 같이 86일간의 연장복무명령의 행정처분을 명령한다.

라는 결정을 구합니다.

<신 청 이 유>

1. 신분관계

가. 청구인은 병역의무 일환으로 (주)한유기술에서 산업기능요원으로 근무하고 있는 중에 약 52일의 의무복무기간을 남겨놓고 산업기능요원 편입취소 행정처분을 받아 재차, 군복무를 위하여 다시 군훈련소에 입소하고, 약 24개월을 다시 근무해줘야 하는 입장에 놓인 자입니다(갑제 2호증).

나. 피청구인은 동일 사건으로 처음엔 86일간의 연장복무명령의 행정처분을 내렸다가, 재차 동일사건으로 사형과 같은 산업기능요원 편입취소 행정처분을 내린 행정청입니다.

2. 병무청 처분경위

가. 전남병무청은 청구인 대상으로 2002. 8. 22.자 연장 86일근무명령의 행정처분을 내렸다가(갑제1호증)

나. 법률에 근거없이 청구인에게 동일 사건의 책임을 물어, 2002. 8. 22.자 행정처분을 철회하고, 군입대를 하여 훈련을 받고, 새롭게 24개월간의 산업기능요원으로 의무적 근무를 해야 한다는 행정처분을 내렸습니다(갑제2호증).

3. 기초사실

가. 1999. 4. 26 청구인은 경북 구미시 소재 (주)을화에서 산업기능요원으로 근무 중 심한 '허리디스크' 발생하였고, 치료를 위하여 갖은 노력을 다하였으나, 열악한 근로환경이라 조퇴 등으로 치료는 불가능하였습니다.

나. 2000년도, 지병으로 수시로 결근함.

다. 2001. 12월, 여자친구가, 청구인을 검찰에 고발함.

라. 2002. 3월, 검찰형사처분의 지연으로 2002. 3월에 경희대학교 예술디자인학부 시각디자인과에 복학함.

마. 2002. 8. 22. 병무청에서 86일간의 연장복무명령(제1차 행정처분, 갑제1호증)을 받음.

바. 2002. 8. 25. 청구인은 의무복무를 위하여 대학에 휴학계 제출.

사. 2002. 9. 2. 청구인은(주)한유기술에서 산업기능요원으로 근무시작.

아. 2002. 10. 20. (주)한유기술 측에서 출근중지 요구.

자. 2002. 10. 22. 전남병무청에서 산업기능요원편입취소 행정처분을 함(갑제2호증).

4. 병무청 행정처분의 위법성

1) 관련법률이 없습니다.

가. 청구인에게 산업기능요원 편입취소처분(갑제2호증)을 함에 있어서 광주지방검찰청 순천지청 형일(61100-1616) 등 근거를 제시하고 있으나, 근거가 될 법률적인 근거가 없다는 생각입니다.

나. 피청구인이 여섯 번째 근거로 제시한 병역법 제41조에도 ①항, ②항, ③항, ④항이 있으나, 오히려 ②항의 경우엔 편입취소처분을 하는게 아니라, 기간을 연장하여 종사케 하라고 명문화 되어 있습니다.

다. 6개 근거 중에서 병무청산업 34800-462(질의회신)을 결정적인 근거로 제시하는 듯 합니다만, 이는 법률도, 법시행령도, 규칙도 아닌 것에 대한민국 국민의 권리와 의무가 기속될 수 없다는 판단이옵니다.

2) 동일사건으로 1차 행정처분이 있었는데, 동일사건으로 더욱 불리한 제2차 행정처분을 받았습니다.

가. 청구인은 2002. 8. 25.경에 청구인의 무단결근비행과 과실에 대한 책임으로 '산업기능요원으로 86일간의 연장복무명령'을 받아(갑제1호증), (주)한유기술에서 2002. 9: 2.부터 2002.10.20까지 결근하지 않고, 열심히 근무하고 있었습니다.

나. 그런데 앞의 가. 항과 동일 비행과 과실로 청구인에게 아주 불리한 '산업기능요원편입처분'을 받아 2002. 12. 16 재차 입소를 해야 하는 불이익 처분을 받았습니다.

다. 이는 법률상 일사부재리의 원칙, 법의 형평성 등에 비추어 보더라도 적합한 처분이라고 말할 수 없습니다.

예를들면,

1. 국민에게 세금을 다소 적게 부과하였다가 며칠이 지나서 많게 부과한 것과 같으며,

2. 동일사건으로 영업정지 1개월의 행정처분을 내렸다가, 어느날 동일사건으로 영업폐쇄처분을 내린 것과 같으며,
3. 지방법원에서 징역 2년을 선고했는데, 고등법원에서 징역 3녀을 선고한 것과 같은 부당한 처분입니다.

3) 2002. 8. 22.자 행정처분(갑제1호증)을 철회할 이유가 없습니다.

가. 김동희 著 「행정법 1」의 300쪽 '행정행위의 철회'를 살펴볼 때, 처분행정청은 법률에 근거가 있는 경우에 철회할 수 있다고 되어 있으며, 특히, 청구인에게 불이익을 주기 위한 철회는 더욱더 할 수 없다고 되어 있습니다. 그렇다면, 2002. 8. 22.자 행정처분은 유효시켜야 합니다. 다소, 병무청 입장을 대변할 수 있는 대법원 판례 91누3130을 참고한다 하더라도, 제1차 처분은 유효합니다.

나. 한편, 처분행정청의 '직권취소'의 사유도 되지 않습니다.

5. 청구인의 기타 입장

1) 청구인은 2002. 8. 22.자 행정처분에 근거하여 연장복무근무에 임하느라고, 복학하여 재학중이던 대학에서 휴학까지 하였습니다(갑제4호증).

2) 청구인의 결근과 건강

가. 피청구인은 청구인이 제1차 행정처분(2002. 8. 22)이 있기 전에 마치 무단결근을 한 자로 단정하고 있습니다. 그러나 구체적인 내용은 아래와 같이 근무를 이길 수 없는 건강 때문이었습니다.

나. 청구인 구용훈은 경희대학교 00학부 시각디자인전공, 3학년 1학기를 이번에 마친 학생입니다.

어릴 적부터 앓아 온 알레르기비염과 천식으로 4급 판정을 받게되어 99년 4월 26일 친구소개로 경북 구미시 (주)을화 라는 섬유공장에 산업기능요원으로 근무를 하였습니다. 막노동의 열악한 공장의 환경에서 먼지와 분진 등의 악조건인 중노동을 경험해 보지 못한 학생으로서는 견디기 힘들었습니다.

근무 중에 무거운 짐을 들다 허리를 다쳐 디스크가 생겼습니다. 장염에 병원생활도 하는 등 고달픈 회사생활을 그래도 열심히 했습니다. 한 달에 한번만 쉬는 회사근무는 치료를 받을 수 없는 상황이었습니다. 몇 개월 제대를 앞두고 무리하다 허리를 못 쓸까봐 근무지를 옮겨 치료를 받으면서 복무를 마치고 싶었습니다.

2년 이상 근무를 하면 타회사로 옮겨 갈 수 있음을 알게 되었습니다. 전직을 하는 과정에서 3개월 유예기간도 쓸 수 있었는데 활용을 안하고 복무를 마치기로 2001년 5월 26일부터 9월 14일까지가 근무기간입니다.

그런데, 몸이 안 좋은 상태에서 옮겨간 (한유기술)회사는 오히려 더 악조건으로, 전근 후 3일만에 결근을 하지 않으면 안될 건강상태가 되고 말았습니다. 결근하면서 조금 덜 힘든 다른 회사를 찾아보려고 노력을 해 보았지만, 단기간의 기간과 기술이 없는 신분으로 회사를 감당하기가 더 어려웠습니다.

그러던 사이에 복잡한 사생활과 함께 결국 회사를 무단 결근하게 되었습니다. 제대 날까지 결근처리가 되었습니다. 만약 전직 대기시간(3개월)을 이용했다면 불과 며칠의 근무만 마치면 될 것을 제대로 활용하지 못하고 지금 생각하면 후회가 됩니다. 결근이 진행되는 동안 더욱 겁이 나서 숨어살다시피 했습니다. 왜냐하면, 그 당시 여자친구는 사이가 나빠지자 제대 후에 2001년 12월에 다른 남자친구와 음모하여 순천검찰청에 고발을 해버렸습니다.

그 후 검찰에서 아무런 법적 처벌이 없어서 2002년 3월에 다시 복학을 하게 되었습니다.

여름방학이 끝날 무렵 8월 29일쯤에 광주지방병무청에서 9월 1일부터 86일간 근무를 다시 하라는 명령을 받고 '(주)한유기술'에서 9월 2일부터 출근하여 10월 20일경까지 근무를 계속했습니다. 갑자기 회사에서 그만 출근을 하지 말라는 것이었습니다.

병무청에 가서 알아보게 되었습니다. 다음 10월 22일에 산업기능요원 편입취소 처분을 받게 되었습니다.

그 동안 산업체에서 근무한 총기간은 2년 2개월 4일이었지만 다 무시하고 22개월이라니 어이가 없었습니다. 근무를 시작하면 2003년. 2004년에 끝납니다.

1차 내린 처분을 수행하느라고 정말 열심히 다녔습니다. 2005년에 과연 학교에 가서 적응을 하게 될지 막막하고 앞이 캄캄합니다.

경제적인 어려움도 가중되어 삶의 의미조차 상실한 채, 의욕없이 살아가고 있습니다.

6. 결 론

3개월의 결근에 대한 처벌이 이렇게 무거울 줄이야 몰랐습니다.
너그러운 법 적용을 부탁드립니다.
앞으로는 아주 성실하고 충실한 근무를 할 것을 약속합니다.

입증자료

갑제1호증 ……………… 지정업체 입건결과 행정처분 사형통보
갑제2호증 ……………… 산업기능요원 편입처분 취소
갑제3호증 1 …………… 공익근무요원소집안내
갑제3호증 2 …………… 입영통지서(공익근무요원 소집)
갑제3호증 3 …………… 교통이용안내
갑제4호증 ……………… 휴학원 접수증

2002. 11. 28.

위 청구인 구용훈 (인)

국무총리 행정심판위원회 귀중

제2장

행 정 소 송

1 행정소송의 뜻

행정소송법은 행정소송절차를 통하여 행정청의 위법한 처분, 그 밖의 공권력 행사·불행사 등으로 국민의 권리 또는 이익의 침해를 구제하고, 공법상의 권리관계 또는 법적용의 다툼을 적정하게 해결하려는 데에 있다.

행정청의 처분 또는 부작위에 대하여 불만이 있는 자가 해당처분행정청을 피고로 하여 소송을 하는 것을 행정소송이라고 한다.

「처분」이란 행정청이 일반국민 등에게 행하는 구체적인 사실에 관한 법집행으로서의 공권력의 행사 또는 그 거부와 그 밖에 이에 준하는 행정작용 및 행정심판에 대한 재결을 말한다.

「부작위」라 함은 행정청이 당사자의 신청에 대하여 상당한 기간내에 일정한 처분을 하여야 할 법률상 의무가 있음에도 불구하고 이를 하지 않는 경우를 말한다.

2 행정소송의 종류

1. 항고소송

항고소송은 행정청의 처분등이나 부작위에 대하여 제기하는 소송을 말하며, 항고소송에는 취소소송·무효등 확인소송·부작위위법확인소송 등이 있다.

■ 취소소송

행정청의 위법한 처분등을 취소 또는 변경하는 소송을 말한다.

■ **무효등 확인소송**

행정청의 처분 등의 효력유무 또는 존재여부를 확인하는 소송이다.

■ **부작위 위법확인소송**

행정청의 부작위가 위법하다는 것을 확인하는 소송이다.

2. 당사자 소송

행정청의 처분등을 원인으로 하는 법률관계에 관한 소송 그밖에 공법상의 법률관계에 관한 소송으로서 그 법률관계의 한쪽 당사자를 피고로 하는 소송을 말한다.

3. 민중소송

국가 또는 공공단체의 기관이 법률에 위반되는 행위를 하였을 때에 직접 자기의 법률상 이익과 관계없이 그 시정을 구하기 위하여 제기하는 소송을 말한다.

4. 기관소송

국가 또는 공공단체의 기관상호간에 있어서의 권한의 존부 또는 그 행사에 관하여 다툼이 있을 때에 이에 대하여 제기하는 소송을 말한다.

3 제소기간

1. 취소소송

■ 행정심판 청구를 하지 않은 경우

취소소송은 처분 등이 있음을 안 날로부터 90일 이내에, 처분 등이 있은 날로부터 1년 이내에 제기하여야 한다.

위의 두 기간 중 어느 것이나 먼저 도래한 기간 내에 소송을 제기하여야 하고, 어느 하나의 기간이라도 경과하게 되면 소송을 제기하지 못한다.

■ 행정심판 청구를 한 경우

다른 법률에 당해처분에 대한 행정심판의 재결을 거치지 아니하면 취소소송을 제기할 수 없다는 규정이 있는 경우, 행정심판청구를 할 수 있는 경우, 행정청이 행정심판청구를 할 수 있다고 잘못 알린 경우 등의 행정심판청구가 있은 때의 기간은 행정심판재결서 정본을 송달받은 날부터 기산하여 90일 이내에, 재결이 있은 날로부터 1년 이내에 소송을 제기하여야 한다.

2. 무효등 확인소송

무효등 확인소송은 처분등의 효력유무 또는 존재여부의 확인을 구할 법률상 이익이 있는 자가 제기할 수 있는데, 제소기간에는 제한이 없다.

3. 부작위 위법확인소송

부작위 위법확인소송은 처분의 신청을 한 자로서 부작위의 위법의 확인을 구할 법률상 이익이 있는 자만이 제기할 수 있으며, 부작위상태가 계속되는 한 언제라도 소를 제기할 수 있다.

부작위 상태가 끝나면 앞의 제소기간을 적용 받는다.

4. 필요적 전치주의가 적용되는 소송

■ 공무원에 대한 징계 기타 불이익 처분

- 일반공무원
  소청심사위원회에 심시청구(30일내) → 소송제기(90일내)
- 교원인 공무원
  교원징계재심위원회에 재심청구(30일내) → 소송제기

4 집행정지신청

행정심판의 경우와 같이 행정청의 처분에 대한 효력을 행정소송이 종결될 때까지 일시적으로 정지시켜 달라는 신청이다. 즉 영업정지, 면허취소 등에 대한 집행정지 신청등이 그것이다.

취소소송의 제기는 처분등의 효력이나 그 집행 또는 절차의 속행에 영향을 주지 않는다.

취소소송이 제기된 경우에 처분등이나 그 집행 또는 절차의 속행으로 인하여 생길 회복하기 어려운 손해를 예방하기 위하여 긴급한 필요가 있다고 인정할 때에는 본안이 계속되고 있는 법원은 당사자의 신청 또는 직권에 의하여 처분등의 효력이나, 그 집행 또는 절차의 속행의 전부 또는 일부의 정지를 결정할 수 있다.

집행정지는 공공복리에 중대한 영향을 미칠 우려가 있을 때에는 허용되지 않으며, 또한 집행정지의 결정을 신청할 때에는 그 이유에 대한 소명이 있어야 한다.

5 소장 접수방법

소장을 작성하여 서울의 경우에는 서초구 서초3동에 위치한 행정법원에 접수하면 된다. 접수시에 인지대가 95,000원이며, 송달료는 50,000원(2,500원×당사자 2명×10회분)이다. 서울행정법원 접수처 전화번호는 3479-3103~4이다. 인지대와 송달료를 납부하기 위해서는 먼저 법원 안에 있는 조흥은행에 가야 한다.

조흥은행에서 송달료를 납부하고 그 영수증을 소장 1쪽의 뒷면에 부착시킨다. 그 다음에는 법원 안에 있는 우체국을 찾아가서 95,000원의 정부수입인지를 구입하여, 소장 1쪽의 뒷면 송달료를 부착한 옆자리에 부착한 후에 소장을 행정법원 접수처에 접수하면 된다.

지방의 경우에는 서울처럼 행정법원이 별도로 있는 것이 아니고 수원지방법원, 대구지방법원, 부산지방법원 등 지방법원내에 행정소송만 전담하는 재판부가 있다.

사례 1

소 장

원 고 : 구 홍 부
피 고 : 강남구청장

영업정지처분 취소

인 지 : 95,000원
송달료 : 64,800원(2,700원×2인×10회분)
※인지·송달료 금액은 수시로 변경됨.

서울행정법원 귀중

소 장

원 고 : 구 홍 부 (44012-1046712)
서울 서초구 ○○동 ○○○○ ○○아파트 17동 308호
전화 013-799-8697

피 고 : 강남구청장
서울시 강남구 삼성2동 8 전화 3451-2531

<청구의 취지>

1. 피고가 2001. 5. 3 원고에 대하여 명령한 2개월간의 숙박업 영업정지 처분은 이를 취소한다.
2. 소송비용은 피고가 부담한다.

라는 재판을 구합니다.

<청구의 이유>

1. 처분경위

가. 원고가 2001. 3. 23. 12 : 50경 원고 업소에 외국인 관련 윤락행위 장소를 제공하였다는 이유로 원고는 피고로부터 2001. 5. 17부터 영업정지 2월의 행정처분을 받았습니다(갑제 2호증, 갑제 3호증).

나. 행정처분장은 2001. 5. 3 수령하였습니다.

2. 외국인 편의제공과 최근 숙박업계 동향

가. 본 업소는 서울시 중에서도 외국인 관광객이 가장 많이 집중된 곳에 위치하고 있습니다.

나. 최근, 국가적으로 외국인 유치를 위해 노력하고 있고, 대한 숙박업중앙회와 서울시청 보건위생과에서「**숙박업소들은 외국인을 모시면서 일체의 불편이 없도록 하라**」라는 문서를 수시로 보내왔습니다(갑제 6호증 2, 갑제 6호증 1, 갑제 6호증 3).

다. 한편, 본 업소는 금년 8월 한국종합무역센터에서 제53회 국제통계학회(국제 행사)가 개최됨에 따라(갑제 7호증) 지정 숙박업소로 선정될 가능성이 많았습니다.

라. 뿐만 아니라 대한숙박업중앙회에서 단체 및 외국인 투숙 가능 업소를 파악함에 따라(갑제 8호증) 본 업소는 신청을 해둔 상태입니다.

3. 숙박업에 대한 규제법약화 추세

가. 최근 이성혼숙과 관련 법원에서도 원조교제 장소제공을 이유로 여관업영업정지 처분은 부당하다는 판결이 있었습니다(갑제 9호증 2, 갑제 9호증 1, 3).

나. 한편, 일반 국민들 사이에도 숙박업소에서 손님을 맞이할 때 숙박의 목적이 무엇인지는 알기 어렵다는 여론이 팽배합니다.

4. 처분청의 법적용과 본 업소의 반대입장

가. 처분청은 공중위생관리법 제11조 제1항과 동법시행규칙 제19조(별표, 7, 바항 4)에 근거하여 처분 이유를 설명하고 있습니다.

나. 동법에는 공중위생영업자가 동 법을 위반시 처벌을 받는다고 되어 있으며, **다만 관광숙박업은 다른 공중위생영업소와 달리 미리 협의해야 된다**는 단서가 명시되어 있습니다.

이와 같은 근거는 법률에 이르기까지 숙박업소에게 특별히 배려해 줄 수 있다는 의미로 해석됩니다.

다. 동 사건은 2001. 3. 20 06시경 주인 ○○○의 처 ○○시가 주인이 자리를 이탈한 사이에 한국인과 외국인이 각각 2인 총 4명이 와서 객실 1개씩을 요구하여 숙박의 최대 요금인 6만원(30,000원+30,000원)을 받고 편히 쉴 수 있도록 객실을 안내하였습니다.

그러나 미행하고 있던 경찰관 7명이 즉시 따라와 적발되게 되었습니다.

라. 만약 윤락장소 제공 목적으로 업소를 제공했더라면 정식 숙박료에 해당되는 1팀당 30,000원 전액을 결코 받을 수가 없었을 것입니다. 동 업소는 윤락금지 홍보물까지 부착하고 있습니다(갑제11호증).

마. 업소측 관계인들은 그 당시 적발된 외국인고객들이 방문하였을 때 윤락행위를 추정할 수 있을 정도의 판단이 서지 않았습니다.

더군다나 고객에게 **윤락을 하기 위해 우리 업소를 방문**하였느냐고 질문하기란 쉬운 일이 아니였으며, 4명이 같은 시각에 업소를 방문하였기 때문에 더욱 의심할 수가 없었습니다.

5. 원고는 윤락장소 제공의 고의성이 없었습니다.

가. 원고는 자신의 행위가 윤락행위의 장소를 제공하고 있다는 인식을 못하였습니다. 결코 고의성도 없었으며, 손님을 맞이하고 있다는 사실 외에 아무 것도 생각할 수 없었습니다.

나. 업소 종업원이자 원고의 처인 ◯◯은 그 당시 손님이 왔을 때 손님의 출입목적이 숙박 외 어떤 목적이 있는지 알기가 무척 어려웠습니다.

다. 연인의 관계인지, 친구관계인지, 몇 번 만남의 관계인지, 처음 만난 관계인지, 술을 마신 관계인지, 윤락의 관계인지, 이를 명쾌하게 파악하기란 사실상 불가능한 일이었습니다. 특히 그 곳은 외국인이 다른 지역보다 집중되는 지역이기 때문에 더욱 불가능합니다. 특급호텔인 "라마다"가 있고 동 호텔 지하에는 나이트 클럽도 있어 외국인들이 본 업소를 수시로 이용하고 있는 편입니다.

6. 결론 및 애로

가. 이와같이 업소 관계자들은 윤락행위의 장소를 제공한다는 고의성이 전혀 없었습니다.

또한 법전문가들이 언론 보도 등에서 말하는 구성요건해당적 착오 및 사실의 착오 등으로 해석할 수도 있을 것 같은 사안으로도 보여집니다.

목적과 결과를 예측할 수 없었던 문제였습니다.

나. 한편, 원고는 경기불황으로 몹시 어려운 실정입니다.

수개월 동안 영업을 못한다면 영원히 문을 닫아야 할 어려움에 직면하고 말 것입니다.

다. 차후 특별한 주의로 다시는 유사한 실수가 없도록 최선을 다하겠습니다. 금번에 한하여 선처를 부탁드립니다.

<입증 자료>

갑제 1호증 ………… 사업자 등록증
갑제 2호증 ………… 행정처분 통보
갑제 3호증 ………… 영업정지명령서
갑제 4호증 ………… 주민등록등본
갑제 5호증 ………… 한국방문의 해 관련 건의
(대한숙박업중앙회 → 김○○)
갑제 6호증1 ………… 외국인관광객맞이 관광대책(대한숙박업중앙회)
갑제 6호증2 ………… 외국인관광객맞이 관광대책 (서울시)
갑제 6호증3 ………… 외국인관광객맞이 관광대책(서울시 세부계획)
갑제 7호증 ………… 숙박업소 예약협조건(국제통계학회 관련)
갑제 8호증 ………… 외국인 투숙가능 업소파악(대한숙박업중앙회)
갑제 9호증1 ………… 이성혼숙 행정처분 통보
(대한숙박업중앙회 강남서초지구 → 김○○)
갑제 9호증2 ………… 원조교제 장소제공 영업정지처분은 부당
갑제 9호증3 ………… 판결(미성년자 혼숙 무죄)
갑제 10호증 ………… 공소장(○○○의 처 ○○)
갑제 11호증 1-3 …… 각 사진

2001. 5. 4
위 원고 구 홍 부 ㊞

서울행정법원 귀중

사례 2

(인지대 2,000원, 송달료 16,200원)

행정처분 집행정지 신청

신 청 인 : 구 홍 부(440212-1046712)
서울 서초구 ○○동 ○○○○ ○○ 아파트 17동 308호
전화 013-799-8697

피신청인 : 강남구청장
서울시 강남구 삼성2동 8, 전화 3451-2531

동 행정법원에 소장을 접수하였습니다.

<신청의 취지>

1. 피신청인이 2001.3.16자 신청인에 대하여 명령한 2001.5.17부터 2개월간의 영업정지처분 명령은 귀 법원에 행정처분 취소청구 행정재판의 확정시까지 그 효력을 정지한다.
라는 판결을 구합니다.

<신청의 이유>

1. 처분 경위

가. 신청인이 2001.3.23 12:50경 신청인 업소에 외국인 관련 윤락

행위 장소를 제공하였다는 이유로 신청인은 피신청인으로부터 2001.5.17부터 영업정지 2월의 행정처분을 받았습니다(갑제 2호증, 갑제 3호증).

나. 행정처분장은 2001.5.3 수령하였습니다.

2. 외국인 편의제공과 최근 숙박업계 동향

가. 본 업소는 서울시 중에서도 외국인 관광객이 가장 많이 집중된 곳에 위치하고 있습니다.

나. 최근, 국가적으로도 외국인 유치를 위해 노력하고 있고, 대한 숙박업중앙회와 서울시청 보건위생과에서「**숙박업소들은 외국인을 모시면서 일체의 불편이 없도록 하라**」라는 문서를 수시로 보내왔습니다(갑제 6호증 2, 갑제 6호증 1, 갑제 6호증 3).

다. 한편, 본 업소는 금년 8월 한국종합무역센터에서 제53회 국제통계학회(국제 행사)가 개최됨에 따라(갑제 7호증) 지정 숙박업소로 선정될 가능성이 많았습니다.

라. 뿐만 아니라 대한숙박업중앙회에서 단체 및 외국인 투숙 가능업소를 파악함에 따라(갑제 8호증) 본 업소는 신청을 해둔 상태입니다.

3. 숙박업에 대한 규제법약화 추세

가. 최근 이성혼숙과 관련, 법원에서도 원조교제 장소제공 이유로 여관업 영업정지 처분은 부당하다는 판결이 있었습니다(갑제 9호증 2, 갑제 9호증 1, 3).

나. 한편, 일반 국민들 사이에도 숙박업소에서 손님을 맞이할 때 숙박의 목적이 무엇인지는 알기 어렵다는 여론이 팽배합니다.

4. 처분청의 법적용과 본 업소의 반대입장

가. 처분청은 공중위생관리법 제11조 제1항과 동법시행규칙 제19조(별표 7, 바항 4)에 근거하여 처분 이유를 설명하고 있습니다.

나. 동 법에는 공중위생영업자가 동 법을 위반시 처벌을 받는다고 되어 있으며, 다**만 관광숙박업은 다른 공중위생영업소와 달리 미리 협의해야 된다**는 단서가 명시되어 있습니다.

이와 같은 근거는 법률에 이르기까지 숙박업소에게 특별히 배려해 줄 수 있다는 의미로 해석됩니다.

다. 동 사건은 2001. 3. 20 06시경 주인 ○○○의 처○○씨가 주인이 자리를 이탈한 사이에 한국인과 외국인이 각각 2인 총 4명이 와서 객실 1개씩을 요구하여 숙박의 최대 요금인 6만원(30,000원+30,000원)을 받고 편히 쉴 수 있도록 객실로 안내하였습니다.

그러나 연이어 미행하던 경찰관 7명에게 적발되었습니다.

라. 만약 윤락장소 제공 목적으로 업소를 제공했더라면 정식 숙박료에 해당되는 1팀당 30,000원 전액을 결코 받을 수가 없었을 것입니다. 본업소에서는 윤락금지의 홍보물까지 부착해 놓고 있습니다(갑제 11호증).

마. 업소측 관계인들은 그 당시 적발된 외국인 고객들이 방문하였을 때 윤락행위를 추정할 수 있을 정도의 판단이 서지 않았습니다.

더구나 고객에게 **윤락을 하기 위해 우리 업소를 방문**하였느냐고 질문하기란 쉬운 일이 아니였으며, 4명이 같은 시각에 업소를 방문하였기 때문에 더욱 의심할 수가 없었습니다.

5. 신청인은 윤락장소 제공의 고의성이 없었습니다.

가. 신청인은 자신의 행위가 윤락행위의 장소를 제공하고 있다는 인

식을 못하였습니다. 결코 고의성도 없었으며, 손님을 맞이하고 있다는 사실 외에 아무 것도 생각할 수 없었습니다.

나. 업소 종업원이자 신청인의 처인 ○○은 그 당시 손님이 왔을 때 손님의 출입목적이 숙박 외 어떤 목적이 있는지 알기가 무척 어려웠습니다.

다. 연인의 관계인지, 친구관계인지, 몇 번 만남의 관계인지, 처음 만난 관계인지, 술을 마신 관계인지, 윤락의 관계인지, 이를 명쾌하게 파악하기란 사실상 불가능한 일이었습니다. 특히 그 곳은 외국인이 다른 지역보다 집중되는 지역이기 때문에 더욱 불가능합니다. 특급호텔인 "라마다"가 있고 동 호텔 지하에는 나이트 클럽도 있어 외국인들이 본 업소를 수시로 이용하고 있는 형편입니다.

6. 결론 및 애로

가. 이와같이 업소 관계자들은 윤락행위의 장소를 제공한다는 고의성이 전혀 없었습니다.

또한 법전문가들이 언론보도 등에서 말하는 구성요건해당적 착오 및 사실의 착오 등으로 해석할 수도 있을 것 같은 사안으로도 보여집니다.

목적과 결과를 예측할 수 없었던 문제였습니다.

나. 한편, 신청인은 경기불황으로 몹시 어려운 실정입니다.

수개월 동안 영업을 못한다면 영원히 문을 닫아야 할 어려움에 직면하고 말 것입니다.

다. 차후 특별한 주의로 다시는 유사한 실수가 없도록 최선을 다하겠습니다.

이에 영업정지 집행정지를 신청하오니 선처를 간곡히 부탁드립니다.

<입증자료>

소갑 제1호증 …………… 사업자 등록증
소갑 제2호증 …………… 행정처분 통보
소갑 제3호증 …………… 영업정지명령서
소갑 제4호증 …………… 주민등록등본
소갑 제5호증 …………… 한국방문의 해 관련 건의
(대한숙박업중앙회 → 김○○)
소갑 제6호증1…………… 외국인관광객맞이 관광대책(대한숙박업중앙회)
소갑 제6호증2 …………… 외국인관광객맞이 관광대책 (서울시)
소갑 제6호증3 …………… 외국인관광객맞이 관광대책(서울시 세부계획)
소갑 제7호증 …………… 숙박업소 예약협조건(국제통계학회 관련)
소갑 제8호증 …………… 외국인 투숙가능 업소파악(대한숙박업중앙회)
소갑 제9 호증1 …………… 이성혼숙 행정처분 통보
(대한숙박업중앙회 강남서초지구 → 김○○)
소갑 제9호증2 …………… 원조교제 장소제공 영업정지처분은 부당
소갑 제9호증3 …………… 판결(미성년자 혼숙 무죄)
소갑 제10호증 …………… 공소장(○○○의 처 ○○)
소갑 제11호증1-3 ……… 각 사진
소갑 제12호증 …………… 소장 사본

2001. 5. 4

위 신청인 구 홍 부 ㊞

서울행정법원 귀중

사례 3

소 장

원 고 : 구 홍 부
피 고 : 서울지방경찰청장

자동차운전면허취소처분 취소

인 지 : 95,000원
송달료 : 64,800원(2,700원×2명×10회분)

서울행정법원 귀중

소 장

원 고 : 구 홍 부(551125-2123223)
우158-861, 서울시 양천구 ○○동 998-18(18/4) 전화 013-233-7802

피고(처분청) : 서울지방경찰청장
우110-798 서울 종로구 내자동 201-11호, 전화 733-7593

<청구취지>

1. 피고가 원고에 대하여 2001. 7. 9자로 한 자동차운전면허취소 처분은 이를 취소한다.
2. 소송비용은 각자가 부담한다.
라는 판결을 구합니다.

<청구이유>

1. 처분경위 및 신분관계

가. 원고는 면허정지 기간내에 운전행위가 적발되어 운전면허 취소 처분을 받았습니다.

나. 2001. 5. 29자로 자동차 운전면허취소 사전처분장을 강서경찰서장으로부터 받았으며,

다. 서울지방경찰청장으로부터 2001. 7. 8까지는 운전이 가능하다는 임시운전면허증을 받았습니다(갑제 2호증).

라. 2001. 7. 9. 행정심판을 청구하였으며, 2001. 8. 27 행정심판에서 기각되었다는 사실을 전화로 확인하였으나, 현재까지 문서로 통보받지는 않았습니다.

2. 처분청의 위법성

가. 면허정지기간 중 원고의 운전행위와 관련하여 경찰조서상 크게 차이가 나는 점은 없었습니다.

나. 원고는 45일간의 면허정지를 당하여 2001. 6. 10이면 면허정지 기간이 종료되는데, 11일의 잔여기간을 남겨놓고 정지기간 중 운전행위에 적발되었습니다.

다. 원고는 운행 중에 적발된 것이 아니라, 경찰서의 경찰신문상 대치동에서 한일셀프 세차장까지 약 28㎞를 운전했다는 사실, 즉 노출되지 않았던 사실까지 말씀드렸습니다.

라. 그렇게 진술한 것은 사실이지만, 원고의 불법행위가 경찰관께서 직접 목격하지 않은 점까지 포함되어 처리된 것은 잘못되지 않았을까라고 생각해 봅니다.

마. 또한 주차중인 차를 뒤로 빼다가 잠복중인 경찰관에게 적발되었습니다. 결론적으로 한번도 도로상에서 운전하다 적발된 일은 없습니다.

사. 법을 적용함에 있어 원고의 입장을 충분히 반영하여 주실 것을 간절히 바라옵니다.

3. 재판관님께 드리고 싶은 글

가. 원고는 갑제 3호증(주민등록표)에서와 같이 88세, 82세 노부모를 모시고 사는 40대의 여성입니다.

나. 원고는 무역회사의 직원으로 근무하면서 언제 돌아 가실지 모르는 노부모를 모시고 살아가고 있습니다.

다. 88세 아버지께서는 양천구 홍익병원, 동네 한의원 등에서 매일매일 치료를 받으며 저의 차를 이용하여야 합니다. 뿐만 아니라 직장에서 서울시내 수십개 공장거래처를 다니며 업무활동을 하여야 하는데, 면허증의 취소로 원고의 생활이 어렵게 되었습니다.

재판관님!
원고에게 이번 한 차례에 한하여 선처를 베풀어 주십시오.
앞으로 어떤 일이 있어도 재차 법을 어기는 일은 없도록 하겠습니다.

<입증자료>

1. 갑제 1호증 …………… 운전면허처분 사전통지서
1. 갑제 2호증 …………… 주민등록표
1. 갑제 3호증 …………… 행정심판 청구 처리 알림(서울경찰청)

2001. 8. 31
위 원고 구 홍 부 ㊞

서울행정법원 귀중

사례 4

소 장

원 고 : 구흥부
피 고 : ○○구청장

영업정지처분취소 청구소

인 지 : 95,000원
송달료 : 64,800원(2,700원×2인×10회분)

서울행정법원 귀중

소 장

원 고 : 구 흥 부
서울시 ○○구 ○○동 169-14 다모아
(송달장소 : 서울 ○○구 ○○2동 196-36호) 전화 7814-1016

피 고 : ○○구청장
서울시 ○○구 ○○동 168-6 전화 7330-1360

영업정지처분취소 청구소

<청구의 취지>

1. 피고가 2001. 6. 11 원고에 대하여 명령한 3개월간의 일반음식점 영업정지 처분은 이를 취소한다.
2. 소송비용은 피고의 부담으로 한다.

라는 재판을 구합니다.

<청구의 이유>

1. 처분 경위

가. 원고가 2001. 3. 30 05:00경 원고 업소의 종업원 곽○○에게 유흥접객행위를 하도록 하였다고 하여 피고로부터 2001. 6. 11 영업정지 3월의 행정처분을 받았습니다(갑제 1호증 1~2).

나. 행정처분장은 2001. 6. 13 수령하였습니다.

2. 처분의 위법성

(1) 사실관계의 착오

가. 구홍부가 운영하는 업소는 술과 양주를 판매하여도 되는 일반 음식점입니다.

피고는 원고가 접객행위를 하였다는 이유로 영업정지처분을 하였습니다. 본인의 업소에 놀러온 곽○○는 찾아온 손님 정○○이가 만취한 상태에서 강력하게 술을 따르도록 요구하여 이를 수차례 거절하다 할 수 없이 한잔의 술을 따르게 된 것으로 알고 있습니다.

그 후에도 계속되는 술 접대요구를 거절함에 따라 술취한 고객은 나름대로 불쾌하게 여겼던 것입니다.

나. 이에 만취한 고객은 앞의 곽○○의 거절한 행위를 용서하지 못하고 1차례 술을 따른 접객사실을 112에 신고하여 문제로 만들었습니다.

다. 피고는 마치 원고가 종업원을 두고 원고가 시켜서 상습적으로 접객한 것으로 착각하고 원고에게 강력한 행정벌인 영업정지 3월을 내렸습니다.

(2) 피고는 경찰조사만 수용

가. 경찰관은 조사에서 주인인 구홍부 자신이 접객행위를 하지 않았고, 손님에 불과한 곽○○가 반강요에 의하여 접객행위를 한 사실을 인정해 주지 않았으며,

나. 주인인 구홍부에게는 한차례의 진술기회도 주지 않은 상태에서 일방적으로 서류를 작성한 후 원고에게 서명을 강요하였습

니다. 그리고, 조사가 종결처리 되었습니다.

다. 주인이 인정하지 않는 사건을 놓고 경찰은 벌금 67만원의 형벌을 내렸고(갑제 5호증), 피고는 위 처분을 내렸습니다.

(3) 다른 구청과의 행정벌 비교

가. 본 업소의 접객행위는 주인인 구흥부가 잠시 자리를 비워 몰랐던 사실이며,

나. 처음으로 발생된 사건입니다.

다. 최근에 발생한 2001구 13187 사건, 2001구 8635사건 등과 비교하더라도 사건발생 배경, 결과 등을 고려할 때 3월간의 영업정지는 지나친 행정벌로 여겨집니다.

(4) 법적용상 문제점

가. 피고는 식품위생법 제58조의 위반을 적용하고 있습니다.

법 제58조는 6개항 20여개의 다른 조항이 관련되고 있는데 구체적으로 어떤 행위가 법 몇조를 위반하고 있는지 불명확하며 정확하게 적시하지 못하고 있습니다.

나. 즉 원고의 행위가 무엇을 위반하였고, 앞으로 어떤 점을 고쳐야 하며, 반성하여야 하는지가 이해되지 않고 있습니다.

3. 결론 및 애로

가. 앞에서 살펴본 바 대로, 본 업소에서는 손님과 손님간의 관계에서 처음으로 발생한 사건입니다.

나. 한편, 업소 주인인 구흥부의 남편은 1993년 뇌출혈로 쓰러진 이후(갑제 4호증), 원고 혼자서 2명의 자녀와 남편을 부양하기 위

해 오랜기간 식당의 파출부를 계속하다 2000. 4월부터 본 업소를 경영하게 되었습니다.

다. 또한, 원고는 경기불황으로 몹시 어려운 실정에 있습니다.

수개월 동안 영업을 못한다면 영원히 문을 닫아야 할 어려움에 직면하고 말 것입니다.

라. 차후 특별한 주의로 다시는 유사한 실수가 없도록 최선을 다하겠습니다. 금번에 한하여 선처를 부탁드립니다.

<입증자료>

갑제 1호증1 ……………… 행정처분 통지
갑제 1호증2 ……………… 행정처분명령서
갑제 2호증 ……………… 주민등록증
갑제 3호증 ……………… 사업자등록증
갑제 4호증 ……………… 진단서(남편)
갑제 5호증 ……………… 벌금고지서(67만원)

2001. 6. 15
위 원고 구 홍 부 ㊞

서울행정법원 귀중

사례5

(인지대 2,000원, 송달료 16,200원)

행정처분 집행정지 신청

신 청 인 : 구 홍 부
서울 ○○구 ○○동 169-14 다모아
(송달장소 : 서울 ○○구 ○○2동 196-36호) 전화 7814-1016

피신청인 : ○○구청장
서울시 ○○구 ○○동 168-6 전화 7330-1360

영업정지처분취소 청구

<신청의 취지>

1. 피신청인이 2001. 6. 11자 신청인에 대하여 명령한 2001. 6. 21부터 3개월간의 영업정지처분 명령은 귀원에 행정처분취소 청구 소의 판결시까지 그 효력을 정지한다.
라는 판결을 구합니다.

<신청의 이유>

1. 처분경위

가. 신청인이 2001. 3. 30. 05:00경 원고 업소에 종업원 곽○○에게 유

홍접객행위를 하도록 하였다고 하여 피신청인으로부터 2001. 6. 11 영업정지 3월의 행정처분을 받았습니다(소갑 제1호증 1~2).

나. 행정처분장은 2001. 6. 13 수령하였습니다.

2. 처분의 위법성

(1) 사실관계의 착오

가. 구홍부가 운영하는 업소는 술과 양주를 판매하여도 되는 일반 음식점입니다.

○○구청은 신청인이 접객행위를 하였다는 이유로 영업정지 처분을 하였습니다. 본인의 업소에 놀러온 곽○○는 찾아온 손님 정○○이가 만취한 상태에서 강력하게 술을 따르도록 요구하여 이를 수차례 거절하다 할 수 없이, 한잔의 술을 따르게 된 것으로 알고 있습니다.

그 후에도 계속되는 술 접대요구를 거절함에 따라 술취한 고객은 나름대로 불쾌하게 여겼던 것입니다

나. 이에 만취한 고객은 앞의 곽○○의 거절한 행위를 용서하지 못하고 1차례 술을 따른 접객사실을 112에 신고하여 문제로 만들었습니다.

다. ○○구청은 마치 신청인이 종업원을 두고 신청인이 시켜서 상습적으로 접객한 것으로 착각하고 신청인에게 강력한 행정벌인 영업정지 3월을 내렸습니다.

(2) ○○구청은 경찰조사만 수용

가. 경찰관은 조사에서 주인인 구홍부 자신이 접객행위를 하지 않았고, 손님에 불과한 곽○○가 술취한 고객의 반강요에 의하여

접객행위를 한 사실을 인정해 주지 않았으며,

나. 주인인 구홍부에게는 한차례의 진술기회도 주지 않은 상태에서 일방적으로 서류를 작성한 후 신청인에게 서명을 강요하였습니다. 그리고 조사가 종결처리 되었습니다.

다. 주인이 인정하지 않는 사건을 놓고 경찰은 벌금 67만원의 형벌을 내렸고(갑제 5호증), 피고는 위 처분을 내렸습니다.

(3) 다른 구청과의 행정벌 비교

가. 본 업소의 접객행위는 주인인 구홍부가 잠시 자리를 비워 몰랐던 사실이며,

나. 처음으로 발생된 사건입니다.

다. 최근에 발생한 2001구 13187사건, 2001구 8635사건 등과 비교하더라도 사건발생 배경, 결과등을 고려할 때 3월간의 영업정지는 지나친 행정벌로 여겨집니다.

(4) 법적용상 문제점

가. ○○구청은 식품위생법 제58조의 위반을 적용하고 있습니다.

법 제58조는 6개항 20여개의 다른 조항이 관련되고 있는데, 구체적으로 어떤 행위가 법 몇조를 위반하고 있는지 불명확하며 정확하게 적시하지 못하고 있습니다.

나. 즉 신청인의 행위가 무엇을 위반하였고, 앞으로 어떤 점을 고쳐야 하며, 반성하여야 하는지가 이해되지 않고 있습니다.

3. 결론 및 애로

가. 앞에서 살펴본 바 대로, 본 업소에서는 손님과 손님간의 관계에

서 처음으로 발생한 사건입니다.

나. 한편, 업소 주인인 구홍부의 남편은 1993년 뇌출혈로 쓰러진 이후(소갑제4호증) 신청인 혼자서 2명의 자녀와 남편을 부양하기 위해 오랜 기간 식당의 파출부를 계속하다 2000. 4월부터 본 업소를 경영하게 되었습니다.

다. 또한, 신청인은 경기불황으로 몹시 어려운 실정에 있습니다.

수개월 동안 영업을 못한다면 영원히 문을 닫아야 할 어려움에 직면하고 말 것입니다.

라. 차후 특별한 주의로 다시는 유사한 실수가 없도록 최선을 다하겠습니다. 금번에 한하여 선처를 부탁드립니다.

<입증자료>

소갑제1호증1 ·············· 행정처분 통지
소갑제1호증2 ·············· 행정처분명령서
소갑제2호증 ·············· 주민등록증
소갑제3호증 ·············· 사업자등록증
소갑제4호증 ·············· 진단서(남편)
소갑제5호증 ·············· 벌금고지서(67만원)
소갑제6호증 ·············· 소장 사본, 접수증

2001. 6. 15

위 신청인 구 홍 부 ㊞

서울행정법원 귀중

제3장

국가배상

1 국가배상의 의의

시민생활에 있어서 타인의 위법행위로 자신의 권리가 침해당하였을 때 가해자는 피해자에게 당연히 손해배상을 해주고 있다.

국가배상이란 공무원이 그 직무집행과 관련하여 고의 또는 과실로 법령에 위반하여 일반국민들이 피해를 입었을 경우 국가 또는 지방자치단체가 손해배상을 해주도록 되어 있는 제도를 말한다.

헌법 제29조는 국가배상제도에 관하여 다음과 같이 규정하고 있다.

제1항 "공무원의 직무상 불법행위로 손해를 받은 국민은 법률이 정하는 바에 의하여 국가 또는 공공단체에 정당한 배상을 청구할 수 있다. 이 경우 공무원 자신의 책임은 면제되지 아니한다."

제2항 "군인, 군무원, 경찰공무원 기타 법률이 정하는 자가 전투·훈련 등 직무집행과 관련하여 받은 손해에 대하여는 법률이 정하는 보상 외에 국가 또는 공공단체에 공무원의 직무상 불법행위로 인한 배상은 청구할 수 없다."

따라서 위의 헌법정신(헌법 제29조)에 기초하여 제정된 법률이 국가배상법이며, 이 법은 국가배상의 절차 등에 관하여 상세하게 규정하고 있다.

2 국가배상법의 적용범위

첫째, 국가배상에 관하여 특별법이 있는 경우에는 그들 특별법 내지

법규가 우선적으로 적용된다.

둘째, 국가배상에 관하여 국가배상법 및 특별법에 규정되어 있는 사항 외의 것에 관하여는 민법을 준용한다.

3 국가배상의 유형

1. 공무원의 불법행위(교통사고 포함)

■ 국가배상법 제2조(배상책임)

"국가 또는 지방자치단체는 공무원이 그 직무를 집행함에 당하여 고의 또는 과실로 법령에 위반하여 타인에게 손해를 가하거나, 자동차손해배상보장법의 규정에 의하여 손해배상의 책임이 있는 때에는 이 법에 의하여 그 손해를 배상하여야 한다."라고 규정하고 있다. 즉 공무원이 업무수행 중의 잘못으로 타인에게 손해를 끼쳤을 경우 국가 또는 지방자치단체가 그 손해를 배상하도록 하고 있고, 공무원이 업무수행의 일환으로 자동차를 운행하다가 교통사고를 낸 경우에도 일괄적으로 국가 또는 지방자치단체가 손해를 배상하도록 하고 있다.

■ 실무상 국가배상의 종목

※ 타인의 생명을 해한 때

- 유족배상
- 장례비
- 위자료

※ 타인의 신체를 해한 때

- 치료비
- 휴업배상
- 장해배상
- 개호비
- 위자료

※ 타인의 물건을 멸실·훼손한 때

- 물건교환가액 (수리 불능시)
- 수리비
- 휴업배상
- 피해자 사망시 국가배상심의회 산정기준(호프만식 등)

■ 사망시 지급기준 (국가배상법시행령 별표 4 참고)

- **장례비** : 남자평균임금(사망시 남자 일용노동임금)의 100일분
- **위자료** :

피해자본인 11세~59세 : 2,000만원

10세 이하, 60 이상 : 1,600만원(2,000만원× $\frac{20\%}{100}$ 감액)

세대주인 경우 : 3,000만원(2,000만원× $\frac{50\%}{100}$ 가산)

배우자 (동거중인 사실혼 포함) : 피해자 본인의 1/2

직계비속, 자녀 : 피해자 본인의 각 1/4

기타(손자 등) : 피해자 본인의 각 1/8

직계존속, 부모(피해자가 미혼인 때) : 피해자 본인의 각 1/2

(피해자가 기혼인 때) : 피해자 본인의 각 1/4

기타(조부모 등) : 피해자 본인의 각 1/8

형제자매 : 피해자 본인의 각 1/8

동거중인 시부모, 처부모 : 피해자 본인의 각 1/8

국가배상법상 사망시 위자료는 2,000만원으로 되어 있으나 민사재판에서는 5,000만원까지 받고 있다.

2. 양도 등의 금지

생명·신체의 침해로 인한 국가배상을 받을 권리는 국가배상법상 이를 타인에게 양도하거나 압류하지 못하도록 되어 있다.

3. 공공시설 등의 하자로 인한 책임

국가배상법 제5조는 "도로. 하천 기타 공공의 영조물의 설치 또는 관리에 하자가 있기 때문에 타인에게 손해를 발생하게 하였을 때에는 국가 또는 지방자치단체는 그 손해를 배상하여야 한다."고 규정하고 있다.

공공의 영조물에 하자가 있어 개인이 손해를 입으면 국가가 배상하도록 하고 있는데 이러한 것은 민법상의 손해배상제도와는 다른 측면이 있다.

공공의 영조물이란 공적으로 사용되는 일체의 물건을 말하는 것으로 단순히 공적 시설물만을 의미하는 것이 아니라, 공적 시설물은 물론이고 공공목적에 사용되는 일체의 물건을 포함한다. 사람이 만들지 아니한 하천, 도로, 옛부터 전해 내려오는 문화유산, 동물(경찰견) 등을 포함하는 넓은 개념이다.

이러한 공공의 영조물내에서 영조물의 설치 또는 관리의 하자로 인하여 사고가 발생하여 손해를 입은 사람은 국가배상법의 규정에 따라 국가에 손해배상을 청구할 수 있다. 이때 피해자는 일반 민사상의 손해배상제도와는 달리 공공의 영조물에 대한 관리자의 관리소홀을 주장, 입증할 필요까지는 없고, 영조물의 하자만 입증하면 손해배상을 받을 수 있다.

4 선택적 청구권의 문제

피해자는 국가·지방자치단체에 대해서만 배상을 청구할 수 있는 것인가 또는 국가·지방자치단체와 관리를 소홀히 한 불법공무원 개인의 양쪽에 대하여 선택적으로 청구할 수 있는 것인가에 관하여는 학자간에 견해가 갈리고 있다. 판례는 "공무원의 직무상 불법행위로 인하여 손해를 받은 사람은 국가 또는 공공단체를 상대로 손해배상을 청구할 수 있고, 이 경우에 공무원에게 고의 또는 중대한 과실이 있는 때에는 국가 또는 공공단체는 그 공무원에게 구상할 수 있을 뿐, 피해자가 공무원 개인을 상대로 손해배상을 청구할 수 없는 것이다"(대판 1994. 4. 12. 선고, 93 다 11807 판결)라고 판시하고 있다.

5 배상청구권의 소멸시효

공공의 영조물의 설치 및 관리의 하자로 인한 국가배상청구권의 소멸시효의 문제는 공무원의 위법한 직무집행행위로 인한 손해의 배상에 있어서와 같다. 즉 피해자나 그 법정대리인이 그 손해 및 가해자를 안 날로부터 3년간 이를 행사하지 아니하면 시효로 인하여 소멸한다(민법 제766조 제1항). 그리고 손해 및 가해자를 몰랐더라도 불법행위가 발생한 날로부처 10년을 경과하면 역시 시효로 소멸한다(민법 제766조 제2항).

6 배상심의회

배상심의회는 법무부에 본부심의회와 국방부에 특별심의회를 둔다.

1. 종류 및 구성

■ 본부심의회 및 지구심의회

본부심의회는 국가 또는 지방자치단체에 대한 배상신청사건을 관할한다(국가배상법 제10조).

본부심의회는 그 산하에 13개 지구심의회를 두고 있는 바, 본부심의회는 법무부차관을 위원장으로 하고 법무부소속 공무원과 법관·변호사·의사 중에서 법무부장관이 임명 또는 위촉하는 위원 6인으로 구성한다(국가배상법시행령 제7조 제1항).

지구심의회는 당해 고등검찰청 또는 지방검찰청 차장검사를 각각 위원장으로 하고 그 소속 공무원과 법관·의사 중에서 법무부장관이 임명 또는 위촉하는 위원 4인으로 구성한다(국가배상법시행령 제9조 제1항).

■ 특별심의회 및 특별지구심의회

특별심의회는 군인 또는 군무원이 타인에게 가한 손해에 대한 배상신청사건을 관할한다(국가배상법 제10조). 특별심의회는 그 산하에 19개 지구심의회를 두고 있는 바, 특별심의회 소속 지구심의회는 이 법 시행령이 정하는 각 군부대에 설치되어 있다.

특별심의회는 국방부차관을 위원장으로 하고 국방부 소속 공무원 및 군의관·법관·변호사 중에서 국방부장관이 임명 또는 위촉하는 위원 6인으로 구성하며(국가배상법시행령 제7조 제2항), 특별지구심의회는 당해 군부대 법무참모부서의 장 또는 영관급 이상의 장교를 위원장으로 하고 군법무관·군의관·법관 중에서 당해 군부대장이 임명 또는 위촉하는 위원 4인으로 구성한다(국가배상법시행령 제9조 제2장).

2. 관 할

■ 본부심의회 및 그 소속 지구심의회

본부심의회와 그 소속 지구심의회에서는 군인 또는 군무원이 타인에게 가한 손해를 제외한 모든 손해에 대한 배상결정을 담당하고 있다.

- **본부심의회** ; 관할구역은 전국적이며, 지구심의회의 심의결과 배상금의 개산액이 5천만원 이상인 사건과 피해자가 직업선수, 예능인, 임기의 정함이 있는 자 등의 사건으로서 지구심의회가 본부심의회에서 결정함이 타당하다고 인정한 사건 및 재심신청사건 등을 심의하여 배상결정한다(국가배상법시행령 제20조 1·2호).

- **지구심의회** : 관할구역은 당해 검찰청의 관할구역과 같으며, 배상원인 발생지 또는 신청인의 주소지·소재지가 관할구역 내인 사건에 대하여 관할권을 가진다. 따라서 사고 발생지가 관할구역 밖이라도 신청인의 주소지가 관할구역 내이면 관할권이 있다.

  지구심의회는 그 관할에 속하는 국가 또는 지방자치단체에 대한 배상금 지급신청사건을 심의·결정한다.

  지구심의회가 설치되어 있는 각 지방검찰청에 따른 각 지구배상심의회의 명칭은 다음과 같다(국가배상법시행령 별표 8).

본부배상심의회소속 지구배상심의회의 명칭

명 칭
서울지구배상심의회(02-530-3629)
인천지구배상심의회
수원지구배상심의회
춘천지구배상심의회
청주지구배상심의회
대전지구배상심의회
대구지구배상심의회
부산지구배상심의회
울산지구배상심의회
창원지구배상심의회
광주지구배상심의회
전주지구배상심의회
제주지구배상심의회

■ 특별심의회 및 특별지구심의회

국방부 특별심의회와 군특별지구심의회는 군인 또는 군무원이 타인에게 가한 손해의 배상결정을 담당하고 있는 바, 특별심의회와 그 소속 지구심의회간의 관할 구분은 본부심의회와 동일하며, 다만 특별지구심의회에서는 가해자인 군인이 당해 군소속인 경우에 한하여 관할한다. 단, 해군제주방어사령부 지구심의회는 가해자인 군인이 당해 군소속이 아닌 경우에도 이를 관할한다. 또한 군무원이 육·해·공군 소속이 아닌 다음의 경우에는 육군의 부대에 두는 지구심의회에서 관할한다(국가배상법시행령 제8조 제2·3·4항).

- 국방부 직할부대, 즉 기무사, 정보사, 의무사, 통신사 , 국방대학원, 국방정신교육원, 국방군수본부, 특명검열단, 국방부조사단, 체육부대, 서울지구병원 쓰리세븐부대, 국군과학수사연구소, 국방부 군사법원 등에 소속하는 군무원
- 합참본부에 소속하는 군무원 : 군 지구배상심의회의 명칭 및 관할구역은 다음과 같다(국가배상법시행령 별표 9).

특별배상심의회소속 지구배상심의회의 명칭 및 관할구역

명 칭	관 할 구 역
육군본부지구배상심의회	대전직할시 및 충청남도 일원
해군본부지구배상심의회	제주도를 제외한 전국 일원
공군본부지구배상심의회	제주도를 제외한 전국 일원
육군 제1군사령부지구배상심의회	강원도 중 군단지구배상심의회의 관할구역을 제외한 전지역
육군 제2군사령부지구배상심의회	대구직할시 및 경상북도 중 군단지구배상심의회의 관할구역을 제외한 전지역
육군 제3군사령부지구배상심의회	경기도 중 군단지구배상심의회의 관할구역을 제외한 전지역
육군군수사령부지구배상심의회	부산직할시 및 경상남도 일원
육군수도방위사령부지구배상심의회	서울특별시 일원
육군수도군단사령부지구배상심의회	인천직할시, 안양시, 광명시, 부천시, 과천시, 안산시, 의왕시, 군포시, 시흥시, 강화군, 김포군, 옹진군

명 칭	관 할 구 역
육군 제1군단사령부지구배상심의회	육군 제1군단 관할구역
육군 제2군단사령부지구배상심의회	육군 제2군단 관할구역
육군 제3군단사령부지구배상심의회	육군 제3군단 관할구역
육군 제5군단사령부지구배상심의회	육군 제5군단 관할구역
육군 제6군단사령부지구배상심의회	육군 제6군단 관할구역
육군 제8군단사령부지구배상심의회	육군 제8군단 관할구역
육군 제9군단사령부지구배상심의회	전라북도 일원
육군 제31군단사령부지구배상심의회	광주직할시 및 전라남도 일원
육군 제37군단사령부지구배상심의회	충청북도 일원
해군제주방어사령부지구배상심의회	제주도 일원

■ 배상금지급신청

배상금의 지급을 받고자 하는 자는 그 주소지·소재지 또는 배상원인 발생지를 관할하는 지구심의회에 배상금 지급신청을 하여야 한다(국가배상법 제12조 제1항).

배상신청서에는 신청인의 성명·본적·주소·생년월일 및 직업, 신청의 취지와 이유, 신청연월일을 기재하고 서명날인한 후 주민등록등본 1통과 신청이유를 소명할 수 있는 증거자료를 첨부하여야 한다(국가배상법시행령 제17조 제1·2항).

문의처 : 법무부 송무과 전화 503-7041
서울지구배상심의회 : 전화 530-3628~9
(서초동 1724 서울지방검찰청 111호내)
국방부특별배상심의회 : 전화 748-6835
육군수도방위사령부 지구배상심의회 : 전화 524-1519

※ 피해자 사망시의 국가배상 신청서류

- 배상금지급신청서 2부(소정양식)
- 주민등록표 등본(법인은 법인등기부등본)
- 인감증명서(변호사는 변협에 등록된 인감증명서)
- 호적(제적)등본
- 사망진단서(또는 사체검안서)
- 진료비 명세서 및 납입영수증(치료 중 사망한 경우)
- 재직증명서 및 월수입증명(3개월분의 납세실적증명서 등)
- 장례비용 증명서
- 합의서 사본(합의시)

※ 피해자 부상시의 국가배상 신청서류

위 1, 2, 3 서류 외에

- 진단서
- 진료비명세서 및 납입증명서
- 재직증명서 및 월수입증명서
- 합의서(합의시)

※ 차량파손시 국가배상 신청서류

위 1, 2, 3 서류 외에

- 자동차등록원부 등본

- 수리비 견적서 및 수리비 확인서
- 차량운행 휴업계 및 일일수입증명서
- 자동차보험 가입증명서
- 피해부분 사진(2매 이상)
- 합의서(합의시)

7 소송에 의한 국가배상

국가배상심의회의 결정에 대하여 불복이 있는 자가 법이 정한 기간 내에 법원에 소송을 제기할 경우에는 민사소송법의 정하는 바에 따라 민사소송에 의하여야 한다. 다만, 특별절차로서 행정소송절차(행정소송법 제7조, 제10조)도 가능하다.

이때 피해자가 법원에 소송을 제기하기 위해서는 국가배상심의회에 배상금 지급신청 후 3개월이 경과하여도 결정을 하지 않았어야 한다.

소를 통하여 국가배상을 할 때의 피고는 국가가 되며, 서울의 경우 주소는「서울시 서초구 서초동 1724 서울고등검찰청」,「위 법률상 대표자 법무부장관 최경원」으로 표시해야 한다. 그리고 접수처는 행정법원이 아니고 서울지방법원이다. 청구취지 및 청구원인은 일반적인 소장 작성 방법에 준한다.

> 2001년도부터는 국가배상법의 개정시행으로 피해자는 국가배상심의회를 거치지 않고 곧바로 지방법원에 해당기관을 피고로 하여 손해배상의 소송을 제기할 수 있다(국가배상법 제9조).

사례 1

배상금지급신청서

국가배상법 제2조의 규정에 의거 아래와 같이 배상금 지급을 신청합니다.

<table>
<tr><td>신 청 인</td><td colspan="4">성명 : 구 홍 부 ㊞ 주민등록번호 : 550110-1229416
본적 : 서울 직업 : 사업 구상
주소 : 서울 송파구 ○○동 20 ○○A22동104호, 013-239-5339
생년월일 : 55. 1. 10 피해자와 관계 : 본인</td></tr>
<tr><td>피 해 자</td><td colspan="4">성명 : 구 홍 부 주민등록번호 : 540110-1229416
본적 : 서울 직업 : 사업 구상
주소 : 서울 송파구 ○○동 20 ○○A22동104호, 013-239-5339
생년월일 : 55. 1. 10 기왕의 신체장애 : 없음</td></tr>
<tr><td>사고 개요</td><td colspan="4">발생일시 : 200. 7월경
발생장소 : 서울시 ○○구 ○○동 ○○, 국군K부대 내
가해자 소속 : 국군K부대 기획관리실
가해자 성명 : 준장 권○○, 대령 이○○, 중령 이○○,
준위 김○○, 상사 오○○
가해(사고)내용 :
위 가해자들은 비합법적인 방법에 의하여 신청인의 사직서를 가해자들이 작성하여 결재를 올리는 등으로 본인이 원하는 사직일보다 13개월 먼저 사직이 처리됨. 신청인은 사직서를 작성 및 제출한 바가 없습니다.</td></tr>
<tr><td>신 청 액</td><td colspan="4">요 양 비 : 원, 장 례 비 : 원
휴업배상 : 원, 위 자 료 : 원
장해배상 : 원 재산손해 : 원
유족배상 : 원 기 타 : 원 총계 : 43,752,150원</td></tr>
<tr><td rowspan="2">위 사고관련 이미 받은 돈</td><td>내 역</td><td>금 액</td><td>지급일자</td><td>지 급 자</td></tr>
<tr><td></td><td></td><td></td><td></td></tr>
<tr><td rowspan="2">사전지급 신청액</td><td>내 역</td><td colspan="2">금 액</td><td>사 유</td></tr>
<tr><td></td><td colspan="2"></td><td></td></tr>
<tr><td>구비서류</td><td colspan="3">첨 부</td><td>수수료
없 음</td></tr>
</table>

국방부특별배상심의회 귀중

<신 청 취 지>

1. 국가는 공무원의 불법행위에 의하여 손해가 발생한 신청인 구홍부에게 금43,752,150원을 배상하라.
   라는 결정을 구합니다.

<신 청 원 인>

1. 신분관계

가. 신청인은 국군 K부대 하사관(원사)로 근무하던 중 앞의 불법자들에 의하여 2000. 8. 31 사직처리되었으며,

나. 사고 당시 가해자 준장 권○○는 국군 K부대 기획관리실장이었고, 대령 이○○는 당시 기획관리실 2인자인 차장이었으며, 중령 이○○은 기획관리실 인사과장, 준위 김○○와 상사 오○○는 인사과원이었습니다.

2. 가해자의 업무상 불법행위와 손해배상 책임

가. 신청인은 2000. 4월 개인 사정으로 전역을 신청하게 되었고, 같은 해 5월 국군 K부대장은 신청인과 관련하여 육군본부에 직업보도교육을 신청 및 통보하게 되었습니다

나. 신청인은 2000. 10. 1에서 2001. 9. 30까지 직업보도교육에 들어가는 것으로 결정이 된 상태였으며, 신청인 본인이 인사과 실무자 준위 김○○, 상사 강○○ 및 육군본부에 전화로 확인하여 그렇게 결정된 것으로 확인을 하였습니다.

다. 그 후 2000. 7.에 퇴근시간 무렵에 국군 K부대 인사과 근무 상사 강○○는 우연히 서울 송파구 ○○동 소재 국군 K부대 관

사 주변에서 신청인을 만나게 되어 부대원 근무활성화(보직이동)와 관련하여 설명을 하면서 부대 장기 근무를 하도록 종용하였습니다.

라. 그 때 신청인은 생각해보겠다고 말하고는 헤어졌습니다.

마. 그 후 신청인의 뜻과 무관하게 신청인은 2000. 7. 22.에 국군 K부대 지방부대로 발령이 났다는 사실을 알게 되었습니다. 신청인은 처음부터 충분히 생각하여 전역 전 직업보도교육을 신청했는데 그후 인사과에서 생각해 주는 척 하면서 재차 근무를 시키고, 또한 전방으로 명령을 내는데 무척 불만스러웠습니다.

그래서 신청인은 처음부터 신청인이 원한 일들이 아니라고 강력하게 항의하였습니다. 그러자 인사과 준위 남○○는 사직서를 작성해 달라고 하였습니다.

신청인은 계속하여 강력히 항의하자 인사과에서는 사직서를 인사과 자체에서 작성하고 임의대로 인장을 도용하여 찍어 결재를 올렸던 것입니다.

그로 하여금 신청인은 예정보다 13개월 앞인 2000. 8. 31 전역을 하게 되었습니다.

3. 손해발생의 범위

가. 일실수익

신청인에게 2000. 7. 22경 인사과에 의하여 사직서가 불법으로 작성되지 않았다면 예정된 직업보도교육에 따라 2001. 9. 30 전역이 되었을 것입니다. 그러나 인사과의 감정적이고 불법적인 사직서 처리에 따라 신청인은 13개월 앞인 2000. 8. 31에 전역하게 되었습니다.

나. 신청인은 매월 3,365,550원의 급여를 받았습니다.

따라서 매월 급여에 13개월을 곱하면 43,752,150원이 됩니다.

신청인은 금 43,752,150원의 손해가 발생한 것입니다.

4. 결 론

가. 따라서 국가는 신청인에게 신청인으로 하여금 13개월이란 기간 동안 조기 전역시킨 책임이 있으며,

나. 이에 금 43,752,150원의 배상책임을 청구하기에 이르렀습니다.

<입 증 자 료>

1. 갑제 1호증 ·············· 주민등록등본
1. 갑제 2호증 ·············· 전역증서
1. 갑제 3호증 ·············· 급여증명서

2001. 4.

위 신청인 구 흥 부 ㉤

국방부 특별배상심의회 귀중

사례 2

배상금지급신청서

국가배상법 제2조의 규정에 의거 아래와 같이 배상금 지급을 신청합니다.

<table>
<tr><td>신 청 인</td><td colspan="4">성명 : 구 홍 부 ㊞ 주민등록번호 : 280709-1279410
본적 : 강원도 속초시 ○○동 767 직업 : 무직
주소 : 강원도 속초시 ○○동 768 주공(A) 6동 303호
전화 : 013-632-2275 생년월일 : 24. 7. 9
피해자와 관계 : 본인</td></tr>
<tr><td>피 해 자</td><td colspan="4">성명 : 구 홍 부 주민등록번호 : 240709-1279410
본적 : 강원도 속초시 ○○동 767 직업 : 무직
주소 : 강원도 속초시 ○○동 768 주공(A) 6동 303호
전화 : 013-632-2275 생년월일 : 24. 7. 9</td></tr>
<tr><td>사고 개요</td><td colspan="4">발생일시 : 1953. 9. 18 23시경
발생장소 : 강원도 고성군 ○○ 봉수리
가해자 소속 : 국군○○사령부, 가해자 성명 : 성명미상
가해(사고)내용 :
북한괴뢰군 매설 지뢰 폭발로 인하여 부상</td></tr>
<tr><td>신 청 액</td><td colspan="4">요 양 비 : 원 장 례 비 : 원
휴업배상 : 원 위 자 료 : 5,000만원
장해배상 : 원 재산손해 : 원
유족배상 : 원 기 타 : 2억38,481,839원
총 계 : 2억88,481,839원</td></tr>
<tr><td rowspan="2">위 사고관련 이미 받은 돈</td><td>내 역</td><td>금 액</td><td>지급일자</td><td>지 급 자</td></tr>
<tr><td></td><td></td><td></td><td></td></tr>
<tr><td rowspan="2">사전지급 신 청 액</td><td>내 역</td><td>금 액</td><td colspan="2">사 유</td></tr>
<tr><td></td><td></td><td colspan="2"></td></tr>
<tr><td rowspan="2">구비서류</td><td colspan="3" rowspan="2">첨 부</td><td>수수료</td></tr>
<tr><td>없 음</td></tr>
</table>

국방부특별배상심의회 귀중

<신 청 취 지>

1. 국가는 공무원의 불법행위에 의하여 손해가 발생한 신청인 구홍부에게 2억88,481,839원을 배상하라.
   라는 결정을 구합니다.

<신 청 원 인>

1. 신청인이 부상을 입게 된 사건개황

가. 신청인은 1951. 3. 16 육군 제K부대에 자원입대하여 1951. 3. 25일 100여명의 ○○대원들과 같이 묵호에서 선박으로 적 후방 원산 앞바다 여도섬에 상륙하여 ○○부대인 제K부대장의 지시에 따라 미7함대가 지휘하는 유엔 참전연합군함대, 구추함 지원으로 함경북도 길주, 명천 앞바다 양도섬을 발견하고 신청인이 지휘한 무장 ○○대원 40여명이 양도섬을 상륙하여 사수 주둔한 바가 있습니다.

나. 연합군 미, 영, 캐나다, 호주, 한국 구축함에 승선 무장○○을 인솔지휘하여 적후방 적 진지를 파악하기 위하여 70여차례 위험한 납치 특수무장공작으로 ○○활동을 전개하였습니다.

다. 주요 정보들을 수집하여 미 7함대에 제공함에 따라 적의 후방 교란작전에 결정적인 전과를 달성하는데 큰 역할을 하였습니다.

라. 1952년 무장대를 인솔한 윤○○ 무장대장과 신청인이 인솔한 무장대는 지구대장의 명령에 의하여 상호간 교체하게 되었습니다.

   신청인은 대원들을 인솔, 영홍만 원산 앞바다 웅도섬에 주둔하였습니다.

마. 1952년 ○○활동 중 가장 대표적인 업무성과는 함경남도 홍원군 방진해안에서 야간에 상륙 잠복하여 함흥 오로리에 귀대하는 독

립 대대장 북괴 중좌 김○○을 생포하고 적의 중요한 작전문서를 노획한바 있습니다.

바. 1953. 7. 27. 휴전으로 섬에서 철수하여 지구대본부 청간에 귀대하였습니다.

제2지대인 고성군 제진에서 1953. 9. 18 ○○임무차 적지인 고성군 남강 봉수리에 상륙하게 되었습니다.

적 정치보위부 장교 2명을 납치하기 위하여 공작 중 적이 매설한 지뢰를 밟아 전상을 당하였습니다.

2. 신청인이 전공상을 발급받은 경위

가. 1953. 10. 20. 강릉 59육군 병원에서 퇴원시 현역이 아니다는 이유로 상이 기장을 받지 못하고 퇴원증만을 받음(갑제 호증). 퇴원 후 첩보부대 3.6지구 대장 중령 김○○으로부터 전상증명서를 발급받음.

1969년 국방장관 지시에 따라 속초시 경찰서 ○○파출소 경찰관의 전상 경위조서를 받고 같이 적지침투 임무수행하던 장○○, 전○○ 전우의 인우증명서를 받았습니다.

나. 1970. 3. 3. 신체검사 결과 등외 판정서 받음(갑제 8호증).

1969. 6. 25. 국방부 문서 연원 1871-2685호 전공상 확인계획에 의하여 서울 수도육군병원에서 수검하여, 국방연원 125-2807호(1965. 7. 2) 상이군경 등록안내 문서에 의하여 접수증을 발급 받은 바 있습니다.

국방장관으로부터 1969. 7. 22. 전공상 확인서를 받아서 1970. 3. 3. 서울지방원호청 강릉지청으로부터 신체검사 등외 판정서를 받았습니다.

다. 그 당시 신체검사 상이부위는 1급, 2급, 3급, 4급만이 등내로 기

준을 삼았습니다

라. 신청인은 2000. 7. 15. 국가보훈처장으로부터 6급판정을 받아 국가유공자가 되었습니다(갑제 13호증).

3. 국가배상 책임근거

가. 신청인은 20대의 젊은 청춘과 그 후 50평생을 불구의 몸으로 살아가고 있습니다.

국가의 지시를 받아 죽음을 각오하고 적의 소굴에 뛰어들어 오직 국가를 위하여 자유주의 체제를 보존하겠다는 충성심에서 근무하다가 신청인은 북한 괴뢰군이 매설한 지뢰를 밟아 불구자가 되었습니다(갑제 15호증 1-3, 진단서).

나. 현역이 아니라는 이유로 계속 기각되었습니다.

다. 그 책임은 전적으로 국가에 있습니다.

라. 부상회복 후 부대에 복귀하여 첩보원을 양성하는 설악대 근무 1957. 12. 23일까지.

4. 국가배상의 범위

(1) 일실수익

가. 신청인은 1953. 9. 18. 적의 지뢰폭발로 노동능력을 잃어 생산활동에 종사할 수 없었습니다.

나. 1953. 9. 18에서 국가유공자증이 나온 2000. 7. 15까지 562개월, 즉 16,860일(=562개월×30일)이 됩니다.

여기서 보통인부의 경우 30일이 아닌 22일정도만 노동에 종사 할 수 있다 할 것입니다.

그렇다면 노동이 가능한 총일자는 12,364일(=562개월×22일)이 됩니다.

다. 사고당시 국가가 인정하는 도시일용 보통인부의 노임은 물가 등을 고려할 때 지금과 같다고 할 수 있을 것입니다.

노협조사 월보 2000년 12월호상 보통인부 1일 노임단가는 37,483원입니다.

라. 총수익을 계산하면 노임단가 37,483원×12,364일=463,439,812원이 됩니다.

여기서 신청인이 생계비로 지출한 30%는 제외해야 함으로 다시 계산하면 463,439,812원×70%=324,407,868원이 됩니다.

따라서 일식수익은 324,407,868원입니다.

마. 제2의 계산법으로 호프만식 계산을 할 경우

562개월에 대한 호프만 수치는 289,202,666,635입니다. 계산하면 1일 노임단가는 37,483원×22일×호프만수치 289,202=238,481,839원입니다.

사. 여기서 청구인은 2개 계산법중에서 일실수익이 작은 호프만식에 의한 2억 38,481,839원을 일실수익으로 청구코자 합니다.

(2) 위 자 료

50년 가까운 인생의 전부를 희생당한 신청인 개인의 슬픔과 고통은 말할 것도 없고 이를 지켜보고 있는 자식 구○○, 구○○, 구○○ 등의 고통은 이루말할 수 없이 크다 할 것입니다.

이에 신청인은 위자료로 자식들의 청구는 제외하고 신청인 본인의 위자료 5,000만원만 청구하고자 합니다.

5. 결 론

결론적으로 신청인은 일실수익 2억38,481,839원과 위자료 5,000만원을 합한 2억88,481,839원을 국가배상으로 청구합니다.

<입 증 자 료>

1. 갑제 1호증 ……………… 주민등록등본
1. 갑제 2호증 ……………… 호적등본
1. 갑제 3호증 ……………… 귀향증
1. 갑제 4호증 ……………… 신체검사통지서
1. 갑제 5호증 ……………… 상이군경등록 안내
1. 갑제 6호증 ……………… 전공상자 확인
1. 갑제 7호증 ……………… 상이분류신체검사 결과통보
1. 갑제 8호증 ……………… 신체검사결과통지서
1. 갑제 9호증1-2 ………… 각 편지(전○○ → 보훈지청장)
1. 갑제 10호증 ……………… 전공상 접수통보
1. 갑제 11호증 ……………… 민원회신
1. 갑제 12호증 ……………… 전공확인신청서
1. 갑제 13호증 ……………… 국가유공자증
1. 갑제 14호증 ……………… 주민등록증 사본
1. 갑제 15호증1-3 ………… 각 진단서
1. 갑제 16호증1-3 ………… 각 사진
1. 갑제 17호증1-2 ………… 각 신문

2001.

위 신청인 구 홍 부 ㉧

국방부특별배상심의회 귀중

사례 3

(별지 제8-1호 서식)

<table>
<tr><td colspan="5">배상금지급신청서
(국가배상)</td></tr>
<tr><td colspan="5">창원지구 배상심의회 위원장 귀하
국가배상법 제12조의 규정에 의하여 아래와 같이 배상금 지급을 신청합니다.</td></tr>
<tr><td>신 청 인
(2인 이상 일 때에는 별지 제8-2호 서식 (신청인 표시)에 기재함)</td><td colspan="4">성명 : 구 홍 부 ㊞ 주민등록번호 521230-1892616
주 소 : 창원시 ○동 452-14 ○○아파트 직 업 : 회사원
생년월일 1952. 12. 30 전화번호 : 264-2122
패해자와의 관계 : 부
대리인 성 명 / 주 소 신청연월일 1999. 6. 2</td></tr>
<tr><td>피 해 자</td><td colspan="4">성 명 주민등록번호
주 소 별지와 같음 ① 직 업
성 명
생년월일 기왕의 신체장해</td></tr>
<tr><td>상 고 개 요
(상세한 것은 별지에 기재함.)</td><td colspan="4">발생일시
발생장소 별지와 같음 ②
가해자소속 성 명
사고내용</td></tr>
<tr><td>신 청 액</td><td colspan="4">요양비 원 장 례 비 4,000,000원
휴업배상 원 위 자 료 20,000,000원
장해배상 원 재산손해 원
유족배상110,918,786원 기 타 원 계 134,918,786원</td></tr>
<tr><td rowspan="2">위 사고와 관련하여 이미 지급받은 금액</td><td>내 역</td><td>금 액</td><td>지급일자</td><td>지 급 자</td></tr>
<tr><td></td><td></td><td></td><td></td></tr>
<tr><td rowspan="2">사전지급신청액</td><td>내 역</td><td>금 액</td><td colspan="2">사 유</td></tr>
<tr><td></td><td></td><td colspan="2"></td></tr>
<tr><td>구 비 서 류
(뒷면을 참조)</td><td colspan="4">수수료
없 음</td></tr>
</table>

2302-3B 297㎜×210㎜(인쇄용지(특급) 70g/㎡)

1980. 2. 15. 승인

【별지 1】 피 해 자

1. 성　　　명 : 구 ○ ○
   생 년 월 일 : 1978. 7. 16
   주민등록번호 : 784216-1892612
   주　　　소 : 마산시 회원구 ○○○동 241-24 (17/3)
   직　　　업 : 학 생
   기왕의 신체장해 : 없 음

2. 성　　　명 : 구 ○ ○
   생 년 월 일 : 1981. 7. 22.
   주민등록번호 : 814522-2892619
   주　　　소 : 마산시 회원구 ○○○동 237-17
   직　　　업 : 학 생
   기왕의 신체장해 : 없 음

【별지 2】 사 고 개 요

1. 구 ○ ○
   발생일시 : 1997. 3. 23. 22:30분경
   발생장소 : 마산시 합포구 진동면 신기리 644번지 소재 답
   가해자 성명 및 소속 : ○○○
   사고내용 : 위 ○○○는 1997. 3. 23. 19:30분경 자신의 소유 경남 1러 ○○○○호 승용차로 시내 산호 2동에서 구○○을 유인 납치하여 마산시 합포구 진동면 신기리 644번지 소재 답으로 데려가 자신과 내연의 관계인 박○○ 38세의 소재를 물었으나 알면서도 가리쳐 주지 않는다는 이유로 동일 22:30분경 나

일론 줄을 구○○의 목에 걸고 잡아당겨 구○○을 살해하고 사체를 그곳에 암매장 한 것임.

2. 구 ○ ○

발생일시 : 1997. 11. 20. 21:50분경

발생장소 : 경남 의령군 ○○리 ○○부락 앞 남강변

가해자 성명 및 소속 : ○ ○ ○

사고내용 : 위 ○○○는 자신과 내연의 관계인 박○○ 38세의 소재를 찾기 위해 위 구○○을 1997. 11. 20. 18:30분경 마산시 회원구 석전동 소재 석전초등학교 앞에서 경남 5너 ○○○○호 승합차로 납치하여 위 발생장소로 데려가 나일론줄로 목을 감아 당겨서 살해하고 사체를 그곳에 암매장한 것임.

<신 청 취 지>

피신청인은 신청인에게 금134,918,786원 및 이에 대하여 1997. 11. 20.부터 다 갚을 때까지 연5푼의 비율에 의한 금원을 지급하라.
라는 결정을 구함.

<신 청 원 인>

1. 손해배상 책임의 발생

1) 사고경위

가. 신청인은 경남 창원시 ○동 452번지 14호(1/4) ○○아파트 20-109호에 거주하는 자로서 슬하에 1남1녀(○○, ○○)를 두고 있었는데 신청인의 자녀들인 구○○과 구○○은 1999. 3. 23 같은 해 11. 20 신청 외 전○○로부터 살해당하는 사고가 발생하였습니다.

나. 신청 외 J○○하는 내연의 관계에 있던 신청인의 처이자 피해자 망 구○○, 망 구○○의 모 박○○이 자신에게 빚보증을 세우게 한 후 돈을 차용하고는 연락을 두절하자 위 박○○의 행방을 수소문하게 되었고 1997. 3. 20 경 위 망 구○○에게 접근하여 위 박○○의 연락처를 대라고 하며 바른대로 말하지 않으면 죽여 버리겠다고 하여 자신의 차 트렁크 속에 가지고 다니던 노끈으로 묶으려고 하는 등 위협을 하므로 간신히 피해 도망을 하였던 것입니다.

한편 위 J○○의 위협을 벗어나 집으로 귀가한 피해자 망 구○○은 위 사실을 신청인에게 이야기하면서 "J○○ 때문에 불안해서 못살겠다." "만약 내가 없어지면 J○○에게 죽은 줄로 알아라."하였고 신청인은 위 망인에게 각별히 조심하고 될 수 있으면 일찍 귀가를 하라고 하였습니다.

다. 그런데 1997. 3. 23 학교에 간 피해자 망 구○○이 저녁까지 귀가를 하지 않아 신청인은 앞서 위 망인으로부터 들은 이야기가 있었고, 특별히 연락이 없었으므로 망인의 친구들이나 주위 사람들에게 연락을 취해 보았으나 아무도 모른다고 하므로 신청인은 아무래도 위 J○○가 납치한 것으로 판단되어 위 당일 19:00경 관할 파출소인 마산시 회원구 ○○ 2동 파출소에 가서 위 1항 사실을 이야기하고 신청 외 J○○의 행방을 추적해 줄 것을 요청하였습니다.

라. 신청인의 요청에 관할파출소에서는 "어린 아이도 아닌데 뭘 그렇게 신경을 쓰느냐" 오히려 신청인을 나무라며 신청인의 요청을 거절하여 신청인은 "나에게 연락도 없이 가출할 이유가 없다. 제발 내 이야기를 귀담아 들어 주기 바란다." 애원을 하다시피 하였으나 역시 거절을 하여 집으로 돌아왔는데 다음 날까지도 피해자 망 구○○이 연락도 없이 귀가를 하지 않으므로 틀림없이 위 J○○로부터 납치되었으리라고 단정을 짓고 1997. 3. 24. 07:00경 위 파출소와 ○○경찰서로 찾아가 J○○가 납치를 한 것 같으니 위 J○○의 행방을 추적해 달라고 수사 요청을 하였으나 역시 거절하였고 다시 같은 달 26. 07:00 및 같은 달 28. 07:00, 같은 달 30. 07:00 같은 해 4. 3. 08:00, 같은 달 6. 07:00, 같은 달 8. 08:00, 같은 달 10. 08:00 계속하여 여러 곳을 수소문하는 한편 이들의 사진을 들고 다니며 J○○의 행방에 대하여 수사 요청을 하였으나 단순한 가출로 인정하면서 접수조차도 파출소와 경찰서에서 서로 미루며 받아주지 아니 하였던 것입니다.

마. 한편 신청인은 위 사건이 있기 이전인 1996. 10. 경 처 박○○가

실종되어 행방이 없자 역시 위 파출소와 ○○경찰서에 신고를 하였으나 서로 접수를 미루기만 할 뿐 신고를 받아주지 않아 결국 주민등록말소만 한 사실이 있습니다.

바. 신청인은 신청 외 망 구○○이 실종된 후 몇 개월이나 행방을 수소문하여 보았으나 도저히 찾을 길이 없었는데 1997. 11. 20. 또 다시 딸인 신청 외 망 구○○이 실종이 되는 사건이 발생하였고 이에 신청인이 또 다시 신고를 하게 되었는데 그때서야 관할경찰서에서 수사에 착수를 하여 하루만인 같은 달 21. 범인인 신청 외 J○○를 검거하여 신청인의 자녀들을 살해한 사실을 확인하게 되었던 것입니다.

사. ○○ 2파출소 및 ○○경찰서는 신청인의 가출 신고 이유에 대하여 조금만 성의를 기울였더라도 범죄에 의한 피해자로 예상하고 즉시 수사에 착수하여 J○○를 검거하여 미연에 위와같은 범죄를 예방할 수 있었을 것인데도 신청인의 수사요구에 계속 묵살을 해오다 신청인의 딸인 신청 외 망 구○○이 실종된 후 신고를 받고 그때서야 뒤늦게 관할 파출소 및 경찰서에는 수사에 착수하여 처음부터 신청인이 위험 인물로 범인임을 지적하였던 위 J○○를 검거하였는 바, J○○는 신청인이 ○○ 2파출소에 처음 신고를 하였을 때인 1997. 3. 23 19:30분경 위 J○○는 신청 외 구○○을 마산시 합포구 산호동 시내에서 납치하여 자신의 소유 경남 1러 ○○○○호 승용차에 태워 돌아다니다 같은 날 22:30분경 마산시 합포구 진동면 신기리 644번지 소재에 데리고가 나일론 끈으로 위 구○○의 목을 졸라 살해한 후 그곳에 암매장하고, 신청 외 망 구○○은 1997. 11. 20. 18:30분경 마산시 합포구 석전동 소재 석전초등학교 앞에서 경

남 5너 ○○○○호 승합차로 납치하여 경남 의령군 정곡면 두호부락앞 남강변으로 데려가 나일론줄로 목을 감아 살해하고 암매장을 하였던 사실을 알게 되었는 바, 관할 파출소 및 경찰서에서는 처음부터 신청인의 신고를 받고 즉시 수사에 착수를 하였더라면 이러한 사고를 미연에 방지할 수 있었을 것인데 신청인의 수차에 걸친 수사 요구에도 계속 묵살을 하는 바람에 이건과 같은 피해가 발생된 것입니다.

2) 책임근거

경찰은 범죄의 예방·진압 및 수사와 함께 국민의 생명·신체 및 재산의 보호등과 기타 공공의 안녕과 질서유지를 직무로 하고 있고 그 직무의 원활한 수행을 위하여 법령에 의하여 여러 가지 권한이 부여되어 있으므로 구체적인 직무를 수행하는 경찰관으로서는 범죄수사 뿐만 아니라 범죄의 예방 및 공공의 안녕과 질서유지를 위하여도 제반 상황에 대응하여 자신에게 부여된 여러 권한을 적절하게 행사하여 필요한 조치를 취하여야 함에도 신청인이 신청 외 망 구○○이 실종된 후 신청 외 J○○가 의심스럽다며 ○○2동 파출소와 ○○경찰서에 수차에 걸쳐 수사요구를 하였으나 신고를 받은 당해 위 파출소와 경찰서에서는 단순가출로 간주하고 신고 자체마저 접수를 받지 아니하였는바, 위와 같은 구체적인 상황하에서 경찰관의 위와 같은 직무불행사는 법령에 위반하는 행위에 해당되어 국가배상법상의 배상 요건이 충족된다고 할 것이며, 국가는 이로 인하여 피해를 입은 자에 대하여 국가배상책임이 있다 할 것입니다.

2. 손해배상의 범위

1) 신청인의 손해

가. 신청 외 망 구○○의 손해

(가) 일실수입

성　　별 : 남자

생년월일 : 1978. 7. 16.생

연　　령 : 사고당시 19세 1개월

기대여명 : 49.52년

(나) 가동능력에 대한 금전적인 평가 : 신청 외 망 구○○은 1978. 7. 16. 생으로 이건 사고당시 19세 1개월 남짓된 신체 건강한 남자로서 이 사고를 당하지 않았다면 특단의 사정이 없는 한 군복무를 마치는 22세 7개월부터 여명기간내인 60세에 도달할 때까지 도시일용 노동자로 일하면서 매월 금 750,156(금34,098원×22일) 이상 수입을 얻을 수 있었을 것임.

〔계산〕

[금750,156원×(240-37.7789)]×2/3=금101,131,580원

따라서 연5푼의 중간이자를 공제하는 호프만공식에 따라 현가를 구하면 금 101,131,580원이 됩니다(생계비 1/3 공제).

나. 신청 외 망 구○○의 손해

(가) 일실수입

성　　별 : 여자

생년월일 : 1981. 6. 22.생

연　　령 : 사고당시 16세 6개월
기대여명 : 60.41년

(나) 가동능력에 대한 금전적인 평가 : 신청 외 망 구○○는 1981. 6. 22.생으로 이건 사고당시 16세 6개월 남짓된 신체 건강한 여자로서 이 사고를 당하지 않았다면 특단의 사정이 없는 한 20세가 되는 날부터 여명기간내인 60세에 도달할 때까지 도시일용 노동자로 일하면서 매월 금750,156원(금34,098×22일) 이상수입을 얻을 수 있었을 것임.

〔계산〕

[금750,156원×(240-38.6299)]×2/3=금100,750,992원

따라서 연5푼의 중간이자를 공제하는 호프만공식에 따라 현가를 구하면 금100,705,992원이 됩니다(생계비 1/3공제).

2) 위자료

신청 외 망 구○○, 동 구○○은 한창 꽃다운 청년기의 나이에 자신들의 꿈도 펼쳐보지 못한 채 무고하게 이 사건으로 잔인하게 살해되었는바, 위 살해 동기나 과정 등을 참작할 때 본인들의 고통은 이루 말할 수 없는 고통이 따랐을 것으로 이를 금전으로나마 위자함에는 망인들에게 각 금10,000,000원이 상당하다 할 것이고 이를 지켜보는 신청인의 심정은 이루 형언할 수 없을 것인바, 신청인에게는 금20,000,000원의 위자료를 지급함이 상당하다 할 것입니다.

3) 장례비

신청인은 위 망인들의 장례비로 각 금2,000,000원씩을 소요하였습니다.

3. 상 속

위 망 구○○, 구○○의 손해배상금 221,837,572[(구○○ 일실수입 금101,131,580원+위자료 금10,000,000원)+(구○○ 일실수입 금100,705,992원+위자료 금10,000,000원)] 중 부(父)인 신청인과 모(母) 박○○이 1/2에 해당하는 금110,918,786원씩을 각 상속받았습니다.

4. 결 론

이상과 같이 피신청인은 신청인에게 금134,918,786원(상속분 금110,918,786+위자료 금20,000,000원+장례비 금4,000,000원)을 지급할 의무가 있다 할 것으로 이 사건 최종 사고일인 1997.11.20.부터 완제일까지 연5%의 비율에 의한 금원을 구하고자 본 신청에 이른 것입니다.

<첨 부 서 류>

1. 호적등본	1통
1. 주민등록등본	1통
1. 확인서	1통
1. 피해사실확인원	2통
1. 신문	2통
1. 월간거래가격표	1통
1. 한국인의 표준생명표	1통

1996. 6.

신청인 구 홍 부 ㊞

창원지구배상심의위원회 귀중

사례 4

배상금 지급신청서

국가배상법 제2조의 규정에 의거 아래와 같이 배상금 지급을 신청합니다.

<table>
<tr><td>신 청 인</td><td colspan="4">성명 : 구경태의 법정대리인 父 구흥부 ㉠ 주민등록번호 : 580015-1659721
본적 : 전남 영광군 ○○읍 상하리 280 직업 : 노동
주소 : 서울시 서대문구 ○○2동 64-97
연락처 : ○○○-7737 013-890-2209(父)
생년월일 : 87. 2. 5 피해자와의 관계 : 父</td></tr>
<tr><td>피 해 자</td><td colspan="4">성명 : 구경태 주민등록번호 : 870005-1823914
본적 : 전남 영광군 ○○읍 상하리 280 직업 : 중학2년
주소 : 서울시 서대문구 ○○2동 64-97 성별 : 남
생년월일 : 87.2.5 기왕의 신체장애 : 없음</td></tr>
<tr><td>사고 개요</td><td colspan="4">발생일시 : 2001.3 오후 2시경
발생장소 : 서울시 서대문구 ○○역 지하철(3호선)
가해자 소속 : 서울시 지하철 공사
가해자 성명 : (현 지하철 3호선 기관사)
가해(사고)내용 : 2001.3경 ○○역에서 ○○○역 방향의 지하철을 타려는 순간 아침과 점심을 먹지 못해 쇠약한 몸을 이기지 못하여 철길 밑으로 낙하하여 운행중인 3호선 지하철과 충돌하여 발가락 4개와 머리에 골절상을 입었습니다.</td></tr>
<tr><td>신 청 액</td><td colspan="4">요 양 비 : 약 300만원 장 례 비 : 원
휴업배상 : 원 위 자 료 : 28,215,000원
장해배상 : 50,564,887원 재산손해 : 원
유족배상 : 원 기 타 : 원 총계 : 93,689,887원</td></tr>
<tr><td rowspan="2">위 사고관련 이미 받은 돈</td><td>내 역</td><td>금 액</td><td>지급일자</td><td>지 급 자</td></tr>
<tr><td></td><td></td><td></td><td></td></tr>
<tr><td rowspan="2">사전지급 신청액</td><td>내 역</td><td colspan="2">금 액</td><td>사 유</td></tr>
<tr><td></td><td colspan="2"></td><td></td></tr>
<tr><td rowspan="2">구비서류</td><td colspan="3" rowspan="2">첨 부</td><td>수수료</td></tr>
<tr><td>없 음</td></tr>
</table>

서울지구배상심의회 귀중

[별지 제8-2호 서식]

신청인 표시표

1	주 소 : 서울시 서대문구 ○○2동 64-97, 전화 : 734-7737 성 명 : 구홍부 직 업 : 노동 1958년 8월 15생 피해자와의 관계 : 父
2	주 소 : 서울시 서대문구 ○○2동 64-97 성 명 : 구○○ 직 업 : 고1학년 년 월 생 피해자와의 관계 : 형
3	주 소 : 서울시 서대문구 ○○2동 64-97 성 명 : 유○○ 직 업 : 가사 년 월 생 피해자와의 관계 : 조모
4	주 소 : 성 명 : 직 업 : 년 월 생 피해자와의 관계 :
5	주 소 : 성 명 : 직 업 : 년 월 생 피해자와의 관계 :
6	주 소 : 성 명 : 직 업 : 년 월 생 피해자와의 관계 :
7	주 소 : 성 명 : 직 업 : 년 월 생 피해자와의 관계 :
8	주 소 : 성 명 : 직 업 : 년 월 생 피해자와의 관계 :

위 신청인 구경태는 미성년자이므로 법정대리인

2001. 10. 16 친권자 父 구 홍 부 ㉠

<신 청 취 지>

1. 국가는 공무원의 불법행위에 의하여 손해가 발생한 신청인 구홍부에게 93,689,887원을 배상하라.
   라는 결정을 구합니다.

<신 청 원 인>

1. 신분관계

가. 신청인은 피해자 구경태의 父이고, 구경태는 2001.3월 지하철역에서 사고를 당하여 부상을 입은 자이며,

나. 서울시는 지하철 3호선을 운행하는 총관리·감독 책임부서입니다.

2. 사고개요

가. 2001. 5. 피해자가 굶주린 상태에서 ○○○역에서 지하철을 타기 위해 승차하다

나. 발을 헛디디어 구파발에서 수서행으로 운행중인 지하철과 충돌하여 오른쪽 발의 제1족지를 제외한 4개 발가락 모두를 상실하였습니다(갑제 3호증, 갑제 6호증).

※ 국가배상법령 제2조상 신체장애등급은 10급이며, 노동력상실은 30%입니다.

3. 손해배상책임의 발생

가. 가해지하철 ○○○은 2001. 3 피해자를 충돌하여 사고를 발생하게 하였습니다(갑제 4호증, 교통사고확인원).

나. 위 사고로 피해자는 서대문구 소재 세란병원에서 2001. 3부터

2001.5월까지 아래 병명으로,

1) 골절

2) 염좌

3) 손가락 절단

등으로 입원치료를 받았습니다.

다. 피해자는 오른쪽 발의 엄지 외 모든 발가락(4개)이 절단된 상태이고, 동 사고로 피해자는 현재에도 심한 휴유증이 있는 상태이며, 노동력 상실 30%를 얻게 되었습니다.

라. 이 사건 사고 지하철차량은 지하철공사 소속이며, 지하철공사는 서울특별시 직할 기관이므로 서울특별시는 피해자가 입은 모든 손해를 직접 배상할 책임이 있다 할 것입니다.

4. 손해배상액의 범위

가. 피해자의 일실수익

피해자 구경태는 1987. 2. 5생의 신체 건강한 남자로서 이 사건 사고일인 2001. 3은 만 13세 11개월 남짓 되었습니다. 기대여명은 58.43세입니다.

2001년 하반기 건설업 임금실태조사보고서상 보통인부 일일노임단가는 38,932원입니다.

피해자 구경태는 사고일부터 60세가 될 때까지는 553개월이며 호프만 수치는 286.4958, 사고일부터 23세(군복무 3년포함)까지는 109개월이며 호프만수치는 89.7079이고 노동력 상실률은 30%입니다.

따라서 계산하면

38,932원×22일×30%×196,7879(286.4958−89.7079)=50,564,887원

나. 치료비

세란병원에서 입원비 원(갑제 5호증)을 피해자 父가 부담하였습니다.

다. 위자료

피해자 구경태는 이 사건 사고로 발가락이 절단되는 부상을 입어 피해자 본인은 말할 것도 없고, 앞서 본 가족 관계에 있는 피해자의 父, 祖母, 형의 정신적 고통은 이루 말할 수 없다 할 것입니다.

이 사건 사고경위, 부상의 정도, 가족관계 및 학생의 신분 등을 고려하면 서울특별시는 피해자 본인에게 금15,000,000원, 父 구홍부에게 7,500,000원, 형 구○○에게 3,750,000원, 祖母 1,875,000원의 위자료를 지급하여야 할 것입니다.

5. 결 론

그렇다면 서울특별시는 피해자 구경태에게 금65,564,887원(일시수익 50,564,887원＋치료비 원＋위자료 15,000,000원), 父 구홍부에게 7,500,000원, 형 구○○○에게 3,750,000원, 祖母 유○○에게 1,875,000원 등의 총금액은 93,689,887원을 지급하여야 할 것입니다.

<입 증 자 료>

1. 갑제 1호증 ………………… 주민등록등본
1. 갑제 2호증 ………………… 호적등본
1. 갑제 3호증 ………………… 진단서
1. 갑제 4호증 ………………… 교통사고 확인원

1. 갑제 5호증 .... 각 영수증
1. 갑제 6호증 .... 사진

2001. 10. 16

위 신청인 1. 구 경 태
2. 구 홍 부
3. 구 ○○
4. 유 ○○

(1.구경태, 3.구○○는 미성년자이므로 구홍부가 법정대리인)

서울지구배상심의회 귀중

제4장

가압류 · 가처분

1 보전절차의 필요성

채권 · 채무관계에서 채무자가 빚을 갚을 능력이 있으면서도 있는 재산을 전부 처분한 후 빚을 갚지 않으려고 하는 채무자가 있을 수 있다.

또한 주택을 매수하고 잔금까지 지불했는 데도 집을 판 사람이 다시 그 집을 다른 사람에게 판 후 도망가려고 하는 경우도 있을 수 있다.

이러한 경우 채권자가 소송을 제기하여 승소한 뒤에 그 판결의 확정을 기다려 집행을 하기까지는 많은 시간이 걸리게 되고, 그 사이에 채무자가 그가 가진 재산을 모두 처분하는 경우에는 채권자가 재판에 이기고도 집행을 하지 못하여 많은 손해를 입게 된다.

이와같이 채권자의 권리를 확보하기 위하여 재판확정 전에 채무자가 그의 재산을 처분하지 못하도록 임시로 채무자의 재산을 묶어두는 절차가 있는데 이를 가압류 · 가처분이라고 한다.

2 가압류 · 가처분

1. 가 압 류

가압류란 금전채권이나 장차 금전채권으로 될 수 있는 청구권에 관하여 후일의 강제집행을 보전하기 위한 임시조치로서, 민사소송법 제696조에 근거하고 있다.

2. 가 처 분

가처분이란 분쟁의 대상이 되고 있는 물건에 대하여 후일의 강제집행을 보전하기 위하여 임시로 행하는 처분을 가처분이라고 한다. 민사소송법 제714조에 근거하고 있다.

가압류 · 가처분은 종국적인 판결, 즉 승패가 날 때까지의 임시조치이므로 앞에 '가'자를 붙인 것이고, 채권자의 신청만을 가지고 법원이 단시일 내에 결정을 내리는 것이 보통이다.

대부분의 경우 가압류 · 가처분에 앞서 담보를 제공하게 하는데, 신청인은 법원의 허가를 받아 보증보험회사와 지급보증위탁계약을 체결한 문서를 담보로 제공할 수 있다.

3 가압류 · 가처분의 종류

1. 부동산 가압류

채무자의 특정부동산(토지 · 건물)을 함부로 처분할 수 없도록 가압류하여 두는 것을 말한다.

2. 유체동산 가압류

채무자의 유체동산(냉장고 · 텔레비젼 등)을 함부로 처분할 수 없도록 가압류하여 두는 것을 말한다.

3. 채권의 가압류

채무자가 다른 사람(제3자)으로부터 받을 돈을 받지 못하도록 채권을 가압류하여 두는 것을 말한다.

4. 부동산점유이전금지 가처분

채무자가 분쟁의 대상이 되고 있는 부동산의 점유를 다른 사람에게 이전하지 못하도록 하는 처분을 말한다.

5. 부동산처분금지 가처분

채무자가 분쟁의 대상이 되고 있는 부동산을 매매 · 양도하는 등의 처분을 하지 못하도록 하는 것을 말한다.

4 공무상 표시무효죄 (형법 제140조)

형법은 공무원이 그 직무에 관하여 실시한 강제처분을 보호하기 위하여 이를 침해하는 행위를 처벌하고 있다.

예를 들면 집행관이 가압류한 물건을 처분한 경우, 또는 물건에 붙여놓은 가압류표시가 기재된 종이 쪽지를 찢어버린 경우, 출입이 금지된 압류표지를 무시하고 토지에 들어가서 경작을 한 경우 등이 이에 해당된다. 또한 당구장을 압류하되 채무자로 하여금 현상을 유지하는 것을 조건으로 그 사용이 허용되었는데 채무자가 이를 무시하고 음식점으로 개조하여 사용하는 경우 등도 처벌을 받게 된다.

5 신청서 작성방법

가압류 신청서는 첨부 양식에 맞게 작성하여야 한다.

1. 신청서 명칭 작성

유체동산가압류신청, 부동산가압류신청, 채권가압류신청, 자동차가압류신청 등 여러 종류가 있다.

2. 당사자 표시방법

원고 · 피고라는 용어를 쓰지 않고, 채권자 · 채무자란 용어를 사용한다. 주소를 정확하게 기재하여야 하며, 주민등록번호, 전화번호 등을 기재하면 더욱 좋다. 특히, 채권자의 연락가능한 전화번호 또는 핸드폰번호를 기재하여야 접수 또는 서류상 흠결이 발생하였을 때 법원공무원으로부터 연락을 받을 수 있다.

제3채무자가 국가일 경우는「대한민국/위 법률상 대표자 법무부장관 최경원/(소관 : 공군본부)」등으로 표시하여야 한다.

제3채무자가 지방자치단체일 경우「서울특별시/ 시장 고건/(소관 : 서대문구청 홍제2동사무소)」,

제3채무자가 공립학교일 경우「서울특별시/ 대표자 교육감 홍길동/(소관 : 연희동 인호초등학교)」,

제3채무자가 사립학교일 경우「학교법인 영창학원/서울시 서대문구 홍호동 12번지/ 이사장 홍길동」등으로 표시하여야 한다.

3. 청구채권의 표시

금10,000,000원

(채권자가 2001. 10. 1 채무자에게 이자 월2%, 변제기일 2001. 12. 1로 약정하고 대여한 대여금 원금)

4. 가압류할 채권의 표시

별지목록 기재와 같음.

5. 신청취지의 기재방법

신청취지의 기재방법에 관해서는 그 형태가 다양하고 종류가 많아서 잘못하면 실수하기 쉽다.

첨부 양식에 따라 견본을 참고하여 작성하면 되지만, 견본에 없는 것은 전문가에게 상의하여야 한다.

별지 목록을 작성할 때에는 반드시 등기부등본을 보고 작성하여야 한다.

> 【예1】
> 채권자가 채무자에 대하여 위 청구채권의 집행을 보전하기 위하여 채무자 소유의 별지목록 기재부동산을 가압류한다.

6. 신청이유의 기재방법

판사가 하루에 읽고 판결을 내려야 할 사건은 신청인 1명뿐이 아니고, 수백건이 넘는다. 그 만큼 시간에 쫓기고 있는 것이다. 따라서 아주 짧고 확실한 내용이 포함되도록 작성하여야 한다.

- 피보전권리가 존재한다는 것(즉 청구채권의 존재)
- 가압류를 하여야 할 필요성
- 공탁금은 지급보증위탁계약체결문서로 갈음해 달라는 내용만 포함되면 된다.

채권자가 은행에 신용불량자일 경우는 공탁명령에 현금공탁을 하여야 한다.

7. 소명 방법 (입증자료)

차용증 등 피보전권리(청구권)와 관련된 증거자료는 필히 첨부하여야 한다.

주식회사등이 채무자일 경우에는 법인등기부등본도 제출하여야 한다. 그리고 소명에 필요한 서류중에서 계약서 · 영수증 · 차용증 등 재발급이 곤란한 것은 사본을 제출하지만, 법인등기부등본 · 건물등기부등본 · 주민등록등본 등 발급이 가능한 것은 그 원본자체를 제출하여야 한다.

6 접수 방법

부동산에 대한 가압류 및 가처분은 신청서를 작성하여 관할법원 민사신청과를 찾아가서 접수한다.

법원 안에는 종합접수실, 민사접수처, 가정법원접수처, 등 종류가 많으므로 법원입구에 있는 안내원(서울지방법원은 전화 530-1289)에게 「가압류신청서 접수하는 곳이 어디입니까」라고 문의하는 것도 좋다.

부동산 가압류신청시 인지는 2,500원을, 송달료는 15,000원(2,500×2명×3회분)을 납부하여야 한다. 그러나 수시로 변경되므로 전화를 해보는 것이 좋다. 그리고 등기가 된 건물이나, 토지 등에 대하여 가압류를 하고자 할 경우에는 완성된 가압류신청서 1부를 가지고 해당부동산이 있는 구청 및 군청 세무과에 가서 부동산을 가압류하겠다고 신고하고, 등록세를 납부하여야 한다.

그 납부증서를 가압류신청서 말미에 첨부하여야 법원에서 가압류신청서를 접수받는다. 급여나 전세보증금 등에 대한 가압류는 등록세를 납부하지 않는다.

7 담보제공

가압류 · 가처분 신청을 하고 나면 재판관의 공탁명령이 나온다. 공탁금은 부동산을 가압류할 때는 청구금액의 10% 정도이고, 채권을 가압류할 때에는 청구금액의 20% 정도를 공탁하여야 한다. 그러나 공탁금이 많으므로 보험처리를 하고 있다.

보험은 공탁금의 0.0075(0.75%)이다.

8 등록세 · 교육세 납부

신청서가 작성되면 신청서 1부를 가지고 해당구청(군청) 세무1과에 가서 등록세 · 교육세를 납부하여야 한다. 채권 · 동산가압류, 가처분신청시에는 무관하다. 등록세는 가압류청구금액의 0.002(0.2%)이며, 교육세는 등록세의 20%이다.

사례 1

[인지 2,500원, 송달료 16,200원]

부동산가압류신청

채권자(신 청 인) : 구 홍 부(491015-2721017)
우 461-191 경기도 성남시 수정구 ○○동 3573
전화 : 013-731-0002

채무자(피신청인) : 김 선 달(550901-1011014)
우 461-191 경기도 성남시 수정구 태평동 3574

청구채권의 표시 및 권리의 요지

4,000만원 / 손해배상청구금

가압류할 부동산 표시 : 덧붙임 <1>과 같음.

<신 청 취 지>

1. 채권자가 채무자에 대하여 가지는 위 채권의 집행을 보전하기 위하여 채무자 소유의 별지 목록 기재의 부동산을 가압류한다.
라는 재판을 구합니다.

<신 청 이 유>

1. 신분관계

가. 피신청인 김선달은 신청인 이웃에서 5층짜리 건물을 건립하고

있는 건축주이며,

나. 신청인은 동 건축물 건축행위로 신청인의 집이 손괴되는 등으로 수원지법 성남지원에 4,000만원의 손해배상 청구 재판(2001 가단 22790호)을 한 원고입니다.

2. 손해배상 책임의 발생 / 피보전 권리

(1) 책임발생 배경

가. 신청인은 2001. 1월 말경 3층건물을 준공하여 새집에서 살고 있었으며, 피신청인은 2001. 5월 중순경 신청인과 지적도상 경계를 하고 있는 접지역인 수정구 ○○동 3574번지 위에 5층빌라를 건립중입니다. 현재 80%정도 건물이 완성되고 있습니다.

나. 피신청인은 자신의 건물을 착공하면서 신청인의 가 ○○동 3573번지와 3574번지 사이에 건축되어 있는 신청인의 콘크리트 타설(1M×2M×0.3M 규모)을 피신청인측 장비로 파괴시킴에 따라, 파괴당시 묵중한 신청인의 3층 건물이 큰 지진이 난 것처럼 흔들렸습니다.

※ 콘크리트 타설은 지형도상 굵은 표시입니다.

다. 동 사건으로 신청인의 건물 벽면, 옥상 및 바닥에 균열이 생겨 건물내부로 물이 새는 등 건물의 수명, 가치를 상실하였습니다.

(2) 피신청인의 준 고의성

가. 피신청인은 신청인의 건물과 접해 있는 견고한 콘크리트 구조물을 파괴시키려면 상당한 주의가 필요하며, 예방조치가 있었

어야 했지만,

나. 피신청인은 이 모든 것을 태만히 하였습니다.

따라서 피신청인은 신청인의 피해에 대하여 손해배상의 책임이 있다 할 것입니다.

3. 손해의 범위

(1) 건물 손괴

가. 콘크리트 철거 진동으로 건물 전체에 균열이 심하게 발생하였습니다(갑제 6호증1~11).

나. 현재 1층 거실 주방외벽 외 9곳에 금이 11미터 이상 됩니다(갑제 6호증3~11).

다. 주변의 건축사무소에서 1차로 보수공사의 범위와 소요공사금액을 산정하였을 때 4,000만원이 나왔습니다.

재판과정에 안전진단기관에 동 건물에 대하여 현장검증 · 측량감정신청을 하여 소장 확장 청구를 하겠습니다.

(2) 인명 피해

현재까지 피해사항은 없습니다.

3. 가압류 필요성

가. 피신청인 김선달은 5층짜리 건물을 건립하면서 자금에 쪼달림을 받고 있는 상태이며,

나. 한편 피신청인은 건물이 완공되면 즉시 분양할 사람일 뿐 아니라, 이미 여러 사람들에게 분양이 되었다는 소문이 나 있습니다. 지금 가압류를 하지 않으면 신청인은 채권을 행사할 수 없는 입

장에 놓이게 됩니다.

4. 담보제공 건의

채권자는 경제적 사정이 무척 어렵습니다.

민사소송법 제112조와 제475조 제3항에 근거하여 지급보증위탁계약 체결 문서의 제출에 의한 담보제공으로 갈음하도록 명령하여 주시기 바랍니다.

<입 증 자 료>

소갑 제1호증 ………………… 등기부등본

소갑 제2호증 ………………… 시가확인원

소갑 제3호증 ………………… 소장 사본

소갑 제4호증 ………………… 지형도 / 평면도

첨부 : 목록 5통, 등록세납부증서(구청에서 발급)

2001. 8.

위 신청인(채권자) 구 홍 부 ㊞

수원지방법원 성남지원 귀중

덧붙임 <1>

부동산 목록(가압류 목적물)

1. 1동 건물의 표시

   경기도 성남시 수정구 태평동 3574

   철근 콘크리트 슬래브지붕 3층 아파트

2. 전유부분 건물의 표시

   건물의 번호 : 101동 203호

   구 조 : 철근콘크리트 슬래브

   면 적 : 80.1㎡

3. 대지권의 목적인 토지의 표시

   경기도 성남시 수정구 태평동 3574 대 398㎡

4. 대지권의 표시

   대지권의 종류 : 위 3항의 소유권 대지권

   대지권의 비율 : 398분의 50

사례2

채권가압류신청서

채 권 자 구 수 회
채 무 자 이 ○ 격
제3채무자 이 ○ 녀

첨용인지액 2,500원
송달료 금16,200원(3인 기준 1회분)

서울지방법원 귀중

채권가압류신청서

채 권 자 : 구 수 회(551020-1892612)
우 137-885 서울 서초구 서초3동 1714-16 원동빌라 104호
연락처 017-269-2113

채 무 자 : 이 ○ ○(430000-1068416)
우 138-859, 서울 송파구 ○○1동 98-9, 1통 4반

제3채무자 : 이 ○ ○(380000-2079811)
우 138-859 서울 송파구 ○○1동 98-9, 1통 4반

청구채권의 표시

대여금 금 15,000,000원

가압류할 채권의 표시

별지와 같음.

<신 청 취 지>

1. 채권자의 채무자에 대한 청구채권표시 금액의 집행보전을 위하여 채무자의 제3채무자에 대한 별지목록 기재의 전세보증금 채권을 가압류한다.
2. 제3채무자는 채무자에게 위 채권에 관한 지급을 하여서는 아니된다.
3. 채무자는 위 채권의 처분과 영수를 하여서는 아니된다.
4. 채권자는 담보제공명령금액을 보증금액으로 하는 지급보증 위탁계

약을 체결한 문서를 제출하게 한다.
라는 재판을 구합니다.

<신 청 이 유>

1. 신분관계

가. 채무자 이○격은 제3채무자 이○녀의 집에 임차인으로 세들어 사는 자입니다.

나. 채권자 구수회는 채무자에게 금 1,500만원을 빌려 준 자입니다.

2. 피보전의 권리

가. 채권자는 채무자에게 금 500만원을 1995. 1. 10. 빌려주고 가계수표를 받았으며(갑제 1호증),

나. 또한 금 1,000만원을 1995. 1. 12. 빌려주고 가계수표 500만원권 2장을 받았습니다(갑제 2호증, 갑제 3호증).

다. 그때 채권자의 돈과 채무자의 수표를 교환하는 심부름은 장영진씨가 책임지고 하였습니다.

3. 가압류의 필요성

가. 채무자는 채권자의 돈을 가지고 간 이후 잠적을 하였습니다.

갑 제4호증 주민등록초본상 1996. 8. 5부터 주민등록이 말소되면서 행방을 감추었습니다.

나. 그 후 8차례 주소를 변경하면서 채권자의 돈을 사기칠 생각을 하였던 자입니다. 이에 채권자는 주민등록법시행령 제43조에 근거하여 법무사의 힘을 빌려 주민등록초본을 발급 받았습니다.

다. 지금 제3채무자가 보관하고 있는 전세보증금을 가압류하지 않으면 채권자는 채권행사가 아주 어렵게 됩니다.

고소를 하기에 앞서 우선 가압류 절차를 밟고자 합니다.

4. 지급보증위탁계약체결문서의 제출에 의한 담보제공의 허가 신청

채권자는 경제사정이 어렵습니다. 민사소송법 제112조와 제475조 제3항에 근거한 지급보증위탁계약체결문서의 제출에 의한 담보제공으로 갈음하도록 명령하여 주시기 바랍니다.

<소 명 방 법>

1. 소갑제 1호 ………………… 가계수표
1. 소갑제 2호 ………………… 가계수표
1. 소갑제 3호 ………………… 가계수표
1. 소갑제 4호 ………………… 주민등록초본

2001. 9. 28

위 채권자 구 수 회 ㊞

서울지방법원 귀중

〔별 지〕

가압류 할 채권의 표시

금 15,000,000원

제3채무자가 채무자에게 서울 송파구 ○○1동 98-9 다세대 주택 중 1개방을 임대하여 채무자로부터 받아 둔 전세보증금 중 위 금액에 이르는 금액

사례 3

(인지 2,500원, 송달료 16,200원)

자동차 가압류신청

채 권 자 : 구 홍 부
서울 서초구 ○○동 170 전화 ○○○-○○○○
채 무 자 : 김 선 달
서울 강남구 ○○ 165

청구채권의 표시 : 금 1,000만원(대여금)
가압류할 자동차 표시 : 별지목록 기재와 같음.

<신 청 취 지>

1. 채권자는 위 청구채권의 집행을 보전하기 위하여 채무자 소유인 별지목록 기재 자동차를 가압류한다.
라는 재판을 구합니다.

<신 청 이 유>

1. 채권발생(피보전 권리)

채무자 김선달은 2001. 12. 1 금 1,000만원을 3일만에 돌려주겠다고 가지고 갔습니다(소갑 제1호증).

2. 가압류 필요성

가. 채무자는 자동차가 유일한 재산입니다.

나. 채무자는 돈을 빌릴 당시에 5,000만원의 전세보증금으로 생활한다고 하였으나, 채권자가 조사해 보니 월세방에 살고 있었습니다.

다. 채무자는 또 다른 빚이 많아 도망의 우려가 있습니다.

3. 담보제공 관련

서울보증보험(주)와 지급보증 위탁계약을 체결한 문서로서 제출하고자 하오니 허가하여 주시기 바랍니다.

<소 명 방 법>

소갑 제1호증 ……………… 차용증 사본 1부
소갑 제2호증 ……………… 자동차등록원부 1통
소갑 제3호증 ……………… 법인등기부등본(채무자가 법인일 경우)

<첨 부 서 류>

등록세신고 및 납부서(구청에서 발행)
목록 6통(별지 참고)

2001. 2. 2
위 채권자 구 홍 부 ㊞

서울지방법원 귀중

<별 지 목 록> (6통)

1. 자동차등록번호 : 서울40무3232

2. 형식승인번호 : 2-00462-1100-1172

3. 차명 : 그랜저

4. 차대번호 : KNRHJTUO 7789088

5. 연식 : 2002년식

6. 원동기형식 : G5라

7. 최종 소유자 : 김 선 달

8. 사용본거지(차고) : 서울 강남구 ○○동 165

끝.

사례 4

(인지 500원, 송달료 2,700원)

진 술 최 고 신 청

사　　건 : 2001 카단 94061호

채 권 자 : 구 수 회(551020-1892612)
우 137-885 서울 서초구 서초3동 1714-16 원동빌라 104호
연락처 : 017-269-2113

채 무 자 : 이 ○ 격(430111-1068111)
우 138-859, 서울 송파구 ○○1동 98-9, 1통 4반

제3채무자 : 이 ○ 녀(000111-2079811)
우 138-859 서울 송파구 ○○1동 98-9, 1통 4반

<다　음>

1. 채무자가 제3채무자에게 보관한 전세보증금액
2. 전세기간 만기일자
3. 채권이 이미 다른 채권자로부터 압류 또는 가압류를 당하고 있는지 여부와 청구의 종류

2001. 9. 28.

위 채권자　구 수 회 ㊞

서울지방법원 귀중

사례 5

부동산점유이전금지가처분신청

신 청 인 구 ○ ○

피신청인 임 ○ ○

총소송물가액 : 금13,150,600원

지역 15. 분류223. 경과 12

(188,000원×139.90㎡)1/2

68320

서울지방법원 귀중

부동산점유이전금지가처분신청

신 청 인 ; 구 홍 부 (200010-1010515)
서울 강동구 ○○동 173 ○○빌라 9동 202호

피신청인 : 임 ○ ○ (600027-2018810)
서울 강남구 ○○동 96-2 ○○빌딩 1층
(우편번호 135-010)

가처분할 부동산의 표시

별지목록 기재와 같음.

<신 청 취 지>

1. 피신청인은 별지목록기재 건물의 1층 중 별지도면표시 1, 2, 3, 4, 5, 6, 7, 8, 1의 각 점을 순차로 연결한 선내 (가)부분 139.90㎡에 대한 점유를 풀고 이를 신청인이 위임하는 귀원 소속 집행관에게 보관을 명한다.
2. 위 집행관은 피신청인의 청구가 있을 때에는 현상을 변경치 아니할 것을 조건으로 피신청인에게 그 점유부분을 사용하게 하여야 한다.
3. 피신청인은 그 점유부분을 다른 사람에게 이전하거나 점유명의를 변경하여서는 아니된다.
4. 위 집행관은 위 취지를 적당한 방법으로 공시하여야 한다.

라는 결정을 구합니다.

<신 청 원 인>

1. 임대차계약의 체결

신청인은 별지목록기재 건물의 소유자인 바, 신청인은 1996. 6. 1 별지목록기재 건물의 1층 중 별지도면표시 1, 2, 3, 4, 5, 6, 7, 8, 1의 각 점을 순차로 연결한 선내 (가)부분 139.90㎡(이하 이 사건 부동산이라고 합니다)에 관하여 피신청인과 1년기간(1996. 6. 1~1997. 5. 31.)으로 임대차계약을 체결한 후 매년 1년 단위로 임대차계약을 갱신하여 오다가 2000. 5. 31.자로 임대기간 1년(2000. 6. 1~2001. 5. 31), 보증금 3천만원, 월세 2,060,000원(부가세별도), 관리비 164,000원(부가세별도)의 조건으로 임대차계약을 체결한 바 있습니다.

2. 임대차계약의 해지

가. 신청인은 위 임대차계약기간이 만료되는 대로 이 사건 부동산을 다른 목적으로 이용하기 위하여 2000. 3. 27.자 내용증명으로 피신청인에게 더 이상 계약을 갱신하지 않을 것이며, 기간이 만료되는대로 원상복구를 하고 명도해 줄 것을 통지하였으므로 이 사건 임대차계약은 2001. 5. 31 기간만료로 해지되었습니다.

나. 피신청인은 이 사건 임대차계약이 위와 같이 적법하게 해지되어 더 이상 이 사건 부동산을 점유할 아무런 권한이 없음에도 불구하고 현재까지 이 사건 부동산을 명도하지 않고 점유하고 있으며, 2001. 5월분 임대료와 관리비 금2,446,400원(부가세포함)과 2001. 3월부터 5월까지의 상하수도료 247,000원을 지급하지 않고 있습니다.

다. 이에 신청인은 피신청인으로부터 이 사건 건물의 명도와 미납임대료, 관리비 및 공과금의 지급을 구하고, 계약기간만료일 익일 인 2001.6.1부터 명도일까지 피신청인이 이 사건 건물을 적법한 원인없이 점유함으로 인하여 얻는 임대료 및 관리비 상당의 부당이득을 반환받기 위하여 피신청인을 상대로 본안소송을 제기 준비중인 바, 후일 본안승소판결의 집행을 보전하기 위하여 이 건 신청에 이른 것입니다.

3. 단, 담보제공에 관하여는 보증보험 주식회사와의 지급보증위탁계약을 체결한 문서를 제출코자 하오니 허가하여 주시기 바랍니다.

<첨 부 서 류>

1. 부동산등기부등본	1통
1. 임대차계약서	1통
1. 명도통지서	1통
1. 내용증명우편	1통
1. 서 신	1통
1. 건축물관리대장	1통
1. 개별공시지가확인원	1통
1. 위임장	1통
1. 영수증	2통

2001. 6.

위 신청인 구 홍 부

서울지방법원 귀중

목 록

서울 강남구 ○○동 96의 2

위 지 상

철근콘크리트 라멘조 슬래브지붕 4층 근린생활시설

1 층 184.30평방미터

2 층 184.30평방미터

3 층 164.50평방미터

4 층 164.50평방미터

지하층 245.17평방미터

도면 : 생략

제5장

민사조정제도

무조건 이행을 명하는 판결에 비하여 채무자의 경제적 사정 등을 고려한 원만하고 융통성 있는 조정을 함으로써 당사자 사이의 날카로운 감정의 대립을 방지할 수 있다.

3 민사조정신청

1. 민사조정의 시작

민사조정은 분쟁의 당사자 일방 또는 쌍방이 조정신청을 하거나, 소송사건을 심리하고 있는 판사가 직권으로 그 사건을 조정에 회부함으로써 시작된다.

2. 관할법원

조정은 피신청인(상대방)의 주소지·사무소 또는 영업소의 소재지·근무지, 분쟁의 목적물 소재지 또는 손해 발생지를 관할하는 지방법원, 지방법원지원, 시·군법원에 신청할 수 있다.

당사자는 합의에 의하여 관할법원을 정할 수도 있다. 따라서 당사자 쌍방이 합의한 경우에는 어느 곳이든 편리한 법원에 조정을 신청할 수 있다.

3. 조정신청방법

조정신청은 본인 스스로 또는 변호사·법무사, 주변에 법을 잘 아는 사람으로부터 조언을 받아서 또는 대서를 통하여 작성한 조정신청서를 관할법원에 제출하면 된다.

조정신청은 구술로도 할 수 있다. 이는 신청인이 직접 관할법원에 가서 담당직원에게 신청내용을 진술하고, 법원직원이 그 내용을 무료로 조정신청조서에 기재하는 방법이다.

4. 조정신청시 유의할 점

조정신청을 할 때에는 당사자의 성명, 신청의 취지 및 분쟁내용을 명확히 하여야 한다.

조정절차가 진행되려면 당사자 쌍방에게 소환장 등이 송달되어야 하므로, 신청인 본인과 상대방의 주소 또는 송달장소를 정확히 기재하고, 전화번호와 우편번호도 함께 기재하여야 한다.

조정을 서면으로 신청하는 경우에는 상대방 인원수만큼의 신청서부본을 함께 제출하여야 한다. 예컨대 상대방이 두 사람이면 신청서는 3통(원본용 1통과 부본용 2통)을 제출하여야 한다.

조정절차가 신속히 처리되게 하려면, 분쟁에 관련된 증거서류를 조정신청을 할 때 함께 제출하는 것이 유리하다.

5. 조정수수료 및 송달료

조정신청을 할 때에는 조정수수료를 수입인지로 납부하여야 한다. 그 금액은 민사소송을 제기할 때 내는 금액의 5분의 1로서, 매우 경제적이다. 조정신청서에 붙여야 할 수입인지대를 계산하면 다음과 같다.

청구금액이 1,000만원 이하일 경우 = 청구금 × 0.005 ×1/5 = ?(인지대)
청구금액이 1,000만원 이상 1억미만 = (청구금×0.0045+5,000원)×1/5 = ?(인지대)
청구금액이 1억 이상 10억미만인 경우 = (청구금×0.004+55,000원)×1/5 = ?(인지대)
청구금액이 10억 이상일 경우 = (청구금×0.0035+555,000원)×1/5 = ?(인지대)

송달료는,

청구금액이 1,000만원 미만일 때

2,700원 × 2명 × 5회분 = 27,000원을 납부하면 된다.

2,000만원 미만일 때

2,700원 × 2명 × 8회분 = 43,200원을 납부하면 된다.

2,000만원 이상일 때

2,700원 × 2명 × 10회분 = 54,000원을 납부하면 된다.

그 밖에 대법원 예규가 정한 일정금액의 송달료를 예납하여야 한다. 예납한 송달료 중 사용하고 남은 금액은 절차가 종료된 뒤 신청인에게 반환된다.

4 민사조정절차

1. 조정기관

조정사건은 조정담당 판사가 처리한다. 다만, 조정담당 판사가 직권으로 조정위원회로 하여금 조정하게 하거나, 당사자가 특별히 조정위원회에 의한 조정을 신청한 때에는 조정위원회에서 처리한다.

조정위원회는 판사중에서 지정된 조정장 1인과 학식과 덕망이 있는 인사들 중에서 위촉된 2인 이상의 조정위원으로 구성된다. 조정위원회를 구성하는 조정위원은 당사자가 합의에 의하여 조정위원을 따로 선정할 수도 있다.

2. 조정기일

조정신청이 있으면 즉시 조정기일이 정하여지고, 신청인과 그 상대방에게 일시·장소가 통지된다.

당사자 쌍방이 법원에 출두하여 조정신청을 한 때에는 특별한 사정이 없는 한 그 신청당일이 조정기일이 된다.

3. 당사자 및 이해관계인의 출석과 대리

당사자는 지정된 일시·장소에 본인이 직접 출석하여야 한다. 다만 조정담당 판사의 허가가 있으면 당사자의 친족이나 피용자 등을 보조인으로 동반하거나 대리인으로 출석하게 할 수 있다.

조정의 결과에 관하여 이해관계가 있는 사람도 조정담당 판사의 허가를 얻어 조정에 참가할 수 있다.

신청인이 조정기일에 두 번 출석하지 아니하면 조정신청은 취하된 것으로 처리되며, 피신청인이 조정기일에 출석하지 않으면, 피신청인의 진술을 듣지 아니하고 직권으로 「조정에 갈음하는 결정」을 한다.

4. 진술청취와 증거조사

당사자들이 조정기일에 출석하면 조정담당판사나 조정장이 이끄는 바에 따라 신청인이 먼저 자기의 주장을 진술하고, 다음에 피신청인이 신청인 주장에 대한 답변을 한다.

조정담당판사나 조정위원회는 당사자 쌍방의 의견을 고루 듣고, 당사자가 제시하는 자료를 검토하여 필요한 경우 적당한 방법으로 여러 가지 사실과 증거를 조사하여 쌍방이 납득할 수 있는 선에서 합의를 권고하는 등 조정절차를 진행한다.

5 조정의 성립과 불성립

1. 조정의 성립

조정기일에 당사자 사이에 합의가 이루어지면 그 내용이 조서에 기재됨으로써 조정이 성립된다.

다만 예외적으로 당사자의 합의내용이 상당하지 아니한 경우에는 조정담당판사(또는 조정위원회)는 합의를 무시하고 조정이 성립되지 아니한 것으로 하여 사건을 종결시키거나, 합의내용과 다른 내용으로 조정에 갈음하는 결정을 할 수도 있다.

2. 조정에 갈음하는 결정

조정기일에 피신청인이 출석하지 아니한 경우 또는 당사자 쌍방이 출석하였더라도 합의가 성립되지 아니한 경우에는, 조정담당판사(또는 조정위원회)는 상당한 이유가 없는 한 직권으로「조정에 갈음하는 결정」을 하게 된다. 이는 당사자의 이익 기타 모든 사정을 참작하여 사건의 공평한 해결을 위하여 이른바 강제조정을 할 수 있도록 한 것이다.

이 결정에 대하여 당사자는 그 내용이 기재된 조서정본이 송달된 날로부터 2주일 내에 이의신청을 할 수 있고, 이의신청이 있으면 그 결정은 효력을 상실하고, 사건은 소송으로 이행된다.

당사자 쌍방이 2주일내에 이의신청을 하지 아니하면 그 결정내용대로 조정이 성립된 것과 동일한 효력이 생기게 된다.

3. 조정을 하지 아니하는 결정

사건의 성질상 조정을 함에 적당하지 아니하다고 인정하거나, 당사자가 부당한 목적으로 조정을 신청하였다고 인정되는 경우에는 조정담당판사는 「조정을 하지 아니하는 결정」으로 사건을 종결시킬 수 있고, 이와 같은 결정에 대해서는 불복신청을 하지 못한다.

4. 조정의 불성립

당사자 사이에 합의가 이루어 지지 아니하거나 이루어진 합의내용이 상당하지 않다고 인정되는 경우에 직권으로 「조정에 갈음하는 결정」을 하기에도 적절치 못한 사건으로 인정되는 때에는 조정담당판사(조정위원회)는 조정이 성립되지 아니한 것으로 사건을 종결시킨다.

6 소송으로의 발전

조정신청을 하였으나 「조정에 갈음하는 결정」이 있거나, 조정이 성립되지 아니한 경우 또는 「조정에 갈음하는 결정」에 대하여 당사자가 이의신청을 한 경우에는 당사자가 별도의 신청을 하지 않아도 그 사건은 자동으로 소송으로 이행되어 소송절차에 의하여 심리판단 하게 된다.

그러나 이처럼 조정이 성립되지 못한 경우라도 신청인에게는 아무런 불이익이 없다. 즉 조정신청시에 소가 제기된 것으로 처리되므로 그 때를 기준으로 소멸시효중단 등의 효력이 생기고, 한편 소송으로 이행됨에 따라 추가로 인지를 붙여야 하지만 이때는 처음부터 소를 제기하였다면 소장에 붙였어야 할 금액에서 조정신청을 할 때 이미 납부한 수수료만큼을 공제한 차액만을 붙이면 되므로, 결과적으로 신청인에게는 아무런 손해도 없는 것이다.

7 조정의 효력과 집행

조정이 성립한 경우 또는 조정에 갈음하는 결정에 대하여 이의신청이 없거나 이의신청이 취하된 경우 및 이의신청의 각하 결정이 확정된 경우에는 그 조정 또는 결정은 모두 재판상 화해와 같은 효력이 있다. 따라서 당사자 사이의 분쟁은 판결이 확정된 경우와 마찬가지로 최종적으로 매듭지어지게 된다.

조정이 성립되었거나 조정에 갈음하는 결정이 확정되었는 데도 상대방이 그 의무를 이행하지 아니하는 때에는, 확정판결과 마찬가지로 위 조정 또는 결정을 가지고 강제집행을 할 수 있다. 또한 채무의 내용이 금전채무인 경우에는 법원에 채무자의 재산 관계의 명시를 요구하는 신청을 하거나 일정한 경우 채무자를 채무이행자명부에 등재하여 줄 것을 요구하는 신청을 할 수 있다.

사례 1

민사조정 신청

원고(신 청 인) 최 ○ ○
피고(피신청인) 이 ○ ○

치료비 반환/위자료 청구의 조정

소송물가액 금 14,311,840원
첩용인지대 금 14,000원(14,311,840원×0.0045+5,000)÷10
송 달 료 금 30,800원(3,080원×2명×5회)

서울지방법원 서부지원 귀중

민사조정 신청

원 고 최○○(720300-2057840)
우100-703 서울 중구 ○○○ 5가 19-4 ○○빌딩 3층
전화 014-348-9535

피 고 이○○
우110-731 서울 서대문구 ○○○ 142-2, ○○○치과
전화 2492-1254

치료비 반환/위자료 청구의 조정

<청 구 취 지>

1. 피고는 원고 최○○에게 금 14,211,840원 및 동 금원에 대한 2001. 7. 4부터 이 사건 조정결정일까지는 연5푼의, 그 다음 날부터 완제일까지는 연2할5푼의 비율에 의한 금원을 지급하라.
2. 소송비용은 피고의 부담으로 한다.
3. 위 제1항은 가집행할 수 있다.

라는 결정을 구합니다.

<청 구 원 인>

1. 당사자들의 신분관계

가. 원고 최○○은 이 사건 사고로 인하여 정신적 피해를 입은 미혼

여성이자 피해자이며,

나. 피고는 ○○의사 원장이자 이 사건 가해자입니다.

2. 사실관계

가. 2001. 6. 14경 원고는 피고 사업장 주소지인 ○○동 ○○○치과에 이빨 9개를 금니로 씌우고 앞니 2개를 교정씌우기 위하여 진료차 방문하여 진료를 받았습니다.

나. 6. 14일에 금니 1개당 20만원씩 하여(앞니 2개는 25만원씩) 11개를 치료받기로 언약하고 7. 4일까지 치료를 받았습니다.

치료비는 230만원을 주어야 했지만 피고가 30만원 할인하여, 200만원만 받겠다고 하였습니다. 그래서 원고는 6. 15일 160만원을 카드로 계산하고, 6. 18일 40만원을 카드로 합계 200만원을 계산하였습니다.

다. 원고는 피고의 성추행으로 2001. 7. 4까지만 치료를 받고(11개 이빨 중에 7개는 금니를 씌우고) 나머지 아랫니 2개의 금씌우기와 2개의 앞니 교정씌우기, 이렇게 4개의 이빨은 치료를 못받은 상태이지만, 피고의 성추행 행위가 무서워 병원에 가지 못하고 있습니다.

3. 손해배상 책임의 발생

가. 피고는 원고가 치료차 방문한 2001. 6. 14 첫날부터 7. 4까지 원고를 성추행하였습니다.

나. 성추행의 주요 내용

- 두 손으로 원고의 양쪽 뺨을 접촉
- 데이트 요구

- 갑자기 손목을 잡음
- 여러 차례 허벅지 위에 손을 올림
- 젖가슴을 만짐 등

다. 성추행의 구체적인 내용

- 2001. 6. 14(또는 6. 15경) 피고는 치료를 하면서 원고에게 "왜 이렇게 턱이 잘 빠지냐"고 입을 크게 벌리라고 하면서 양손으로 양볼과 얼굴을 여러 번 어루만졌습니다.

  지금까지 한 번도 턱이 빠진 적이 없고 과거 다른 치과병원에서 치료받을 때는 이런 일이 없었는데 이상하다는 의혹과 함께 얼굴을 여러 번 어루만지는 행위에 원고는 불쾌한 생각이 들면서도 원고를 위한 의료행위겠지 하고 대수롭지 않게 넘어 갔습니다.

- 6월 25일경 치료 날이었습니다.

  피고는 치료 도중에 원고에게 "언제 시간이 나느냐? 밖에서 한 번 만나야 하는데"… 라고 하며, 데이트 신청을 하는 것이었습니다. 원고는 "바빠서 시간이 없는 데요"라고 대꾸하자 피고는 "그럼 내가 시간을 내야겠는데…"라고 하였습니다.

  치료가 끝날 시간쯤 원고가 가려고 하는데, 피고는 원고 옆에 바짝 붙어 서면서 "딱 맞네"(자신과 잘 어울린다는 뜻인 것 같음)라고 말하며, 성희롱을 하였습니다.

- 6월 27일경 치료 날이었습니다.

  피고는 치료 도중(치료 의자에 누워 있는 상태)에 갑자기 원고 오른 손목을 꼭 잡아채더니 "손목이 참 예쁜데 시계를 왜 안차고 다니느냐? 내가 시계 하나 사 주어야겠네"라고 말을 걸어와 원고는 손을 뿌리치며 "저는 시계차면 답답해서

안차요, 핸드폰에 시간이 다 나오니까 시계가 필요 없어요"라고 대꾸하였습니다.

이렇게 피고는 치료 중에 자꾸만 치근대고 틈만 나면 허벅지에 손을 올려놓아 몹시 불안하고 수치스러웠지만 항의를 하면 치료를 잘 못해 주거나 금니재료를 나쁜 것으로 쓸 것 같은 생각이 들어 꾹 참았습니다. 이런 가운데 원고는 간호사 김수미씨에게 치료받을 때 곁에 있어 달라는 요청을 하려고, 수십차례 집과 핸드폰으로 신호를 보냈지만 통화가 되지 않았습니다(치료시간에는 병원에 아무도 없고, 기공실에 남자 한 분이 있다고 하나 멀리 떨어진 곳에 문이 닫혀 있어 보이지 않음).

이런 불안한 치료 과정이 진행되면서 왼쪽 윗니 3개 아랫니 2개는 금니 씌우기가 끝날 즈음인 7월 4일(수요일) 오른쪽 윗니를 금으로 씌우던 중 잇몸이 몹시 아프고 하얀 액체가 너무 많이 나오고 따가워서 원고는 자신도 모르게 왼손 손가락으로 이를 만지는 순간 피고는 "이를 손으로 만지면 어떡하나?"라고 말하면서 갑자기 원고의 오른쪽 젖가슴을 큰 손으로 움켜 만지는 것이었습니다.

원고는 순간적으로 움추리며 어깨를 흔들어 피고의 손을 뿌리쳤지만 그 때 받은 충격은 너무나 커서 두렵기만 합니다(갑제 1호증, 갑제 3호증).

라. 위 사고로 원고 최○○은 심한 정신적 고통을 이기지 못하여 2001. 8월 중에 서울시 관악구 ○○ 7동 1601 ○○신경정신과의원에서 4차례 정신치료를 받았습니다. 치료시 병명은,

- 수면장애
- 불안
- 적응장애

였습니다(갑 제2호증).

마. 현재에도 심한 정신적인 고통과 휴유증이 있는 상태입니다.

3. 손해배상액의 범위

가. 원고 최○○의 일실수익

원고 최○○은 1972. 3. ○생의 신체 건강한 여자로서 이 사건 사고 당시인 2001. 7. 4일은 만 29세 4개월 남짓 되었습니다.

사고로 인하여 원고는 입원기간 15일간은 모든 것을 포기한 상태에서 괴로워하였으며, 2개월동안(15일 포함)은 아주 아무런 노동업무에 종사할 수 없었습니다.

2001년 발행된 농협조사월보상 보통인부의 1일 노임단가는 34,360원입니다.

계산하면(일실수익),

34,360원×22일×2개월=1,511,840원입니다.

나. 치료비 반환

원고는 피고의 의료기술이 문제가 된 것이 아니고, 피고의 성추행으로 원고 아랫니 금씨우기 2개와 앞니 교정씨우기 2개, 모두 4개에 대한 치료를 못한 상태입니다. 금니 4개 값은 800,000원입니다.

다. 위 자 료

원고 최○○은 이 사건 사고로 말미암아 원고 자신은 말할 것도 없고, 가족관계에 있는 원고의 부모 및 형제들의 정신적 고통을 받았음은 경험칙상 인정된다고 할 것이므로, 피고는 금전으로나마 이를 위자할 책임이 있다 할 것입니다.

이 사건 사고 발생의 경위 및 위 원고의 고통, 가족관계, 생활정도 등을 고려하면, 피고는 원고 최○○에게 금 12,000,000원의 위자료를 지급함이 상당하다고 할 것입니다.

4. 결 론

그렇다면 피고는 원고 최○○에게 금 14,311,840원(일실수익 1,511,840원+치료비 반환 800,000원+위자료 12,000,000원) 및 위 각 금원에 대한 이 사건 사고일인 2001. 7. 4부터 이 사건 판결선고일까지는 민법 소정의 연5푼의, 그 다음 날부터 완제일까지는 소송촉진등에관한특례법 소정의 연2할 5푼의 각 비율에 의한 금원을 지급할 의무가 있다 할 것이므로, 원고는 피고에 대하여 위 각 금원의 지급을 구하고자 본 조정청구에 이른 것입니다.

<입 증 방 법>

1. 갑제 1호증	내용증명서신
1. 갑제 2호증	진료확인서
1. 갑제 3호증	녹취서
1. 갑제 4호증	경위서

2001. 9. 12.

위 원고 최 은 정 ㊞

서울지방법원 서부지원 귀중

사례 2

민사조정 신청

원 고(신 청 인) 이 ○ ○
피 고(피신청인) 전국버스운송사업조합 연합회

손해배상(자) 청구의 조정

소송물가액 금 15,792,688원
첩용인지액 금 15,300원(15,792,688원×0.0045 + 5,000원)×1/5
송 달 료 금 27,000원(2,700원×2인×5회분)

서울지방법원 귀중

민사조정 신청

원 고 이○○(660412-1470631)
우 139-708 서울 노원구 ○○동 359-1 ○○아파트 501동 811호
연락처 014-227-6406

피 고 전국버스운송사업조합 연합회
우 137-852 서울 서초구 방배3동 1031-8 대표이사 김○○
연락처 02-565-6526

손해배상(자) 청구의 조정

<청 구 취 지>

1. 피고는 원고 이○○에게 금 15,792,688원 및 동 금원에 대한 2001. 6. 1.부터 이 사건 판결선고일까지는 민법 소정의 연 5푼의, 그 다음 날부터 완제일까지는 연 2할 5푼의 비율에 의한 금원을 지급하라.
2. 소송비용은 피고의 부담으로 한다.
3. 위 제1항은 가집행할 수 있다.

라는 결정을 구합니다.

<청 구 원 인>

1. 당사자들의 친분관계

원고 이○○는 이 사건 사고로 인하여 부상일 입은 피해자 본인이고 (갑제 1호증 주민등록등본),

피고는 이 사건 가해 차량인 경기72바1009 버스차량의 보험자입니다.

2. 손해배상 책임의 발생

가. 가해차량 운전자 소외 홍○○은 2001. 6. 1. 경기72바1009 버스차량을 운행하며 경기도 의정부시 호원동 468번지 도로상에서 동 버스가 앞서 가고 있는 피해자이자 원고가 운전하는 서울 44거 3242 차량을 급충돌하였습니다(갑제 2호증, 교통사고사실확인원).

나. 위 사고로 원고 이○○는

(1) 흉부좌상(혈흉의증)

(2) 경부 염좌

(3) 요추부 염좌

(4) 좌측완관절 염좌

등으로 2001. 6. 1부터 2001. 8. 6까지 66일간 서울시 중랑구 부국병원 및 경기도 의정부시 의정부 1동 228-22 성베드로병원에서 입원치료를 요하는 상해를 입었습니다(갑 제3호증~갑 제4호증 진단서 및 입원확인서 등).

한편 원고는 퇴원후에도 휴유증 등으로 통원가료를 받고 있는 상태입니다.

다. 이 사건 사고 가해차량의 버스운전자인 소외 홍○○은 이 사건 사고당시 위 사고 차량에 대하여 피고를 보험자로 하는 보험에 가입하였으므로, 피고는 위 사고 차량의 보험자로서 위 사고차량의 운행중에 일어난 위 사고로 인하여 원고가 입은 모든 손해를 직접 배상할 책임이 있다 할 것입니다.

3. 손해배상액의 범위

가. 원고 이○○의 일실수익

원고 이○○는 1965. 4. 12생으로서 신체가 건강한 남자입니다. 이 사건 사고당시인 2001년 6월 1일은 만 35세 10개월 남짓 되었습니다.

그리고 원고는 사고 당시 타일공을 하며 살아왔고 타일공 중에서도 탁월한 능력을 가진 근로자였습니다(갑제 6호증).

2001.1월에 발간된 농협조사월보에 나타난 타일공 1일 급여는 56,533원입니다. 한편, 원고는 입원기간 6. 1부터 8. 6까지와 퇴원 후에도 8월말까지는, 즉 3개월 동안은 일을 할 수가 없었습니다.

일실수익을 계산하면

(1일 56,533원×22일)×3개월 = 3,731,178원

나. 입원 치료비 등

조정신청서가 접수되고 있는 현 시각 피고가 대다수 금액을 정산해주었습니다. 다만 원고가 별도로 지출한 치료비 61,510원은 받지 못하였습니다(갑제 7호증).

다. 향후 치료비

현재, 왼쪽 발이 저리고, 누르면 아프고, 쉽게 피곤한 증세가 계속되긴 하지만 치료비가 들 것으로는 보이지 않습니다.

라. 위 자 료

원고 이○○는 이 사건 사고로 부상을 입음으로 말미암아 원

고 이○○는 물론, 부모형제들이 정신적 고통을 받았음은 경험칙상 인정된다고 할 것이므로 피고는 금전으로나마 이를 위자할 책임이 있다 할 것입니다.

이 사건 사고발생의 경위 및 위 원고의 부상의 정도, 가족관계, 생활정도 등을 고려하면, 피고는 원고 이○○에게 금 11,000,000원의 위자료를 지급함이 상당하다고 할 것입니다.

단, 원고의 부모형제들에 대하여도 위자료를 지급하여야 할 것이지만 본 조정신청서의 청구에서는 제외시킵니다.

4. 결 론

그렇다면 피고는 원고 이○○에게 금 15,792,688원(일실수익 3,731,178원+위자료 12,000,000원+별도치료비 61,510원) 및 위 각 금원에 대한 이 사건 사고일인 2001. 6. 1부터 이 사건 판결 선고일까지는 민법 소정의 연 5푼의, 그 다음 날부터 완제일까지는 소송촉진등에관한특례법 소정의 연 2할 5푼의 각 비율에 의한 금원을 지급할 의무가 있다 할 것이므로, 원고는 피고에 대하여 위 각 금원의 지급을 구하고자 본 조정청구에 이른 것입니다.

<입 증 방 법>

1. 갑제 1호증	주민등록등본
1. 갑제 2호증	교통사고사실확인원
1. 갑제 3호증1-5	진단서
1. 갑제 4호증1-2	입·퇴원확인서
1. 갑제 5호증1-2	황○○ 확인서
1. 갑제 6호증1-2	김○○ 확인서
1. 갑제 7호증1-3	각 영수증

1. 갑제 8호증 원고 작업도구
1. 갑제 9증 법인등기부등본

2001. 8.

위 원고 이 ○ ○ ㊞

서울지방법원 귀중

사례 3

민사조정 신청

원 고 : 구 흥 부
피 고 : 강두시 외 9명

청 구 금 액 : 2억3,100만원
첩용인지대 : 195,800원
송 달 료 : 148,500원 (2,700원×11명×5회분)

서울지방법원 귀중

민사조정 신청

원 고 : 구 홍 부
서울 서대문구 홍제3동 56-1 017-2690-2113

피고 1 : 소장 강두시 장군
피고 2 : 준장 고태아
피고 3 : 대령 임장수
피고 4 : 중령 안지행
피고 5 : 소령 고덕수
피고 6 : 중령 조용우
피고 7 : 소령 인수태
피고 8 : 준위 나성돈
피고 9 : 준위 방성근
피고10 : 중령 도명선
위 피고들 주소 : 서울 서초구 서초3동 1714-16

손해배상 청구금액 : 2억3,100만원

<청 구 취 지>

1. 「원고에게 피고1 강두시는 4,000만원, 피고2 강태아는 3,000만원, 피고3 임장수는 3,000만원, 피고4 안지행은 2,000만원, 피고5 고덕수는 1,000만원, 피고6 조용우는 4,100만원, 피고7 인수태는 2,000만원,

피고8 나성돈은 500만원, 피고9 방성근은 500만원, 피고10 도명선은 3,000만원 및 이에 대한 2001. 1.부터 이 사건 소장 부본 송달일까지는 연5푼, 그 다음 날부터 다 갚을 때까지 연 2할5푼에의 비율에 의한 금원을 지급하라.」

2, 소송의 비용은 피고의 부담으로 한다.

3. 위 제1항은 가집행 할 수 있다.

라는 조정을 구합니다.

<청 구 원 인>

피고들의 불법행위가 없었다면 원고는 지금도 국가안보부대의 사무관 계급과 신분으로 늘 국가 장래를 걱정하고 행복을 누리며 근무를 할 수 있었을 것입니다.

그래서 원고는 울고 있습니다. 그 울음은 그칠 줄 모릅니다. 눈물의 수량은 하염없이 많습니다. 원고의 가족도 울고 있으며, 팔순 노모이신 원고의 어머니도 울고 있습니다. 학교에서 돌아온 원고의 귀여운 아들과 딸도 울고 있습니다. 원고의 울음은 언제 그칠지 모릅니다. 원고가 재판을 청구하는 것은 애국 충성인들이 모인 국가안보부대인 K사령부를 대상으로 배상을 청구하는 것이 아니고 피고들과 같은 불법행위자들에게 책임을 묻는 것입니다. 동 내용은 국가안보와 관계되는 내용이 포함되어 있습니다.

가능한 비공개 재판을 희망합니다.

재판관님의 현명하신 판결을 기원합니다.

1. 당사자 신분관계

원고는 1982. 6. 1부터 K사령부에서 7급 공채로 입사하여 근무하면서 7년 전 사무관으로 승진하여 근무하던 중 2000. 6. 2 피고들의 불법행위로 해임의 중징계를 받아 신분이 박탈되었다가 2000. 12. 9 행정심판을 통하여 정직 1월의 징계로 감등되어 복직 후 2001. 1월 K사령부의 각종 압력으로 사직을 하였습니다(갑제 2호증, 갑제 3호증).

피고들에 대하여 살피건대

1999. 6. 1~2000. 12월까지 약 18개월동안 피고들의 직책은 피고1 강두시 장군은 K사령부내에서 업무 및 부대 지휘 통솔에서 제2인자이자 참모장입니다(이해를 돕기 위해 K사령부 구조는 본부에 K사령부사령관님, 참모장님이 있으며, 그 밑에 ○○처, ○○처, ○○처가 있고 이를 보좌하는 기획관리실과 감찰실 등이 있습니다).

피고2 고태아 장군은 K사령부내에서 인사 및 예산집행의 1인자 이자 원고를 징계한 징계심사위원장이며, 피고3 임장수 대령은 K사령부내에 인사 및 예산집행의 2인자이며, 피고4 안지행 중령은 인사행정의 책임과장이며, 피고5 소령 고덕수는 K사령부내에서 고태아 장군・임장수 대령・안지행 중령의 지시를 받아 징계와 관련된 행정처리를 하는 실무담당자입니다.

피고6 조용우 중령은 K사령부내에서 ○○요원들의 비리와 비행을 조사하는 주무 과장이며, 피고7 인수태 소령(진)은 K사령부내에서 조용우 중령의 지시를 받아 ○○요원들의 비리와 비행을 조사하는 계장이며, 피고8과 피고9는 피고 7의 직속 부하들입니다.

또한 피고 10 도명선 과장은 K사령부 내에서 북한분석을 책임진 담당과장이자 원고의 직속 상사입니다.

원고 구홍부는 이 사건 당시 공무원 사무관(5급)의 계급으로 남북관계분석관 및 집필요원의 직책을 가진 피고 10의 부하이지만 1999. 6. 1에서 2000. 6. 1까지 「K사령부 50년사 집필요원」으로 서오릉 부근에 파견나와 소외 K사령부 안석문 이사관의 지시를 받으며 집필요원으로 근무하고 있었습니다.

위 피고3 임장수, 피고6 조용우, 피고7 인수태는 재경지역을 이탈, 예하기무 부대로 전출되었으며, 피고4 안지행은 동일 주소지에서 보직만 인사과를 떠나 다른 보직으로 옮겼습니다.

또한 소외 임순덕(이 사건 여인이라고 칭함)은 1999. 2경부터 2001. 1월 현재까지 원고를 일방적으로 좋아하며 정신적으로 미숙한 여인입니다. 1999. 8경부터 현재까지 원고의 집과 핸드폰으로 평균 하루에 2번 이상 전화를 하여 원고의 음성을 듣고 싶어하며, 만남을 요구하는 여인이지만 원고는 만남을 거부하는 관계에 있습니다.

2000. 2~3월경 원고가 만남을 완고히 거절하자 이 여인은 원고의 사무실 전화를 알기 위해 국방부 민원실에 전화를 하여 원고의 사무실 전화를 알려고 노력한 바가 있습니다(국방부 민원실 근무자 이◯◯을 변론시 증인으로 신청하겠습니다). 원고의 처벌을 원하는 민원을 정당한 방법으로 제기한 바가 없고, 징계재심사가 열리자 피고들은 그들의 불법을 정당화하기 위하여 민원서는 피고들이 만들고 이 여인은 피고들이 시키는 대로 돕기만 하였습니다(갑제 4호증1의 11면, 갑제 5호증 2).

2. 기초사실

1996. 6. 1.부로 원고는 2000. 6. 1까지 1년간 「K사령부 50년사」 집필요원으로 파견(갑제 13호증1~2), 10. 21일이 K사령부 창설 50년 되는 날

2000. 2~5.1. 원고는 감찰실 근무 피고들로부터 불법내사를 당함.

2000. 5. 1. 원고는 감찰실 근무 피고들로부터 불법조사를 받음.

2000. 5. 29. 징계에 회부됨(불법조사, 허위보고, 징계령 7조7항 위배 등)

2000. 6. 2. 원고는 해임됨(갑제 3호증).

2000. 8. 1. 국방부 법무관리관실에 소청심사를 청구함(항고심사청구).

2000.12. 9. 징계재심사, 해임 취소 및 원고 복직(소정절차규정 4조

2항 위배, 심위원장이 사직서 제출요구 → 원고는 제출)
※ 조용우는 심사장 앞에서 고함을 지르며 정신질환자처럼 분노

2000.12.14. 피고 조용우, 원고를 도울터이니 만나달라 → 원고는 거절

2000.12.14. 피고 인수태, 백양다방서 만나 사직서 요구 → 사직서 6장 전달

2000.12.20. 사직서상 사직희망일자를 6개월 소급하여 2000.6.1자로 하여 재작성 요구(박○○ 과장) → 원고 완고히 거절

2000.12.20. 최○○과장, 로비에서 만나 어떤 경우에도 행정소송은 안된다고 경고

2000.12.19.~20. 조사과장 노○○(피고 조용우 후임) → 2차례 만날 것을 요구 → 20일 다방에서 접촉 → 원고를 적극 도울 것을 약속

2000.12.27. 법무과 박○○과장, 자직서 재차 요구 및 사직서 제출

2000.12.29. K사령부 인사과에서 재차 사직서 요구 및 사직서 제출

2001. 1.31. 원고 8개월간 봉급 수령 및 K사령부에서 사직처리(사직서 제출은 형식상으로 정당한 의원면직의 형태를 취하고 있지만 사실상 강제 사직과 같습니다 → 차후에 입증하겠습니다)

이와 같이 원고는 피고들의 불법행위로 해임을 당하였으며, 복직을 위해 소정절차를 거쳐 해임에서 벗어났으나, 피고들이 버티고 있는 K사령부에서 더 이상 근무할 수가 없어 반강제적인 사직서를 제출하였습니다(갑제 27호증).

원고는 2000. 6. 2. 해임을 당하였습니다. 피고들의 원고대상으로 불법내사, 불법조사, 불법민간인 신문, 사령관님께 허위보고, 불법민

원서 조작, 징계령 제7조 7항 위배 등을 수단으로 하여 5공화국 시절 대공수사기관이 마치 간첩을 수사 및 고문하는 것과 같은 불법에 의해 억울하게 원고는 신분을 박탈당한 것입니다.

원고 인생의 모든 젊음과 육체를 던져 근무하고자 하였던 K사령부를 다시는 접근조차 할 수 없는 먼 곳에서 멍하니 쳐다만 보게 되었습니다. 원고가 온몸 바쳐 사랑했던 K사령부를 원고는 영원히 떠나게 되었습니다. 불법자들은 건재하고 준법자인 원고는 신분을 박탈당해야 하는 현실을 개탄합니다.

원고는 현재까지 무엇 때문에, 왜 징계를 받았는지를 모릅니다. 서면상의 관련자료들을 원고에게 보여주지 않아 모르는 점도 있지만 그 보다도 그 것이 무슨 징계의 내용이 되는가 라는 생각들 때문입니다.

3. 손해배상의 책임발생 근거

(1) 피고들의 불법과 원고의 신분박탈

① 불법 내사(갑제 4호증~갑제 5호증)

감찰실에서는 50년 K사령부 역사에 처음으로 2000년 상반기 무렵에 조사과란 부서가 설치되었습니다. 피고 조용우는 자신의 출세욕에 눈이 어두워 신설된 부서의 지나친 업무성과를 기대하였습니다.

그래서 피고 조용우는 평소 피고 자신을 잘 아는 사람 대상으로 내사를 하기 시작했고, 2000년 2월경 원고와 연이 있는 이 사건 여인은 조용우의 부하직원 피고 인수태에게 전화하여 원고 사무실 전화를 알려줄 것을 요청하였습니다.

그 당시 이 사건 여인은 원고를 짝사랑했던 여자였습니다. 그러자 피고들은 마치 원고에게서 엄청난 여자문제 등이 있을 것으로 간주하고 피고 인수태, 나성돈, 방성근은 피고 조용우의 지시를 받으며 2월~5월까지 원고를 미행하여, 원고의 차량(서울40마 3232) 움직임 및 동태를 조사하였습니다. 또한 피고인들은 비밀장치된 원고의 E-MAIL 500여개 열람 및 출력, 시건장치된 원고의 사무실 책상 속 수첩 및 서류 열람, 원고 사무실 전화를 도청, 혈맹을 약속하며, 집필완성을 기대했던 동료집필요원을 매수하는 야비한 방법으로 원고의 사무실 생활동태를 보고받는 등으로 3개월간 불법적으로 내사를 하였습니다.

그러나 원고에게서 비행과 비리가 발견되지 않자 피고 조용우, 인수태, 나성돈, 방성근 등은 사령관님께 원고를 대상으로 다음과 같이 허위 보고를 하여 조사할 것을 지시받았습니다.

【다 음】

「방○처 출신 구홍부 사무관은 K사령부 50년사 집필요원으로 파견가 있으면서 집필에는 전념치 않고 집필기간 1년동안 200여 차례 사무실을 이탈하여 주간에 여자들과 불륜을 자행했다. 오전에도 섹스하고 오후에도 섹스하는 부대원이다. 또한 동료 여직원을 임신시켜 2중 생활을 하고 있다. 자질이 없는 부대원이니 조사하겠다」 등의 내용을 사령관님께 보고한 모두가 사실과 거리가 멀었습니다.

② 불법 조사

원고는 피고 조용우, 인수태, 나성돈, 방성근 등으로부터 2000. 5. 1 08:30에서 21:00까지 감찰실 조사실에서 조사를 받았습니다. 동 조사관들은 형사소송법 제200조의 진술거부권을 고지하지 않았으며, 심문 중 범죄전담 수사관들도 질문할 수 없는 섹스문제까지 질문을 하였습니다(갑제 5호증1). 또한 원고가 평소 보낸 이메일 편지들을 조사장소에 가지고 와서 보여주며 자백을 강요하였습니다(갑제 23호증1~2).

원고는 조사를 받고 나서 사실이 아님을 발견하였으나 원고는 피고들의 불법에 의해 중징계를 받았습니다.

③ 민간인 불법신문(갑제 5호증 1~2)

K사령부는 법률적으로 민간인을 신문할 권한이 없습니다(K사령부 설치령) 원고의 사무실 전화만 알고 싶어 피고 인수태에게 전화로 문의해 온 이 사건 여인에게 여러 형태로 설득하여「원고 구홍부를 처벌해 달라는 진정서를 제출하면 전화번호를 알려줄 수 있다」고 하면서 진정서 제출을 유도하였습니다. 그러나 이 사건 여인은 원고에 대한 호감으로 원고의 전화번호를 알고 싶었던 것이지 원고의 처벌을 원했던 것은 아닙니다.

48시간 이후부터 피고 조용우, 인수태, 나성돈, 방성근 들은 모의하여 민간인 집으로 전화를 하여 원고와 식사는 몇번 하였느냐, 같이 차를 타고 어디에서 어디까지 이동하였느냐, 술은 얼마나 먹었느냐, 깊은 관계가 있느냐? 등 많은 불법신문을 귀찮게 하였습니다(갑제 5호증 1).

어떤 경우에는 남편이 있는 경우에도 감찰실로부터 전화가 와서 안절부절 떨며 신문에 응했다고 합니다. 만약 바른 대로 답하지 않으면 과거 군사 정권시절 영문도 모르고 생매장 당하는 것이 생각나서 모두들 그리고 감찰이 요구하는 대로 강제로 응답하였다고 합니다(갑제 5호증 1).

④ 민원서의 조작

가. 원고가 2000. 5. 1. 원고의 비행조사과정에서 피고 대상으로 시종일관 진정서를 보여 달라고 요구하자 조사 후 수일이 경과하여 조사를 합리화시키기 위해 조용우, 인수태, 나성돈, 방성근 등의 피고들은 5월 어느날 그 여인을 코리아나 호텔 1층 다방으로 불러내어 미리 피고들이 불법신문에 의해 준비하고 피고들이 직접 작성한 진정서에 도장을 찍기를 강요하였습니다(갑제 4호증 1의 11면). 그래서 동 여인은 도장을 찍어 주게 되었고 그래서 형식상으로는 완전한 진정서의 모양을 갖추었으나 실질적으로는 불법적인 진정서였습니다.

2000. 12. 31 현재 이 사건 여인은 원고의 사무실 전화를 확인하기 위한 한 차례의 전화를 후회하고 있으며, 원고를 도울 수도 없고 피고들을 도울 수 없는 어려움에 처해있습니다. 한번의 전화가 피고들과 작당하여 원고의 징계가 개최되는 5. 29 이전까지 이 세상 어느 누구도 원고의 처벌을 원하는 진정서를 정당하게 제출한 바 없습니다. 갑제 5호증 3 자술서를 보면 피고들과 모의하여 말을 바꾼 사실을 알 수가 있습니다.

앞으로 피고들이 제출할 이 사건 여인의 필체 및 서명이 있는 문건 모두는 원고가 감찰조사를 받은 2000. 5. 1 이후와 국방부징계재심사를 받는 과정에 만들어진 것들입니다.

만약 사직한 원고로서는 어떤 유리한 증거를 제출하기 어려울 것이지만 2~3년의 세월이 지나 새 인물이 보직되면 진실은 규명될 것입니다.

원고로서는 지금도 이 사건 여인이 진실을 듣기 위해 호감을 가지고 접근하면 가능한 증거자료를 얻어낼 수 있을 것입니다. 그러나 이런 일은 사람이 아니고 짐승이 하는 일이라고 원고는 믿고 있는 것입니다.

나. 그리고 피고들의 예상과는 달리, 원고가 2000. 8. 1 국방부 법무관리관실에 동내용이 포함된 징계재심사청구서를 청구하자(갑제 4호증 1) 피고들은 50년만에 처음있는 행정심판에 긴장하였으며, 법률적으로 아주 무지한 피고들(법전공자 전무)은 원고의 주장사실에 대응하기 위해 또 한번의 불법을 저질렀습니다.

이 사건 여인을 스위스그랜드 호텔로 유인하여 자필에 의한 진정서를 강요하였습니다. 이와 같이 피고들은 무에서 유를 창조하는 능력은 있습니다. 단 수단과 방법이 조잡할 따름입니다.

다. 이 사건 여인이 작성한 갑 제5호증 3 자술서에 대한 원고 의견

피고들의 전화요청에 의해 2개의 호텔에 나갔으며 이 사건 여인이 먼저 전화를 하여 나간 것이 결코 아닙니다.

자필에 의한 진정서도 강요에 의하여 작성한 것입니다. 또한 갑제 5호증 3 자술서가 원고를 돕기 위해 만들어진 것이라기 보다 피고들의 무서운 전화를 막고 원고의 요청에도 기여한다는 계산에서 2000. 12. 31 이 사건 여인이 작성한 것입니다. 피고들과 이 사건 여인은 원고의 향후 민사소송을 알고 있으므로 많이 긴장되어 있습니다(갑제 32호증).

⑤ 징계절차의 불법

가. 이와같이 불법으로 조사된 피고의 비행은 감찰실 피고들에 의해 징계사유조차 되지 않는 사항을 근무이탈 등의 내용으로 징계품의서를 만들어 2000.5.29 원고를 상기 기획관리실 근무 피고들에게 전달하였고 급기야 원고는 징계에 회부되었습니다.

원고는 징계석상에서 「징계품의서의 내용은 사실과 아주 다를뿐 아니라 원고의 비행이 그와 같다면 파면대상이며, 형사처벌을 받아야 마땅합니다. 그리고 징계를 받기 전에 피고 조용우, 이명선이 권유하였듯이 자진 사직서를 제출하였을 것입니다」라고 주장하며 사실이 아님을 강조하였습니다.

뿐만 아니라 피고 고태아, 임장수, 안지행, 고덕수 등은 징계혐의자인 원고에게 징계사유가 포함된 징계의결요구서 사본을 공무원 징계령 제7조 7항에 명시된 바와 같이 행하지 않았으며, 원고에게 전달한 바 없습니다. 그로 하여금 5.29 징계시 징계품의서 내용의 전부가 거짓말이었으나 원고는 논리적이며 합리적인 변명을 제대로 못하였습니다.

그리고, 제19조 2항에 따른 징계의결서를 현재까지 주지 않고 있습니다. 한편, 군무원 인사법 제109조 3항에 따른 법무관없이 징계를 개최하였습니다. 불법투성이입니다.

따라서 징계 절차상 큰 하자가 발생하였던 것입니다. 한편 대법원 판례 92누17426, 대법원 판례86누623, 대법원 판례 93누15045 등 실사례에서도 동 이유하나만으로 징계는 취소되었습니다.

나. 국방부 법무관리관실에서도 소청절차규정 제4조 2항을 위반하여 원고에게 답변서를 전달하지 않았습니다. 이와같은 이유로 원고는 현재까지 민원서의 내용과 징계품의서의 내용등을 모르고 있습니다.

⑥ 징계내용의 허위

원고가 K사령부 감찰실에서 조사받으면서 작성한 30쪽 가량의 진술서는 진실한 내용이며 그 나머지 내용은 모두를 부정하며 거짓입니다. 피고들은 동 원고의 진술서를 재판부에 제출하여 주십시오.

⑦ 참모장 피고 강두시 장군의 불법 지시(갑제 18호증~갑제 19호증)

피고 강장군은 원고와 같이 북한을 공부한 자이며, 경남대 대학원 박사과정에서 북한관련 논물을 준비중인 학생입니다.

계급의 차이로 원고와는 친밀한 관계를 유지할 수는 없지만 강장군이 잘아는 모든 북한학자들은 원고가 잘아는 자들입니다. 특히 강장군의 논문지도 교수 최○○는 원고로부터 책과 자료 등의 선물들을 많이 받은 사람입니다.

강장군은 집필요원이자 북한분석관이며 통일부 출입요원인 원고에게 자신의 논문자료 수집을 30여차례 불법지시하였습니다. 피고의 행위는 형법상 직무유기에도 해당되는 일로 미루어 볼 수 있습니다.

원고는 (주)현대상선 여러 부장들, (주)아산 2명의 이사 그리고 통일부 수십명의 국장과 과장들을 만나면서(갑제 18호증 9) 2급비밀 자료에 이르기까지 수집해 주었습니다(갑제 19호증).

물론 강장군으로부터 직접지시는 받지 않았으며 피고 이명선의 불법지시를 받았습니다. 그와같이 자료수집에 충실했던 것을 근무지 이탈이란 비행에 적용시켜 원고를 해임시켰습니다. 한편, 비용은 얼마든지 주겠다고 하고는 실비 500만원을 현재까지 주지 않고 있습니다.

⑧ 관공서 출입 불법지시

K사령부는 법률적으로 관공서를 출입하며 첩보 및 자료들을 수집할 수 없게 되어 있습니다.

그러나 K사령부 피고 도명선은 서오릉에서 집필에 고생이 많은 원고를 수시로 불러 통일부 출입을 지시했고 200개 이상의 첩보들을 수집하여 보고하였습니다(갑제 18호증 1~2).

그와 같이 불법지시를 하고 나서 원고를 근무지 이탈이란 누명을 씨워 징계를 하였습니다. 어떻게 이해를 하여야 합니까.

⑨ 무고성 진단의 방해(갑제 4호증 3)

현재까지 피고들은 무고를 진단할 수 있는 어떤 근거자료를 미제시 하고 있습니다. 민간인이 ○○부대원에 대하여 무고행위를 하게 되면 온갖 노력으로 민간인을 웅징하여야 함에도 피고들은 오히려 부대원은 죽이고 무고자에게는 박수를 보내는 불법을 자행한 것입니다.

⑩ 원고의 비행내용을 4,000명의 K사령부 간부에게 불법 전파 (명예훼손)

가. 이 사건 여인과 원고간의 관계는 피고들이 불법내사하고 5. 1 원고가 조사당하던 날까지만 하더라도 이 세상 어느 누구도 몰랐던 일이며, 현재에도 기무요원 4,000명과 원고의

처만 알고 있는 사실입니다. 피고들이 소문을 낸 것입니다.

나. 피고1 강두시와 피고6 조용우는 ○○학교에서 교육을 받고 있는 ○○부대원들인 피교육생들을 대상으로 2000. 6. 10일 이후부터 원고의 비행을 과장 또는 허위내용으로 전파하여 원고의 명예를 실추시켰습니다(갑제 22호증).

(2) 해임이후 징계재심사에서 복직되었으나 사직할 수밖에 없는 현실

비록 원고가 해임에서 감면이 되어 복직했지만 신분을 박탈당한 것이나 다름이 없으며, 마치 민물고기가 바다물에 사는 꼴이되어 사직할 수 밖에 없는 현실이었습니다.

대한민국 다른 어떤 관공서와 그런 점에서 구별됩니다. 별도의 증거 자료가 불필요하리라 봅니다. 만약 원고가 복직하여 어느 부서에 근무를 할 경우면 바위 덩어리를 어깨에 메고 있는 고통과 다를 바가 없을 정도로 힘들어 사직하여야 합니다.

피고들은 원고와 같이 분쟁이 발생한 자가 복직한다면 어떻게 할까 전전긍긍하던 중 피고들의 막강 파워로 징계재심사위원들에게 부탁한 사실들이 많이 나타나고 있습니다. 준비서면에서 많은 변론을 올리겠습니다.

2000. 12. 9 징계재심사시 원고는 심사위원장의 요구에 의해 사직서를 제출하였으며, 12. 27에도 재차 사직서 요구에 의해 제출하였습니다. 또한 12. 14경 피고 인수태의 요청에 의해 6통의 사직서를 제출하였으며 12. 29에는 인사과원의 요청에 의해 사직서를 제출하였습니다. 단 한번도 원고가 먼저 사직서를 제출하겠다고 말을 제시한 바는 없습니다.

1개월 사이에 9통의 사직서를 제출한 것도 K사령부 50년사에서 처음 있는 일이며, 해임을 당한 것도 처음이며, 복직을 한 것도 처음입니다.

(3) 원고의 슬픔과 정신적 고통

원고는 가난한 농부의 자식으로 태어나서 국가공무원 사무관이 되어 국가를 위해 일하다 죽는 것은 나의 희망이자 부모형제, 그리고 친인척 모두의 희망이었습니다. 원고가 7급에 공채되어 K사령부에 근무하게 되는 것이 확정적이었을 때, 원고 인생의 최고 기쁨이었습니다.

비록 봉급은 얼마 안되었지만 조국을 위해 일한다는 큰 희망에 불탔던 것입니다. 그러나 원고는 모든 것을 잃었습니다. 무슨 면목으로 부모형제 그리고 친인척과 친구를 만날 수 있겠습니까?

(4) 소 결론

가. 원고의 비행은 징계사유가 될 수 없는 경미한 비행입니다. 원고의 민사소송을 미리 알렸기 때문에(갑제 호증) 재징계심사에서 피고들과 국방부 법무관리관실은 모의하여 중징계의 처분을 내렸습니다. 사실상 피고들의 눈치를 보며 심판한 것입니다.

나. 피고들의 불법조사, 허위보고 및 공무원징계령 제7조 7항의 위배가 중징계를 낳고 원고가 사직할 수밖에 없는 슬픈 상황을 만든 것입니다.

(5) 불법의 책임과 책임분배

위 피고들이 원고의 해임과 신분박탈에 기여한 내용과 책임비율은 다음과 같습니다.

【다 음】

피고1 강두시는 불법지시, 불법조사 및 불법 징계에 책임 및 책임비율은 20%, 피고2 강태아, 피고3 임장수, 피고4 안지행과 피고5 고덕수는 공무원 징계령 제7조 7항 위배의 책임이 있으며, 책임비율은 피고2 강태아 15%, 피고3 임장수 10%, 피고4 안지행 5%과 피고5 김덕수는 5%입니다.

피고6 조용우, 피고7 인수태, 피고8 나성돈, 피고9 방성근은 불법내사, 불법조사, 불법민간인 신문, 허위보고 등의 책임이 있으며, 그 책임의 비율은 피고6 조용우 20%, 피고7 인수태 5%, 피고8 김성돈 5%, 피고9 방성근 5%입니다.

피고10 도명선은 불법지시 및 근무이탈 방조의 책임이 있으며, 책임비율은 10%입니다.

4. 소청심사에서 복직으로 결정된 의미

K사령부 징계결과에 대하여 불복하여 원고와 같이 징계재심사를 청구한 자는 50년 역사에서 처음있는 일입니다. 또한 해임을 당한 자도 50년 역사에서 처음이며, 해임에서 감등되어 복직이 된 경우도 50년 역사에 처음입니다.

원고는 국방부 법무과에서 실시하는 징계재심사를 크게 기대하지 않았습니다. 왜냐하면 군내부의 사법권 행사는 일반 사법부와 달리 독립이 되어 있지 않으며, 국방부 법무관리관실(법무관들로만 구성) 법무과에서는 막강 파워를 과시하는 피고들의 눈치를 보아야 하기 때문입니다.

징계재심사에서 정직으로 감등이 되었다는 것은 사실상 혐의가 없다는 것입니다. 즉 원고의 비행은 무혐의와 다를 바가 없다는 것입니니다. 피고들은 원고의 사정이 딱하여 정식으로 감등시켜주었다는니 별별 변명을 할 수 있지만 사실상은 원고의 징계혐의가 징계꺼리가 아니라는 것입니다

원고 관련 후문에 의하면 무식한 피고들이 탁월한 인재(원고) 하나를 매장시켰다는 이야기가 공공연하게 나돌고 있는 것입니다.

원고의 복직은 계란과 바위가 싸워 계란이 이긴 결과인 것입니다. 무엇보다 원고의 비행은 결론적으로 무혐의라는 사실입니다.

5. 손해배상의 범위

(1) 일실수입

원고의 현재 나이 만44세9개월 남짓됩니다. 진급고려시 3급이상 공무원 정년인 60세까지, 15년 3개월 동안, 즉 183개월 동안 근무가 가능하며, 현재 연봉은 3,500만원입니다(갑제 30호증).

연봉을 월급으로 환산하면 2,916,666원입니다. 183개월에 대한 호프만 수치는 135,7999입니다.

따라서 일실 수입을 계산하면,

2,916,666원(월급)×135.79(호프만 수치) = 395,791,766원입니다.

즉 위 피고들의 불법으로 원고가 입게 되는 일실수입은 약 3억 95,791.776원입니다.

여기서 원고가 다른 충성 ○○요원들은 잘 근무하고 있는데 유독 원고만이 징계를 받아야 했던 원고 자신의 문제점과 해임에 따른 원고자신의 책임을 15% 인정하기로 하였습니다. 피고들의 책임은 85%입니다.

그렇다면 일실수입은 395,791,776원×85%(0.85)=336,423,009원이 됩니다.

(2) 4급, 3급 및 2급 진급의 꿈 무산

사직으로 하여금 그토록 희망한 고급 공무원의 기대가 좌절되었습니다. 물질적 · 정신적 손해가 2,000만원이 될 것으로 판단합니다.

(3) 대통령 훈장의 꿈 무산

부대사 집필 시작과 파견기간이 종료될 2000. 4월까지 집필요원 4명은 대통령 훈장을 받는 것이 기정사실화되어 있었습니다.

그에 대한 피해 보상은 100만원입니다.

(4) K사령부 50년사 집필요원 - 저자의 자격상실

원고는 4권의 책 저자로서 K사령부 50년사 책 집필의 60% 이상을 사실상 원고 1명이 한 것입니다. 그러나 집필요원의 대우 및 저자의 대우를 못 받은 것입니다(갑제 8호증~갑제 13호증 2, 갑제14호증 2). 향후 별도 인쇄중단 가처분 등의 조치를 신청하겠지만 이에 원고는 피고들에게 책임을 물어 500만원을 청구합니다.

(5) 원고의 해임에 따른 원고 母의 충격과 입원

원고의 母 박삼선은 원고의 해임에 따른 충격으로 세란병원 '99. 9. 14~10. 15까지 입원하여 치료비 등 300만원이 소요되었습니다(갑제 31호증 1~2).

(6) 경조사비 지출

원고는 매월 평균 25만원 정도의 경조사비를 K사령부 요원대상으로 18년동안 계속 지출하였습니다. 그러나 한번도 원고는 혜택을 받지 않았습니다.

즉 25만원×18년×12개월 = 5,400만원입니다.

(7) 원고의 정신병 증세

원고는 해임 이후 1개월 후부터 집중력 장애, 정서불안, 정신기능악화, 언어장애, 대인기피, 기억력 상실의 증세를 보였습니다.

해임의 충격을 받은 원고는 보통 때 밤12시 전후로 수면을 취하였으나 새벽 3시에서 4시까지 잠을 자지 못하였으며, 수많은 과거 K사령부 직장동료들이 위로차 식사접대를 요청해 왔으나 이 세상 사람들을 만나는 것은 가치가 없는 일이라고 거부하고 기피하였습니다.

아주 말이 없어지고 일체의 외출을 하지 않았습니다. 47년동안 한번도 없었던 가방 등 소지품 분실을 3차례나 하였습니다.

2000. 8. 23일 밤 11시경엔 원고 집의 난실에서 자살을 기도한 바 있습니다(갑제 32호증).

향후 신체감정신청에 따라 노동능력상실률을 환산하여 확장청구를 하겠습니다.

(8) 위 자 료

피고는 원고 및 그 가족의 정신적 고통과 관련하여 원고 본인에게 3,500만원, 원고의 처에게 1,750만원, 원고 모에게 1,500만원, 원고의 딸에게 500만원 그리고 원고의 아들에게 300만원의 위자료를 지급함은 경험칙상 당연하다 할 것입니다.

6. 결 론

(1) 결 어

피고들의 불법으로 원고가 손해본 일식수입 336,423,009원이며,

진급의 꿈 무산 2,000만원, 대통령 표창 수여 무산 100만원, 부대사 집필요원으로서의 저자 자격 박탈 500만원, 원고 母의 입원·치료비 300만원, 경조사비 지출 5,400만원, 위자료 7,550만원 총계 4억94, 923,009원이 됩니다.

여기서 피고들 개인별 책임배상금은 앞의 불법책임비율에 근거하여 피고1 강두시는 책임비율 20%인 98,984,000원이 됩니다.

피고2 고태아는 15%인 74,235,000원, 피고3 임장수는 10%인 49, 492,000원, 피고4 안지행은 5%인 24,745,000원, 피고5 고덕수는 5%인 24,745,000원입니다.

피고6 조용우는 20%인 98,984,000원, 피고7 인수태 5%인 24, 745,000원, 피고8 나성돈 5%인 24,745,000원, 피고9 방성근 5%인 24,745,000원입니다.

피고10 도명선은 10%인 49,745,00원이 됩니다.

그러나 우선금으로 2억3,100만원만 청구하게 된 것입니다.

우선금 피고 개인별 청구 내용은 피고1 강두시는 4,000만원, 피고2 고태아는 3,000만원, 피고3 임장수는 3,000만원, 피고4 안지행은 2,000만원, 피고5 고덕수는 1,000만원, 피고6 조용우는 4,100만원, 피고7 인수태는 2,000만원, 피고8 나성돈은 500만원, 피고9 방성근은 500만원, 피고10 도명선은 3,000만원입니다.

민사 배상 후 원고는 피해자의 자격을 떠나 국민의 한 사람으로서 피고들은 불법행위에 대하여 K사령부내 또는 국방부 자체의 심판의 기회가 있어야 한다는 생각입니다.

(2) 피고들에 대한 요망 사항

가. 원고 입장에서 비행을 인정한 5. 1 감찰실 조사과정에서 작성한 16페이지 분량의 진술서를 피고들은 본 재판부에 제출

해 주시기 바랍니다.

나. 원고의 비행과 관련하여 원고가 인정하여 서명 또는 날인한 일절의 증거 자료들을 본 재판부에 제출해 주시기 바랍니다.

다. 원고가 근무이탈을 하였다는 피고들의 주장과 관련하여 피고들은 6하원칙에 의한 비행 사실을 제시하기 바랍니다.

라. 피고들은 왜 현재까지 소위 진정서의 내용을 원고에게 공개하지 아니하는 이유를 설명해 주시기 바랍니다.

<입 증 방 법>

갑제 1호증 ……… 주민등록등본

갑제 2호증 ……… 재직증명서

갑제 3호증1……… 징계처분장(K사령부)

갑제 3호증2……… 국방부 징계재심사 출석요구서

갑제 3호증3……… 징계처분장(국방부)

갑제 4호증1 ……… 항고심사청구서(원고 → 국방부 법무관리관실)

갑제 4호증2……… 항고심사청구서 보안1

갑제 4호증3……… 항고심사청구서 보안2

갑제 5호증1……… 자술서(2000. 8월~9월 작성)

갑제 5호증2……… 자술서(2000. 6. 5 작성)

갑제 5호증3……… 자술서(2000. 12. 31작성)

갑제 6호증 ……… 노○○ 진술서(원고의 처)

갑제 7호증 ……… 내용증명서신(원고의 동생)

갑제 8호증 ……… 상병 신○○ 자술서(조기/휴일 출근)

갑제 9호증 ……… 병장 김○○/상병 조○○ 자술서(외박 안감/당직 후 안쉼)

갑제 10호증 ……… 부대사 추진현황(2000. 1. 25. 545면 집필)

갑제 11호증 ……… 부대사 추진중간 보고(6차초안)(2000. 5. 29 참모장 보고)
갑제 12호증1……… K사령부 50년사 표지
갑제 12호증2……… 부대사 편집후기
갑제 12호증3……… 부대사 집필진/출판 일자 등
갑제 12호증4……… 부대사 실물 책자 사진
갑제 12호증5……… 부대사 ○○부대편 표지(원고 집필, 2000. 5. 29)
갑제 12호증6……… 부대사 ○○부대편 표지(원고 집필, 2000. 5. 29)
갑제 13호증1……… 집필요원 인사명령
갑제 13호증2……… 집필요원 인사명령 파견연장
갑제 14호증1……… 증거 신청표지(징계재심사시)
갑제 14호증2……… 징계재심사시 증거 신청(사무관 임○○)
갑제 14호증3……… 징계재심사시 증거 신청(중령 조용우)
갑제 14호증4 ……… 징계재심사시 증거 신청(중령 안지행)
갑제 14호증5 ……… 징계재심사시 증거 신청(중령 도명선)
갑제 14호증6 ……… 징계재심사시 증거 신청(대위 김○○)
갑제 14호증7 ……… 징계재심사시 증거 신청(민간인 이경자)
갑제 14호증8 ……… 사실관계확인서(민간인 김○○)
갑제 15호증 ……… 확인서(노○○과 집필감독자간 통화내용 녹음)
갑제 16호증 ……… 자기소개서('2000.5월 원고가 4급승진대비 직속상관 결제를 받고 인사과에 제출한 사본)
갑제 17호증 ……… 병장 박○○ 자술서(오찬시 집필진이 같이 행동)
갑제 18호증1 ……… 통일부 자료수집 현황(80회)
갑제 18호증2~8 … 통일부 정책보고서(원고가 수집)
갑제 18호증9 ……… 원고가 접촉한 통일연구자 명함
갑제 19호증 ……… 참모장님 특명사항 수집 현황(원고가 피고1 개인을 위해)

갑제20호증 ……… 예산 집행서(원고가 월 10회/년 100회 정도 출타)
갑제21호증 ……… 지구병원 진료증서(월1회/년12회 방문/출타)
갑제22호증 ……… 편지(원고 → 피고 인수태, 조용우)
갑제23호증1 ……… 진정서(피고들에 대한 고소 준비물)
갑제23호증2 ……… 진정서 관련 증거물(노○○)
갑제24호증 ……… 피고 1 참모장께 드린 서신
갑제25호증 ……… 편지(원고가 징계재심사위원님께 보냄)
갑제26호증 ……… 원고 신원카드
갑제27호증 ……… 사직서 사본(징계재심사위원장 요구)
갑제28호증1 ……… 통일호국사보 제38호(원고 1명이 제작)
갑제28호증2 ……… 통일호국사보 제62호(원고 1명이 제작)
갑제29호증1 ……… 편지(원고 해임 후 K사령부 동료들의 격려 편지)
갑제29호증2 ……… 편지(원고 → 집필감독자)
갑제29호증3 ……… 편지(○○부대 부대장 → 원고. 2000. 1. 6)
갑제29호증4 ……… 편지(○○부대 과장 → 원고. 2000. 1. 8)
갑제30호증 ……… 보수지급명세서
갑제31호증1 ……… 진료비 퇴원계산서(원고 母 박삼선)
갑제31호증2 ……… 외래진료비(원고 母 박삼선)
갑제32호증 ……… 내용증명서신(원고 → K사령부사령관님)
갑제33호증1~ …… 일기장(원고)
갑제34호증1~ …… 일기장(노○○)

2001. 1. 15

위 원고 구 홍 부 ㊞

서울지방법원장 귀하

제6장

지급명령

1 의 의

지급명령이란 채권자가 채무자에게 빚을 빨리 갚으라고 독촉하는 제도의 하나로서 법정에 나가지 않고, 저렴한 비용으로 채권을 해결하는 방법의 일종이다.

채권자의 지급명령에 대하여 채무자가 이의신청을 하지 않으면, 확정판결과 동일한 효력을 얻어내기 때문에 지급명령결정정본을 가지고 집행문을 부여받아 채무자의 재산을 압류 및 경매할 수 있다.

2 지급명령을 할 수 있는 사건

소장은 아무 사건이나 가능한 반면, 지급명령은 제한되어 있다.

금전문제 및 그 밖의 대체물이나 유가증권의 지급을 목적으로 하는 청구에 한하여 지급명령을 청구할 수 있다. 즉 금전의 청구는 대여금, 물품대금, 전세보증금반환, 임금, 퇴직금 등이다. 따라서 가옥명도청구, 소유권이전등기청구 등은 지급명령을 신청할 수 없다.

3 신청비용

지급명령신청은 소장 접수시 필요한 인지대의 10분의 1에 해당하는 인지를 법원내 우체국에서 구입한다.

지급명령신청서에 붙여야 할 인지대를 계산하면 다음과 같다.

청구금이 1,000만원 이하일 경우 = 청구금×0.005×1/10 = ?(인지대)
청구금이 1,000만원 이상 1억 미만 = (청구금×0.0045+5,000원)×1/10 = ?(인지대)
청구금이 1억이상 10억미만 경우 = (청구금×0.004+55,000원)×1/10 = ?(인지대)
청구금이 10억이상일 경우 = (청구금×0.0035+555,000원)×1/10 = ?(인지대)
송달료는 2,700원×2명×2회분 = 10,800원을 납부하면 된다.

4 접수 방법

송달료와 인지대를 납부하는 방법은 모든 다른 사건에서와 동일하다.

법원에 접수시 별도로 신청서 부본을 4부 제출하여야 한다.

5 지급명령에 대한 이의신청

채권자로부터 채무자가 지급명령을 받았을 경우에 채권자의 주장을 받아들이기 어려울 때에는 이의신청을 하면 되고, 이 경우의 이의신청 작성사례는 다음과 같다.

사례1

지급명령에 대한 이의신청

사 건 : 2001차3456 대여금

채권자 : 구 흥 부

채무자 : 김 선 달

위 사건과 관련하여 채무자는 2001. 10. 1 지급명령송달을 받았으나, 同 명령에 불복하므로 다음과 같이 이의신청서를 제출합니다.

【다 음】

<신청 취지>

1. 서울지방법원 2001차3456 대여금청구 독촉사건의 지급명령은 이를 취소한다.
2. 채권자 신청은 기각한다.
3. 신청비용은 채권자의 부담으로 한다.

라는 재판을 구합니다.

<신청 이유>

1. 채무자는 2001. 9. 10 금 2,000만원 전부를 변제하였습니다.
2. 지급명령은 이유없으므로 기각되어야 할 것입니다.

2001. 10. 15

위 채무자 김 선 달 ㉐

핸드폰 012-679-2113

서울지방법원 귀중

사례 2

지 급 명 령 신 청

채 권 자 : 구 홍 부(551020-1892612)
우 137-885, 서울 서초구 서초3동 1714-16, 원동빌라 104호
전화 : 017-269-2113

채 무 자 : 박 ○ ○(590000-1254230)
우 140-255 서울 용산구 ○○2동 225-28

양수금 반환

<신 청 취 지>

1. 채무자는 채권자에 대하여 금12,975,000원 및 이에 대한 지급명령 송달일 다음 날부터 완제일까지 연2할5푼에 의한 금원 및 독촉절차 비용을 지급하라.
라는 지급명령을 구합니다.

독촉절차 비용
1. 금140,740원
<내 역>
1. 인지대 31,700원
2. 송달료 9,040원
3. 대서료 100,000원

<신 청 이 유>

1. 신분관계

가. 채무자 박○○는 신청 외 김명철에게 원금 11,000,000원을 빌린 바 있으며,

나. 김명철은 5년 전에 1,500만원의 구수회에게 채무가 있는 이유로 박인재에 대한 채권 모두를 채권자(구홍부)에게 양도하였습니다.

다. 채권자 구홍부는 채권 양수자입니다.

2. 채무자의 채무발생

가. 채무자는 1992. 1. 3 금 800만원을 신청 외 김명철에게서 차용하였습니다(갑제 3호증).

2차로 1992. 2월에 300만원을 신청 외 김명철에게 차용하였습니다(갑제 2호증 참고).

나. 그 이후 채무자는 1992. 12월에 원금 200만원과 이자금 170만원을 신청 외 강명철에게 변제하였습니다.

다. 원금 900만원에 대하여 1993년 1월부터 2001년 10월까지(106개월) 이자금은 연5푼의 연 이자는 금450,000원이며, 월 이자는 금37,500원이 됩니다.

따라서 계산하면,

106개월×37,500원 = 3,975,000원입니다.

라. 그렇다면 박○○의 채무금은 12,975,000원이 됩니다.

마. 신청 외 김명철은 채권자 구홍부에게 1997.8월에 15,000,000원을 빌린 사실로 김명철은 박○○에 대한 채권 모두를 구홍부에게

양도하게 된 것입니다(갑제 2호증, 갑제 1호증).

3. 채무자의 채무과다

채무자는 다른 사람에게도 다액의 부채를 지고 있으며, 변제기를 차일피일 미루고 있습니다.

부득불 채권자는 지급명령을 청구하기에 이른 것입니다.

<소 명 방 법>

갑 제1호증 ……… 채권양도 통고서
갑 제2호증 ……… 채권양도서
갑 제3호증 ……… 현금보관증

첨 부 : 복사본 5부

2001. 9.
위 신청인(채권자) 구 홍 부 ㊞

서울지방법원 귀중

제7장

소　장

1 원고 · 피고 표시방법

1. 민사소송 제1심 절차에서 소송을 제기하는 사람을 원고라고 하고, 제기당한 사람을 피고라고 한다.

소장에는 원고와 피고를 표시하여야 하는데, 소송의 당사자를 명확하게 하기 위해서는 원고의 성명과 주소, 전화번호와 우편번호, 그리고 피고의 성명과 주소, 우편번호 등을 정확하게 기재하여야 한다.

2. 원고나 피고가 수인인 경우

원고나 피고가 여러 사람인 경우에는 아래와 같이 일련번호를 붙여 기재하는 것이 원칙이다.

피고 : 1. 김 선 달 (551020-1992612)
서울 서초구 서초7동 100 전화 333-1341
2. 김 놀 부
서울 양천구 목동 200

3. 기타 원고와 피고의 표시에서 주의할 점

■ 원고나 피고가 법인인 경우

원고와 피고가 모두 개인이고 또 성년자인 경우에는 크게 어려울 것이 없다. 그러나 원고나 피고가 법인이거나 미성년자일 경우에는 주의할 점이 있다.

우선 원고나 피고가 회사나 비영리법인일 경우에는 법인의 이름과 본점(주된 사무소)의 소재지를 기재하여야 한다.

원고나 피고가 법인일 경우에는 법인 등기부 등본을 반드시 첨부서류에 첨부하여야 한다.

- 주식회사의 경우

  피 고 : ○○○주식회사
  서울 서초구 서초7동 755
  대표이사 구 홍 부

- 비영리 법인인 경우

  피 고 : 학교법인 ○○학원
  서울 관악구 봉천동 99
  대표자 이사장 구 홍 부

■ 원고나 피고가 국가 또는 지방자치단체일 경우

당사자가 국가나 지방자치단체일 경우에는 다음과 같이 기재한다.

피 고 : 대한민국
법률상 대표자 : 법무부장관 최경원
(송달장소 : 서울 서초구 서초동 서울고등검찰청)

피 고 : 서울특별시
대표자 : 시장 김선달

■ 원고나 피고가 미성년자 · 금치산자 · 한정치산자인 경우

원고나 피고가 미성년자 · 금치산자 · 한정치산자인 경우에는 법정대리인의 성명과 주소도 기재하여야 한다. 그 이유는 미성년자 · 금치산자 · 한정치산자는 소송을 수행할 능력이 없다고 보기 때문이다.

- 미성년자의 법정대리인 표시

  피 고 : 김 선 달
  서울 관악구 신림7동 199
  미성년자이므로 법정대리인
  친권자 부 ○○○, 모 ○○○

- 금치산자, 한정치산자의 법정대리인 표시

  원 고 : 구 흥 부
  서울 종로구 삼청동 2199
  금치산자이므로 법정대리인 후견인 ○○○

■ 등기 · 등록에 관계된 소송에서 당사자의 등기부상 주소가 실제 주소와 다를 경우

예를 들어 집을 산 사람이 그 집에 대한 소유권 이전등기를 청구하는 소송에 있어서, 집을 판 사람인 피고의 실제 주소지가 그 집 등기부에 나와 있는 주소와 다른 경우가 있을 수 있다. 그런 경우에는 등기부상의 주소와 실제 주소를 함께 기재하여야 한다. 그 방법은 아래와 같다.

피 고 : 김 선 달
서울 종로구 ○○동 199
등기부상 주소 : 서울 서초구 방배9동 산2

2 사건명 표시

'사건명'은 원고가 청구하는 내용을 한 단어로 보여 주는 것이다. 그리고 법원에서는 보통 소장에 기재된 사건명에 따라 그대로 사건명을 부여하므로, 사건명은 가능하면 정확하게 표시하는 것이 좋다.

보통 돈을 받기 위한 청구에 있어서 사건명은 대여금, 물품대금, 임금, 퇴직금, 전세(임대차) 보증금 반환, 어음금, 수표금, 부당이득금, 보험금, 양수금, 공사대금, 구상금, 임대료, 손해배상 등으로 표시된다.

3 청구취지

'청구취지'란 쉽게 말해서 원고가 바라는 판결의 결론을 압축적으로 기재하는 것이다. 즉 법원에 대해서 어떠어떠한 판결을 내려달라고 기재하는 것이 청구취지이다. 청구취지는 원고가 바라는 판결의 결론을 표시한 것이므로 소장작성에 있어서 매우 중요한 사항이다.

1. 이행판결 · 확인판결 · 형성판결

민사소송의 판결은 이행판결 · 확인판결 · 형성판결로 나누어진다.

'이행판결'이란 피고에게 일정한 의무를 이행하도록 법원이 명령하는 판결을 말한다. 가장 흔한 예로 피고에게 일정한 금액의 돈을 지급하라고 명령하는 것이 이행판결이다.

'확인판결'은 일정한 권리 또는 법률관계가 존재하는지 여부에 대해 법원이 확인하는 판결을 말한다. 확인판결을 청구하는 소송 중 가장 흔한 예가 소유권 등 일정한 권리가 존재하는지를 확인하고자 하는 소송이고, 근로관계와 관련해서는 '해고무효 확인소송'도 많이 제기되고 있다.

그리고 '형성판결' 이란 지금까지는 존재하지 않던 새로운 법률관계를 발생시키고, 기존의 법률관계를 변경 소멸시키는 것을 내용으로 하는 판결을 말한다.

2. 이행판결을 구하는 청구취지

이행판결을 구하는 청구취지는 '-하라' 라고 끝나야 한다. 이행판결의 목적이 바로 피고에게 일정한 의무를 이행하도록 법원이 명령하는 것이기 때문이다. 이행판결도 크게 나누면 돈의 지급을 명령하는 판결, 물건의 인도 · 명도를 명령하는 판결, 부동산의 등기나 차량의 등록을 명령하는 판결 등으로 나누어지므로, 그에 따라서 이행판결을 구하는 청구취지를 기재하는 방법도 약간씩 달라지게 된다.

■ 돈의 지급을 청구하는 경우

돈의 지급을 청구하는 경우에는 그 돈의 성격, 다시 말해 그 돈이 대여금인지 임차 보증금인지 손해배상금인지를 적지 않는 것이 원칙이다. 그것은 뒤에 나오는 '청구원인'에서 밝히면 되기 때문이다. 예를 들면 대여금 1백만원을 청구하는 경우에, "피고는 원고에게 돈 1백만원을 지급하라"라고만 하지, 그 돈이 대여금인지 손해배상금인지는 표시하지 않는다.

돈의 지급을 명하는 판결의 기본형은 방금 설명한 것처럼 '피고는 원고에게 돈 100만원을 지급하라'는 것이지만, 피고가 여러 명인 경우에는 그 피고들 사이의 관계를 표시하여야 하는 문제가 생긴다.

우선 피고별로 별개의 돈을 청구하는 경우에는 “피고들은 원고에게 각 돈100만원을 지급하라”고 하여 ‘각’이라는 말을 집어넣으면 된다. 그리고 원고가 돈을 전부 지급받을 때까지 피고들 중에서 누구를 상대로 해서든 청구할 수 있는 경우(이런 경우를 법적으로는 ‘중첩관계’에 있다고 한다)에는 ‘연대하여’, ‘합동하여’, ‘각자’ 라는 말 중에서 적절한 말을 사용하면 된다.

가장 흔한 예로 돈을 빌린 사람(주채무자)과 연대보증을 선 사람이 있는 경우에는 ‘피고들은 연대하여 원고에게 돈 ○○원을 지급하라’ 라고 하여, ‘연대하여’ 라는 말을 집어넣으면 된다. 그 밖에도 ‘합동하여’ 라든가 ‘각자’ 라는 말도 사용되는데, ‘합동하여’는 주로 어음금이나 수표금을 여러 명의 발행인과 배서인에게 청구하는 경우에 사용되는 말이고, ‘각자’ 는 여러 명이 공동으로 불법행위를 한 경우에 많이 사용되는 말이다.

피고가 여러 사람인 경우의 청구취지

- 피고별로 각 1,000,000원의 지급을 청구하는 경우

“피고들은 원고에게 각 돈 1,000,000원을 지급하라.”

- 피고들이 중첩관계에 있는 경우

“피고들은 연대하여(또는 ‘합동하여’, ‘각자’)원고에게 돈 1,000,000원을 지급하라.”

그 다음으로 문제되는 것은 이자이다. 이자는 별도의 약정이 있으면 약정된 이자율로 청구하고, 약정된 이자율이 없으면 일반민사관계에서는 연 5푼, 상사관계에서는 연 6푼이라는 법정 이자율은 비현실적이기

때문에, 피고가 시중 이자율과 연 5푼 또는 연 6푼의 법정이자율간의 차액을 노리고 소송을 지연시키는 일들이 발생할 가능성이 높다. 그래서 소송촉진등에관한특례법이 제정되었는데, 소송촉진등에관한특례법은 소송이 제기되어 상대방에게 소장부본이 송달된 다음 날부터는 이자율을 올려서 연 2할 5푼의 이자를 지급하도록 하고 있다.

여기에 따라서 이자를 포함한 청구취지는 아래와 같이 된다.

이자를 포함한 청구취지

- 약정한 이자율이 없는 경우

"피고는 원고에게 돈100만원 및 이에 대한 1999. 9. 9부터 이 사건 소장부본 송달일까지는 연 5푼, 그 다음 날부터 완제일까지는 연 2할 5푼의 각 비율에 의한 돈을 지급하라."

- 약정한 이자율이 있는 경우(약정한 이자율이 연 2할인 경우)

"피고는 원고에게 돈 1,000만원 및 이에 대한 1999. 9. 9부터 이 사건 소장부본송달일까지는 연 2할, 그 다음날부터 완제일까지는 연2할 5푼의 각 비율에 의한 돈을 지급하라."

물건의 인도 · 명도 등을 청구하는 경우

'인도'란 물건만 넘겨받는 것을 말하고 '명도'란 건물 내에 있는 물건을 밖으로 끄집어 낸 후에 건물을 넘겨받는 것을 말한다. 물건을 인도 · 명도받으려는 소송에서의 청구취지를 적을 때에는 물건을 특정하는 것이 가장 중요하다.

몇 가지 예를 들면 다음과 같다.

• 자동차의 인도를 청구하는 경우

"피고는 원고에게 별지목록 기재 자동차를 인도하라."

별지목록에는 자동차 등록원부의 기재사항인 등록번호, 차명, 형식, 차대번호, 원동기 형식, 사용본거지, 등록연월일 등을 자세히 기재하면 된다.

• 건물의 명도를 청구하는 경우

"피고는 원고에게 별지목록 기재 건물을 명도하라."

별지목록에는 건물 등기부 등본의 표제부에 기재된 사항, 즉 지번, 건물의 구조, 층수, 용도, 건축면적 등을 빠짐없이 그대로 기재하면 된다. 특히 아파트나 연립주택, 다가구주택의 경우에는 표제부가 '1동의 건물의 표시', '전유부분 건물의 표시', '대지원의 표시'로 나누어져 있는데, 그것을 모두 적어 넣으면 된다. 소송을 하는 입장에서 반드시 그 내용을 이해할 필요는 없지만, 중요한 것은 이런 사항들을 빠짐없이 기재하는 것이다.

■ 부동산 등기에 관련된 소송

부동산의 등기에 관련된 소송의 경우에는 그 소송이 일정한 등기를 할 것을 청구하는 소송인가, 아니면 기존에 있는 등기를 말소하려는 소송인가에 따라 청구취지를 기재하는 방법이 약간 달라진다. 우선 소유권 이전등기 청구소송, 근저당권 설정등기 청구소송처럼 일정한 등기를 할 것을 청구하는 소송의 경우에는 등기의 종류와 내용 이외에도 등기원인과 연월일을 기재하여야 한다. 여기서 '등기원인'이란 그 부동산을 매수하였다든지, 증여를 받았다든지 하는 것처럼 일정한 등기를 청구하는 사람이 그러한 등기를 청구할 수 있는 권리를 가지게 된 원인행위를 말한다.

그러나 등기의 말소를 청구하는 경우에는 등기원인은 기재할 필요가 없다. 또한 부동산의 등기에 관련된 소송의 경우에는 목적물은 등기부상의 표제부에 나와 있는 대로 정확하게 기재하여야 한다. 그리고 목적물이 여러 개인 경우에는 별지를 이용하면 된다.

부동산의 등기에 관련된 소송에 있어서 청구취지를 작성하는 예를 몇 가지 소개하면 아래와 같다.

- 소유권 이전등기를 청구하는 경우

> "피고는 원고에게 서울 서초구 ○○동 300 대 123㎡에 관하여 1997. 1. 5, 매매(또는 증여, 시효취득)를 원인으로 한 소유권이전등기절차를 이행하라."

- 근저당권 설정등기를 청구하는 경우

> "피고는 원고에게 별지목록 기재 부동산에 관하여 1997. 1.10 근저당권 설정계약을 원인으로 한 채권 최고액 금 50,000,0000원의 근저당권 설정등기 절차를 이행하라."

• 등기의 말소를 청구하는 경우

“피고는 원고에게 별지목록 기재 부동산에 관하여 서울지방법원 강남등기소 1998.3.3 접수 제1000호로 마친 소유권이전등기의 말소등기절차를 이행하라.”

3. 확인판결을 구하는 청구취지

확인판결을 청구하는 소송에 있어서 청구취지는 “확인한다”로 끝나야 한다. 그리고 확인 판결을 청구하는 소송에서는 확인을 구하는 권리 또는 법률관계가 무엇인지를 정확하게 표시할 필요가 있다. 따라서 확인의 대상이 되는 권리 또는 법률관계의 종류·범위·발생원인 등을 명확하게 하고, 목적물도 특정하여야 한다.

• 소유권의 확인을 구하는 경우

“별지목록 기재 건물이 원고의 소유임을 확인한다.”

• 채무가 존재하지 않는다는 확인을 구하는 경우

“원고의 피고에 대한 1999. 9. 9자 매매계약에 의한 돈 10,000,000원의 채무는 존재하지 아니함을 확인한다”

• 해고가 무효라는 확인을 구하는 경우

“피고의 원고에 대한 1999. 9. 9 해고는 무효임을 확인한다.”

4. 형성판결을 구하는 청구취지

가장 흔한 형성판결은 이혼판결이다. 그 밖에 물건을 공동으로 소유하고 있는 사람들이 그 물건을 분할하고자 하는 공유물 분할 청구소송, 채무자가 자신의 재산을 빼돌린 경우에 채권자가 제기하는 채권자 취소소송 등이 형성판결을 청구하는 소송에 해당한다. 형성판결은 그 내용이 복잡한 경우가 많으므로 여기에서는 자세한 설명은 생략하고, 간단하게 몇 가지의 작성례만 소개한다.

- 이혼소송

"원고와 피고는 이혼한다."

- 채권자 취소소송

"피고와 소외 갑 사이에 별지목록 기재 부동산에 관하여 1999. 9. 9 체결한 매매계약은 이를 취소한다."
"피고는 원고에게 위 부동산에 관하여 서울지방법원 강남등기소 1999. 9. 9 접수 제2345호로 마친 소유권 이전등기의 말소등기 절차를 이행하라."

4 소송비용의 부담

민사소송의 소장을 작성할 때에는 청구취지란에 소송절차에서 발생하는 소송비용을 누가 부담할 것인가를 기재하여야 한다.

당연히 원고의 입장에서는 피고가 소송비용을 부담하여야 하기 때문에, "소송비용은 피고의 부담으로 한다"라고 기재하는 것이 보통이다.

5 가집행 선고

가집행 선고는 소장의 필요적 기재사항은 아니지만 소장의 청구취지란에 기재하는 것이 보통이다. 기재하는 방식은 청구취지의 마지막에 "제1항은 가집행 할 수 있다"로 기재하면 된다. 그래서 구홍부씨 소장에도 "제1항은 가집행할 수 있다"라고 기재하였다.

6 청구원인

'청구원인'은 원고가 그와 같은 소송을 하게 된 원인을 기재하는 난이다. 다른 말로 표현한다면, 그와 같은 판결을 구하는 권리 또는 법률관계의 성립원인을 '청구원인'이라고 한다.

청구원인을 기재하는 것은 쉽지 않다. 그러나 법을 잘 모르는 일반인이라도 사건의 경과를 6하원칙에 따라서 기재하게 되면 훌륭한 청구원인이 될 수 있다.

7 입증방법

소장을 제출할 때 첨부하는 증거서류들을 기재하는 난이다. 소장을 제출할 때 첨부할 증거서류가 있으면, 그 증거서류들의 제목만을 "갑 제1호증", "갑 제2호증"이라고 번호를 붙여가면서 기재하면 된다.

피고가 제출하는 증거는 "을 제1호증"으로 표시한다.

갑제 1호증　　등기부 등본
갑제 2호증　　매매계약서

갑제 3호증의 1 내지 2 각 영수증
그 밖의 입증방법은 변론기일에 제출하겠습니다.

8 첨부 서류

특별히 첨부하여야 하는 서류들로서 원고나 피고가 법인인 경우에는 법인 등기부 등본을 첨부하여야 하고, 미성년자나 한정치산자 · 금치산자인 경우에는 호적등본을 첨부하여야 한다. 또한 부동산에 관한 소송에서는 부동산 등기부 등본, 토지대장 등본, 건축물 관리대장 등본 등을 첨부하여야 한다.

1. 부동산 등기부 등본을 발급받는 방법

부동산 등기부 등본은 관할 등기소에 가서 신청하면 된다. 그리고 요즘은 전화로 신청하는 것이 가능하므로, 전화로 신청한 후에 찾으러 가면 기다리는 시간을 없앨 수 있다. 서울지방법원 1층에서 발급받을 수 있다.

2. 법인 등기부 등본을 발급받는 방법

법인 등기부 등본은 서울의 경우에는 상업등기소에서, 지방의 경우에는 상업등기를 담당하는 법원에서 발급받아야 한다. 그리고 요즘은 우편으로 발급 받는 것도 가능하다. 서울지방법원 2층에서 발급받을 수 있다.

9 작성연월일

소장 제출일자를 기재한다.

10 작성자의 기명날인 및 간인

소장에는 소장을 작성한 원고가 자기의 이름을 기재하고 그 옆에 날인을 하여야 한다.

11 법원의 표시

소장을 제출하는 법원을 표시하여야 한다. 소장을 제출하는 법원은 그 사건에 관하여 관할권이 있어야 하는데 관할에 대해서는 이미 앞에서 설명한 바 있다.

12 소장표지의 작성

1. 소장의 표지에 들어가야 할 내용

소장의 본문이 작성되었다고 해서 소장의 작성이 끝난 것은 아니다. 소장의 본문이 완성되면 소장의 표지를 작성하여야 한다. 소장의 표지에 기재되어야 하는 내용은 청구취지에 따라서 계산된 소송물의 가액(소가), 소송물의 가액을 기초로 하여 계산된 소장에 붙어야 할 인지액, 원고와 피고의 수에 따라 계산된 송달료 등이다. 그리고 소장이라는 제목과 원고와 피고의 표시는 기본적으로 들어가야 할 사항이다.

구홍부씨가 작성한 소장의 표지를 보면서 소장의 표지에 들어갈 소송물의 가액·인지액·송달료를 계산하는 방법을 참고하기 바란다.

2. 소가의 계산

■ 소 가

소가란 소송물의 가액을 말하는 것으로 원고가 전부 승소할 경우에 직접 받게 될 경제적 이익을 객관적으로 평가한 금액을 말한다.

■ 돈의 지급을 청구하는 소송에서의 소가

가장 흔히 볼 수 있는 소송인 일정한 돈의 지급을 청구하는 소송에 있어서 소가는 청구금액이 된다. 간단한 예로 구홍부씨의 대여금 청구소송의 소가는 구홍부씨가 김선달에게 빌려 주었던 3,100만원이다. 그리고 이자나 소송비용은 별도로 소가에 산입하지 않는다.

■ 부동산 관련소송에 있어서 소가의 산정방법

부동산 관련소송에서는 우선 목적물의 가액을 산정하고, 소송의 종류에 따라서 소가를 산정하면 된다.

목적물 가액의 산정방법

목적물 가액은 토지대장, 건축물 관리대장, 개별공시지가 확인원 등을 근거로 하여 산출하면 된다.

구체적으로 토지의 경우에는 지가공시및토지등의평가에관한법률에 의한 개별공시지가(개별공시지가가 없는 경우에는 시장 군수가 같은 법 제10조의 규정에 의하여 건설교통부 장관이 제공한 토지가격 비준표를 사용하여 산정한 지가)에 100분의 30을 곱하여 산정한 금액으로 한다. 그리고 건물의 경우에는 1제곱미터당 기준가격에 구조별, 용도별, 위치별 지수를 곱한 후 경과연수별 잔가율을 곱하여 1제곱미터당 금액을 산출한 후 여기에 건물면적을 곱하여 산출한다. 자세한 방법은 매년 발간되는 부동산 과세시가 표준액표를 참조하면 된다.

주요한 소가 산정방법

- 소유권 이전등기 청구소송 : 목적물 가액이 소가가 된다.
- 소유권에 근거한 물건의 인도, 명도 청구 : 목적물 가액의 3분의 1이 소가가 된다.
- 매매계약에 기한 동산 인도청구 : 목적물 가액이 소가가 된다.

■ 비재산권상의 청구나 재산권상의 청구 중에서 소가를 산정할 수 없는 경우

이런 경우에는 무조건 20,000,100원인 것으로 간주한다. 여기에 해당하는 대표적인 예를 들면 해고무효 확인, 회사관계 소송, 행정소송(다만 금전의 지급을 청구하는 경우는 제외)등이 있다.

■ 기타의 경우

기타의 경우에 대해서는 부록에 있는 민사소송등인지규칙을 참조하기 바란다.

3. 소장에 붙일 인지액의 계산

소장에는 소송물의 가액에 따라 인지를 첨부하거나 인지액에 상당하는 현금을 납부하여야 한다. 인지액의 계산방법은 아래와 같다.

- 1,000만원 미만일 경우는 청구금 ×0.005 = ?(인지대)

- 2,000만원 이상에서 1억원 미만일 경우는 청구금×0.0045+5,000원 =?(인지대)
- 1억원 이상에서 10억원 미만일 경우는 청구금×0.0045+55,000원 =?(인지대)
- 10억원 이상일 경우는 청구금×0.0035+555,000원 =?(인지대)

그리고 인지액이 100원 미만은 생략한다. 즉 인지액이 200,671원이면 200,600원으로 표시·납부한다.

4. 송 달 료

2,700원×2명×10회분 = 54,000원이다.

청구금이 1,000만원 미만이면 5회분, 2,000만원 미만이면 8회분, 2,000만원 이상이면 10회분을 납부하여야 한다.

송달료를 초과납부하였을 때에는 소송종결후 돌려 받는다.

13 대법원 홈페이지

대법원 홈페이지 www.scourt.go.kr로 들어가면 현재 재판중인 사건들에 대하여 검색을 할 수 있다.

사례 1

소　장

원　　고 : 정 ○ ○
피　　고 : 손 ○ ○
사건 본인 : 정 ○ ○

인 지 대 : 20,000원
송 달 료 : 80,080원＝(3,080×2명×13회분)

이혼 청구

서울가정법원 귀중

소 장

사건번화 : 2001

원 고 : 정 ○ ○(670324-1041612)

본적 : 서울시 종로구 ○○동 260번지

주소 : 서울시 관악구 ○○동 1504-2(6/6)

(송달장소 : 서울 동작구 ○○방 2동 341-138)

전화 821-3533, 014-251-4553

피 고 : 손 ○ ○(650922-2069140)

본적 : 서울시 종로구 ○○동 260번지

주소 : 서울시 동작구 ○○동 299-153(16/4)

(송달장소 : 서울시 관악구 ○○○동 90-55)

사건본인(미성년자) : 정 ○ ○(921108-1067026)

본적 : 서울시 종로구 ○○동 260번지

주소 : 서울시 동작구 ○○동 299-153(16/4)

이혼 청구

<청 구 취 지>

1. 원고와 피고는 이혼한다.
2. 피고를 사건본인 정○○의 양육자 및 친권행사자로 지정한다.
3. 소송비용은 원고, 피고의 각자 부담으로 한다.

라는 판결을 구합니다.

<청 구 원 인>

1. 신분관계

가. 원고는 父 정○○과 母 최○○의 자로 태어났으며, 피고는 父 손○○와 母 안○○의 딸로 태어나 1990. 11. 24 원고와 피고는 혼인신고를 마친 연애결혼한 부부이며(갑제 1호증),

나. 사건본인은 원고와 피고간에 태어난 아들이며, 소외 정○○(95. 4. 21생)은 원고와 소외 노○○ 사이에서 태어난 원고의 두 번째 子입니다(갑제 1호증). 노○○는 2년가량 동거하다 헤어졌습니다.

2. 이혼청구 배경

가. 원고와 피고는 성격결함이 있었던 것 같으며, 결혼생활 전부를 돌이켜 볼 때 이혼의 사유가 어느 누가 많고 적다를 따지기가 곤란할 정도로 잘못이 있었을 것이 아닌가라는 생각을 해봅니다.

다만, 원고 개인 생각으로는, 피고의 부도덕하고, 남편과 시부모를 학대하고 냉대시한 피고의 잘못된 원인들이 오늘의 이혼청구재판을 만들었다는 생각이 지배적입니다.

나. 별거 8년이 지난 지금와서 누구의 잘못을 가리기에 앞서 부부로

서는 살 수 있는 관계가 아님을 재판관님의 심판을 받아, 서로가 인연이 안될 바에야 앞으로 남은 여생을 각자의 길을 빨리 찾아 가자는데 청구의 목적이 있습니다.

다. 원고에게도 잘못은 있는 듯 합니다.

3. 원고와 피고간 결혼일지

가. 1990. 11. 3 결혼

원고 부의 지원금 2,400만원으로 전세방 마련, 결혼 후 2개월 쯤 지나 피고의 비이성적 성격 표출, 수시로 부부간 언쟁발생, 시부모에 대한 학대 등.

나. 1993. 1. 31. 원고는 피고의 부당함, 냉대, 학대를 이기지 못하여 피고와의 동거 주거지에서 작업복 차림으로 나옴, 전세금 2,400만원과 모든 가구를 남겨둠.

다. 1993. 11. 7 정○○의 첫 돌(91. 11. 8생)

원고·피고 부모들간 언쟁, 11.24 원고 父가 피고에게 편지보냄, 12. 11 피고가 원고 父에게 답신.

라. 1995. 4. 21. 원고의 혼외자 정○○ 출생

정수민의 생모 노명희와 2년 가량('94. 10~'95. 5) 동거하였으며, 원고는 피고에게 2000. 5월경 사건본인 2 정○○의 출생사실을 등기우송으로 정식 통보하였습니다.

그러나 피고는 6년 전부터 알고 있는 사실입니다. 현재는 원고의 부모가 양육중입니다.

마. 1997. 9. 2 원고측에서 정희자 여사를 통하여 중재요청

2000. 3. 17 중재자가 피고측과 협의 → 피고측 전언(우리는 이대로 사는데 지장이 없다. 누가 답답한지 보자. 이혼해주면 상대

만 좋아진다. 아파트 한 채와 가게까지 위자료로 달라 등)

4. 남편에 대한 냉대 및 학대 그리고 원고의 별거

가. 결혼당시 피고는 4년제 대학을 졸업하였으나, 원고는 2년제 전문대학을 졸업하였습니다. 그래서 원고는 늘 사기가 축 쳐져 있었습니다.

나. 원고는 결혼 후 모든 직장이 그렇겠지만 야근을 많이 할 수밖에 없는 자동차정비학원에 출근하는 직장인이었습니다. 원고는 남보다 빨리 달려야겠다는 생각으로 다른 동료들에 비하여 더욱 많은 야근을 하였고, 업무적 스트레스 해소차원에서 술도 간혹 마시곤 하였습니다.

다. 피고는 원고가 직장에서 귀가하면 자고 있는 경우가 많았고, 저녁식사 준비도 안해놓아 원고가 대충 챙겨 먹는 경우도 많았습니다.

라. 평소 피고는 늘 그랬지만 1993. 1. 27 술에 취하여 들어온 원고에게 저돌적으로 시비를 걸어 왔고, 멱살까지 잡으며, 다음과 같은 모욕을 하였습니다.「어떤 년하고 씹지랄하다 이제 들어왔냐, 끝장내자, 이대론 더 못살겠다. 헤어지자.」이혼을 계획하지 않으면 참아 할 수 없는 욕설을 퍼부우면서 야근으로 피곤한 원고를 쉬지도 못하게 괴롭혔습니다.

마. 결혼 후 1년도 되기 전인 1991년도 추석을 앞두고 원고의 母가 교통사고로 뇌진탕을 당하여 3개월간 입원을 한 일이 있었습니다.

사경을 헤매는 시어머니의 위급한 상황에서 원고의 父가 간절한 마음으로 오늘 하루밤 만이라도 간병해 달라고 부탁을 하였습니다. 그러자 피고는「그러면 아버님 돈 주실래요」라고 반문하며 끝내 한 번도 밤의 간병을 하지 않고 끝까지 거절하고 외면한 며느리였습니다.

사. 원고의 장모는 수차례 원고에게「우리 딸보다 학력이 낮은 자네는 볼 것이 없네, 자네부모를 보고 결혼을 시켰네, 우리 딸은 박사코스 밟고 있는 사람에게 시집보내려고 하였네, 제희 친구는 시댁에서 집을 사주었으니 자네 부모님을 설득시켜 집 한채 사달라고 해라」등 학력이 낮은 원고가 대가를 치루어야 하지 않겠느냐는 식의 말들을 수차례 하면서 원고를 무시하였습니다. 한편, 원고를 우유부단하며 잘 우는 못난놈, 정신병자 취급을 하였습니다.

아. 원고와 원고의 부모 모두가 이구동성으로 원고가 사는 것은 사람의 삶이 아니라고 걱정하는 결혼생활을 영위하며, 이렇게 결혼생활이 어렵고, 힘들고, 고통스러워 울어야 하는 것이 결혼이라면……차라리 혼자서 살아야겠다는 결심을 하고, 처와 자식을 등지고, 직장을 버리고 작업복 차림으로 아무 생각없이 피고와 자식 정욱현의 행복을 기원하며 아무 말 없이 한없는 눈물을 흘리며, 피고의 집을 떠났습니다.

5. 피고의 시부모에 대한 학대

가. 피고는 원고의 모 입원시 시어머니의 간병을 끝까지 거부하고 외면하였으며,

나. 사건 본인의 첫 돌날 원고 부모와 피고 부모가 함께한 자리에서 원고 母는 피고에게 액자 교환제의를 하게 되었는데, 피고는 눈을 크게 부릅뜨고 큰 소리로 성질을 부리면서 원고의 모를 밀치

며 대드는 등 모욕과 실망을 주는 행동을 보였을 뿐 아니라,

다. 피고의 원고와 원고 부모에 대한 모욕적 행동은 영원히 용서받을 수 없는 행위였으며, 원고보다 원고 부모가 더 용서해 주지 못하고 있습니다.

6. 피고 친부모들의 원고 가족에 대한 모욕

가. 사건 본인의 첫 돌날에 피고가 시어머니에게 모욕행위를 하는 광경을 지켜보던 원고의 부모들은 10여분 생각하다 피고의 행동은 도저히 용서받기 어렵다는 생각과 함께 피고의 집을 이탈하게 되었습니다.

나. 그러자 피고의 부모들이 뒤따라 나와서「이 개 같은 년아! 너 살인 날 줄 알어!」라며 악담을 하였습니다.

다. 며칠 후 피고의 父는 여러 사람들이 있는 곳에서「그렇게 거짓말을 하니까 아직 승진도 못하고 평교사로 있지!」라며 망신을 시킨바도 있습니다.

7. 대법원 판례

가. 1987. 9. 22 선고된 86 므 87 판결의 경우「상대배우자의 허영, 냉대, 혼인생활거부 등의 귀책사유로 인하여 파경에 이른 뒤 유책배우자가 다른 여자와 부정한 관계를 맺는 등 쌍방의 책임으로 파경이 심화되어 부부관계를 정상으로 되돌릴 수 없을 만큼 중대한 상태가 야기되었을 뿐만 아니라, 상대배우자가 내심으로는 유책배우자와의 혼인을 계속할 의사가 없으면서 표면상으로만 이혼에 불응하고 있다면, 비록 유책배우자에게 다른 여자와 부정의 관계를 맺은 잘못이 있다 하더라도 이미 파탄된 혼인의 해소

를 바라는 유책배우자의 이혼청구는 인용함이 상당하다」라는 내용으로 판결이 난 바 있습니다(갑제 7호증 2).

나. 1996. 6. 25 선고된 94므741 판결(갑제 7호증 3)과 1987. 4. 14 선고된 86므28 이혼판결의 경우도 위 「가」항과 같은 취지의 판결이었습니다.

다. 한편, 1996. 12. 2 서울가정법원 김영혜 판사는 중앙일보와의 인터뷰에서 이혼상 유책주의 맹점을 논리적으로 지적하기도 하였습니다(갑제 5호증의 1, 2면).

8. 결　론

가. 원고와 원고의 부모 모두는 정신건강이 극도로 악화되어 있습니다(갑제 4호증1-3, 갑제 8호증1의 4, 5면).

나. 또한, 원고와 피고는 같이 살 수 있는 연이 못되나 봅니다. 이 세상의 그 무엇도 한 가족을 만들지 못할 듯 합니다. 피고도 마찬가지겠지만 원고 역시 언제나 한번은 이성을 만나게 될 것이며, 그럴 경우 간통죄와 처벌을 받아야 함은 너무나 당연한 사실입니다.

다. 재판관님의 현명하신 판결을 기원합니다. 감사합니다.

<첨 부 서 류>

1. 갑제 1호증 …………… 호적등본
1. 갑제 2호증1 …………… 주민등록등본(피고)
1. 갑제 2호증2 …………… 주민등록등본(원고)
1. 갑제 3호증1 …………… 편지(원고父 → 피고)
1. 갑제 3호증2 …………… 편지(원고 → 피고)

1. 갑제 4호증1-3 ………… 각 진단서
1. 갑제 5호증 …………… 청원서
1. 갑제 6호증 …………… 진정서 처리결과
1. 갑제 7호증1 …………… 민원회신
1. 갑제 7호증2-4 ………… 판례
1. 갑제 8호증1 …………… 자술서(정○○)
1. 갑제 8호증2 …………… 인감

2001. 5. 21
위 원고 정 ○ ○ ㊞

서울가정법원 귀중

제8장

고 소 장
고 발 장
내용증명
탄 원 서

1 고소장 · 고발장 · 진정서

1. 고 소 장

고소장은 죄를 지은 자에게 검찰청 또는 경찰서에 고소를 하여 형사처벌을 해달라는 문서이다. 고소장은 법률적 논리에 맞도록 작성하여야 한다.

형법상 죄의 종류는 수백개가 된다. 형법조항은 372개 조항으로 구성되어 있으며, 이 외에도 소방법, 관세법, 은행법, 어음법 등 1,000여개의 특별법이 있고, 그 법률의 말미에는 대체로 처벌조항이 있다.

고소장을 작성할 때에는 반드시 형법상 범죄성립요건에 맞게 구성요건해당성, 위법성, 책임성 등을 잘 적용하여 작성하여야 한다.

고소장을 작성하기 위하여 최근 법률사무소에 찾아오는 고객들을 분석하면 70% 이상이 사기죄이다. 그 나머지는 횡령죄, 폭행죄, 간통죄, 혼인빙자간음죄, 위증죄, 문서위조죄, 인장부정사용죄 등이다.

고소장은 가해자 주소지관할에 접수를 하여야 하지만, 범죄행위지관할에 접수해도 된다.

가해자(피고소인) 등의 표시는 주소와 성명을 잘 모르더라도 고소장 작성이 가능하다. 예를 들면 핸드폰 번호만 안다든지, 주민등록번호만 알고 있을 경우에도 고소 · 고발은 가능하다. 왜냐면 조사관들이 조사하여 주소를 찾아내기 때문이다.

접수하는 방법은 고소장을 작성하여 2부를 만들어 기명날인한 후 경찰서 민원실 또는 검찰청 민원실에 접수하면 된다.

2. 고 발 장

고발장은 피해를 직접 당한 자가 아니고, 제3자가 제출하는 문서이다. 제목만 고소장과 다를 뿐 내용은 동일하다.

3. 진 정 서

진정서는 범죄가 되는지 잘 모르지만, 이렇게 억울한 일이 발생하였으니, 조사를 해보고 죄가 되면 처벌해 달라는 문서로 보면 된다.

수사의뢰 요청서, 용의자 신고, 재수사의뢰서 등이 있을 수 있다.

고소, 고발을 잘못하면 무고죄가 될 수가 있으니, 반드시 전문가와 상의하여 행할 것을 당부하고 싶다.

2 내용증명

내용증명 서신은 아주 간단하면서도 그 작성요령에서는 어려운 점이 많다.

내용증명을 잘 작성하면 변호사를 선임하지 않고도 내용증명편지 한통으로 사건이 종결처리되는 경우가 허다하다.

내용증명은 상대방의 성격, 인품 등을 잘 파악하여 작성되어야 하며, 상대의 잘못을 법률적인 논리에 맞도록 형법, 민법 등의 조항을 잘 적용시켜 작성될 때 잘된 내용증명이라고 할 수 있다.

고소하기 전에 미리 상대를 충분히 이해시키는 내용증명을 잘 작성하여 보낼 경우에 즉각 효과를 발휘하는 경우가 많다.

내용증명서신을 받은 상대방은 법전문가에게 상의를 한다고 생각하며 보내야 한다. 그리고 법전문가가 그 내용증명 편지를 읽고 난 후

내용증명을 보낸 사람의 편에 설 수 있어야 좋은 내용증명의 편지라고 할 수 있다.

발송하는 방법은 3부를 만들어 기명날인 후 우체국에 가서 발송하면된다.

3 탄 원 서

탄원서도 그 내용형성에 있어서 쉬우면서도 어려운 것 중의 하나이다.

탄원서는 행정심판위원장, 징계위원장, 재판관 등의 마음을 감동시켜야 한다. 진실을 바탕으로 온갖 지혜를 발휘하여야 한다. 심판관이 1장의 탄원서를 읽고 무릎을 치며, 약자에게 동정을 줄 수 있는 내용으로 꾸며져야 한다.

거짓과 위선이 가득찬 탄원서는 오히려 일을 그르칠 가능성이 많다.

탄원서가 아니더라도 심판관에게 점수를 얻는 방법은 많이 있을 수 있다.

필자가 과거 교도관이었을 때, 피고인이 재판을 받을 때마다, 피고인 누나가 검소한 복장으로 법정의 뒤편 의자에 앉아서 열심히 기도를 한 것이 재판관의 마음을 감동시켜 석방된 사례가 있었다.

탄원서에는 사건번호, 재판부, 피고인 등의 표시가 있어야 한다.

탄원서를 내는 방법은 해당 행정심판위원회 재판부에 등기발송하거나 직접접수 등의 방법으로 전달하면 된다.

변호사가 선임되어 있을 경우에는 변호사에게 전달하는 방법도 있다.

4 법원에 들어가는 서류가 아닌 고소장 · 진정서 · 국민고충서 등은 인지대 및 송달료가 불필요하다. 탄원서는 법원에 제출할 경우에도 인지대 및 송달료는 첨부하지 않는다.

사례 1

고 소 장

고 소 인 : 구 홍 부(250607-2042225)
　　　　　우 135-080, 서울 강남구 ○○동 813-13
　　　　　전화 7543-1356

피고소인 : ○○의대병원 정형외고 의사 장 익 용
　　　　　우 240-743, 서울 ○○구 ○○동 60

죄　　명 : **형법 제267조, 과실치사**

<고 소 내 용>

1. 신분관계

가. 피고소인은 위 주소지에 위치한 ○○대학병원 내 종사하는 의사 및 책임자입니다.

나. 고외 故 송○○는 ○○대학병원에 2000. 3. 16에 입원 후 대전에서 2001. 5. 12. 12시경 사망하였습니다.

故 송○○에게는 아들(13세, 중학3년) 1명만 있는 상태이며, 故 송○○가족들은 평소 고소인에게만 의지하다가 사망하였습니다.

한편 故 송○○의 父는 송○○로서 수십년 전에 사망하였습니다.

다. 고소인은 망 송○○의 父 송○○의 친동생이며, 송○○가 병원에 입원해 있을 때 피고소인을 위하여 치료비와 관련하여 송○○를 보증한 자이기도 합니다.

2. 범죄 경위

가. 망 송○○는 2000. 3. 14.경 고소인 주소 부근 길가에서 미끄러져 앞 정강이가 몹시 아파서 혹시나 뼈에 금이 가지는 안했는지를 확인하기 위하여 2000. 3. 16. 11:00경 119 구급차편으로 위 피고소인 병원에 진료차 응급실에 도착하였습니다.

※ 그때 한자 송○○를 따라 함께 간 사람은 고소인, 채○○입니다.

나. 정형외과 인턴의사인 장 모씨는 응급실 안에서 1.2미터 가량 높이의 이동침대에 앉아 있는 환자 송○○를 향하여 바지를 벗겨라고 하고는 자리를 이탈하였습니다.

다. 그후 4분가량 후에 동 의사가 환자 옆으로 왔을 때, 옆에 있던 보호자이며 고소인인 구홍부는 어떻게 옷을 벗겨라는 소리인지 몰라서「의사님! 속바지까지 벗겨야 하나요」라고 질문을 하였습니다.

라. 그때, 그 의사는 화를 내며「바지를 벗기라고 했는데 왜 벗기지 않았어」라고 화를 냈습니다. 고소인 구홍부는「의사님, 속바지와 겉바지 둘 모두를 벗길까요」라고 하자

마. 화가 많이 난 의사는 신경질을 내며, 이동침대 위에 앉아 있는 환자 송○○의 바지를 힘차게 당기며 벗겼습니다.

그러자 1.2미터 가량 높이의 이동침대에 앉아 있던 환자 송○○는 머리를 세면바닥에 수직으로 내리치면서 거꾸로 박혀 버렸

습니다.

바. 놀란 고소인은 송○○의 떨어진 모습을 찬찬히 관찰하였을 때 흡사 죽은 모습이었습니다. 그래서 고소인은 아주 큰 소리로

「아이고, 사람 살려라, 사람 살려라, 사람 살려라, 사람 살려라, 사람 살려라」라며 5차례 외쳤습니다.

그러자 부근에 있던 10여명의 다른 환자와 보호자들이 모여 들었습니다.

사. 다른 의사들 5명 정도가 송○○에게 와서 송○○의 눈을 까보았습니다. 의사들은 환자의 위급함을 인식하고, 환자를 한번 쳐다보고, 사고 의사를 쳐다보고, 다시 환자를 한번 쳐다보고, 사고 의사를 쳐다보고를 3번이나 하였습니다.

고소인으로서는 다른 의사들이 그렇게 쳐다보는 모습이 사고 의사가 큰 실수를 하여, 큰일 났구나! 라는 질책으로 보였습니다. 그리고 환자 송○○는 죽은 사람의 모습을 하다가 15분정도 경과하여「아이구 허리야」라며, 가느다란 소리를 하고는 그때부터 병이 무척 악화되었습니다.

3. 사고 이후 사망까지 경과

가. 그후 환자 송○○는 2000. 9월까지 동 병원에 입원해 있었으나, 병원 침대에 대소변을 하는 등 병은 점점 악화되었습니다.

나. 그러나 동 병원측은 송○○ 환자는 병원에 입원할 자격이 없다면서 강제퇴원을 시켰습니다.

다. 송○○는 퇴원 후 대전으로 이동하여 병이 악화되어 2001. 5. 12일 12시경 호흡부전, 폐렴 등으로 사망하였습니다.

4. 결 론

가. 송○○의 사망은 위 피고소인들의 업무상 과실이 주 원인이 된 것입니다.

나. 철저히 조사하시어 엄중 처벌을 내려주시옵소서.

<입 증 자 료>

참고자료 1 …………… 시체검안서

2002. 1. 13

위 고소인 구 홍 부 ㊞

서울지방검찰청 서부지청 귀중

사례 2

고 소 장

고 소 인 : 구 흥 부
피고소인 : 임 덕 선

죄　　명 : 무고/위증 등
범행장소 : 동대문구 ○○동 ○○○번지 부근

서울지방검찰청 귀중

고 소 장

고 소 인 : 구 홍 부(551120-1899612)
서울 서초구 서초3동 1714-16, ○○빌라 104호,
연락처 : 017-269-2113

피고소인 : 임 덕 선(620111-2366827)
연락처 : 02-703-0652

죄 명 : **1. 임덕선 → 형법 제156조 무고, 형법 제152조 제1항 위증**
2. K부대 관련자 → 조사 후 무고방조 및 위증방조가 들어나면 처벌요망

범행장소 : 동대문구 ○○동 ○○○번지 K부대 부근

<고 소 내 용>

1. 신분 관계

가. 고소인은 1982. 6. 1 S부대 정보직 7급 공채로 입사하여 1994. 1. 1 사무관으로 승진하여 S부대 3처에서 줄곧 근무하다가, 2000. 6. 2에 징계에 따라 해임되었고, 2000. 12. 9 항고심사(행정심판)에서 정직 1월로 감경되어, 2001. 1. 31 면직처리된 자입니다.

해임기준 1년간에는 서오릉 S학교로 파견되어 S부대 50년사란 책자 저술의 집필요원이었습니다.

징계가 없었더라면 S부대와 불편한 관계도 없었고, 해임도 없었을 것입니다. 고소인의 해임은 50년 S부대 역사상 해임 제1호이며, 복직 제1호입니다.

나. S부대 관련자들의 16개 불법으로 방출된데 대하여 그 책임을 묻는 재판을 서울지방법원 제○○민사부 김○○ 부장판사가 심리중이며,

다. 향후, 강요사직에 따른 면직무효확인 소송을 준비중에 있습니다.

라. 한편, 피고소인은 평소 안면이 있다는 이유로 고소인에 대하여 다소 지나친 호감을 가진 자였습니다.

여러 사람(K부대 감찰실 요원)이 모의하여 고소인을 진정한 사람 가운데 주범이기도 합니다.

2. 고소의 목적

1) 병든 S부대 무고방조범(피고)들의 사고전환
2) 구홍부 前 사무관의 명예회복
3) 고소인 자신의 취부를 만천하에 알려, 고소인을 단순한 윤리석사, 책저자, 승려와 버금가는 인품자, 고귀한 S부대 사무관 등으로만 알고 있는 자식, 노모, 친구, 동창, 친척 등에게 알려 다시는 유사사례없이 죽는 날까지 속죄하는 마음으로 살겠다는 각오.

※ 피고소인(그녀)에게 드리는 글

당신이 고소인에게 준 정성을 잘 알고 있습니다. 한반도 이 땅에 당신이 나를 사모하는 만큼 위하려는 자는 없습니다. 나는 나의 책「재미있는 형법」289쪽에서 죽는 날까지 고소는 안 한다고 약속하였는데…, 그것도 가장 나를 좋아하는 당신을 고소합니다.

1~2개월 구금정도로 끝났으면 좋으련만…, 나는 당신의 처벌이 목

적이 아니고, 진실을 밝히는데 있음을 알립니다.

당신이 K부대 그 자들이 겁이나서 앞일을 생각하지 않고, 무고한 행위를 하고, 위증했던 사실을 모르는 바가 아닙니다.

그 자들이 어떤 사람인가요? 약점있는 당신을 제비족 이상으로 이용하고 그들 목적인 진급욕심을 채우고, 법정에서 당신이 나에게 보여주고 싶은 진실을, 그대로 말할 수 없게 하는 술책이 그들의 힘인 것입니다.

얼마나 많은 사람들이 그들의 술책에 의하여 희생냥이 되었는지를 당신은 실경험을 통하여 실감하고 있습니다.

당신은 진정서에서 자살을 하고 싶다하고, 증언대에서 눈물을 떨어뜨리며 고개를 숙일 때, 나는 그 심정을 알 수 있었습니다.

그러나, 둘(고소 · 피고소인)의 희생으로 K부대 피고들의 잘못된 제도를 바꾼다고 생각하고 고통을 감내하길 빕니다.

당신의 뒤를 따라 추운 감옥소를 함께 갈지도 모릅니다.

이미 늦었지만, 그들은 K부대 대표자의 힘이 아니고, 내 문제로 곧 책임을 지고 그 조직을 떠날 못난 피고들입니다. 천지신명의 은총이 당신과 함께 하기를 빕니다.

3. 무고 및 위증 1

(1) 범죄내용

가. 피고소인 1999. 3. 20. 서울 동대문구 ○○동 ○○○번지 위치한 S부대 감찰실요원들의 부름을 받고, 고소인의 비행이 포함된 진정서를 코리아나호텔에서 전달하였습니다(증1, 진정서).

이로 인하여 고소인은 공직에서 해임되었습니다(증3의 1, 징계처분장).

나. 진정서 6쪽과 7쪽을 살펴보면 09:00에서 15:00까지 매일 같이

고소인이 근무지를 이탈하여 데이트를 한 것으로 기재되어 있습니다. 그런 일이 없습니다.

다. 피고소인은 2001 11. 15. 서울지방법원에 증인으로 출두하여 앞의 내용(진정서)이 사실이라고 하였습니다(증2, 증인조서등본).

(2) 피고소인의 주장이 허위인 이유

가. 고소인은 09:00에서 오후 3시까지 그녀를 만나기 위해서는 증8호상 08:45경 근무지를 나와 오후 3시 20분경 복귀한 근거가 있어야 하는데 고소인의 경우 한 번도 없다고 할 것입니다

그러나, 피고소인은 매일같이 그렇게 만난 것으로 말하고 있습니다.

나. 다만 점심시간, 전투체력일(수요일 또는 목요일은 S부대요원들에게 등산, 보링, 체육활동 등의 자유시간) 및 숙직 후 휴식시간을 이용하여 만난 경우가 1년에 4~5차례 정도 있었고,

다. 점심시간이 경과하는 등으로 근무시간내 만난 경우는 1~2차례 있었습니다.

라. S부대가 제출한 부대이탈현황(증8)에도 그런 내용이 없습니다. S부대 징계의결서(증4호)에도 그런 내용이 없습니다.

마. S부대는 고소인이 1년에 137회 부대이탈, 17회 미복귀(증8호) 한 것을 마치 피고소인의 말만 믿고 업무는 안하고 여자와 불륜만 한 것으로 오해를 하고, 중징계를 받은 것입니다.

그것이 사실이라면, 고소인은 군사재판에 회부되어 징역을 받고, 파면을 받아야 했습니다. 그러나 고소인은 2000. 6. 2 해임되었다가 2000. 12. 9에 복직되었습니다(증3의 2)

고소인은 문제가 된 한 해에 남보다 1시간 30분 전에 출근

하고, 2달에 한 번씩 있는 휴가, 20년 근속휴가 반납, 새벽 2~3시에 출근하여 집필하는 등으로 24년의 공직에서 가장 어렵고 힘든 한해였습니다(소변경신청서).

고소인은 K부대가 제시하는 부대이탈현황(증8호)상 137회 중 1~2차례 정도가 비업무적인 출타였습니다.

바. 고소인으로부터 피해를 입고 있는 이명선도 「1시간 이상 출타 사실 거의 없다」라고 말한 바가 있습니다. 그 당시 전우였던 장◯◯목사(9076-8291, 014-701-3267) 강◯◯(014-222-8815, 816-5719)도 고소인의 억울한 사실을 잘 알고 있습니다.

사. 징계직전에 이◯◯ 과장은 자신의 사무실에서 고소인에게 「파견가기 전에 내 밑에 있을 때 1시간 이상 출타한 사실이 없었다. 옛날에 박◯◯ 사무관은 하루 종일 통일부에 가서 살았는데 구 사무관은 계속 사무실에서 분석만 하곤 했지…, 도저히 그런 소문이 믿어지지 않는다」라고 말한 바가 있습니다.

4. 무고 및 위증 2

(1) 범죄 내용

가. 피고소인은 진정서(증1호) 5쪽에서 「구홍부가 27세 S부대 여직원을 임신시켜 사직하게 하여 죽을 지경이다.」라고 기재하여,

나. S부대 감찰요원들에게 허위 사실을 알렸습니다(증1호).

(2) 피고소인의 주장이 허위인 이유

가. 고소인은 여자관계가 없었습니다.

고소인에 대하여 호감을 갖는 미혼자, 기타 여성들이 많았지만 그들 모두는 건전한 관계였습니다.

나. 그런 비슷한 말조차 한 바 없으며, 고소인이 1989년경 정관수술을 한 사실을 피고소인은 알고 있습니다. 그래서 피고소인이 S부대 감찰에 말한 소위 「1년에 200회 간통」을 했을(증5) 경우라도 피고소인은 피임걱정을 안했던 것입니다.

다. 고소인이 정관수술을 한 1989년은 27세 여인의 경우 약 16세 정도인 고등학교 2학년이 될 것입니다. 고2 때 아이를 잉태했다는 결과가 됩니다. 거짓말입니다(증6의 2, 처의 진술).

5. 무고 및 위증 3

(1) 범죄 내용

가. 1999. 3. 18 이전에 피고소인은 S부대 감찰실 요원들을 만나서 (또는 전화로) 「피고소인은 고소인과 1년에 200회 불륜이 있었다. 고소인은 약점있는 유부녀이자 피고소인에게 2억원의 돈을 요구했다」
라는 허위 신고를 하였습니다(증5).

나. 그로 하여금 S부대 감찰은 최초로 고소인이 자질없는 K대원으로 단정하고, 조사에 착수하였습니다.

(2) 피고소인의 주장이 허위인 이유

가. 200회 불륜은 인간이 할 수 없습니다.
1주 1회, 1개월 4회, 1년 48회 정도는 가능하다고 볼 수 있을 것입니다.

나. 고소인은 가장 고생한 한해였습니다.
상호간에 관계까지 좋지 않았다고 피고소인은 스스로 말하였습니다. 신이나, 슈퍼맨 또는 조선시대 세종대왕이나 가능한 일입니다.

다. 돈 2억원이 피고소인의 집에 없습니다.

거짓말입니다.

6. 위 증

(1) 위증 1

가. 피고소인은 2001. 11. 15 법정에 증인으로 나와서 피고 변호사가 증17호2(피고소인 자술서, 갑제 5호증2)를 작성할 때, 고소인이 겁이나서 읽어보지도 않고 주소와 이름을 적었다고 하였습니다.

나. 그러나, 피고소인은 아주 거짓말을 하였습니다.

감찰조사를 받은 이후 고소인은 왜 진정서가 만들어 졌는지, 진정서는 어떤 내용인가가 무척 궁금하였습니다.

증 17호증2는 2000. 5. 1 감찰조사를 받은 이후 그녀와의 통화에서 집중적으로 질문하여 얻은 내용과 사실관계를 고소인이 정리하고, 그녀가 2번 읽어보고 별다방에서 싸인을 하고, 그후 인감까지 발급하여 주었습니다.

해임 직후 동 증17호증 2가 작성될 무렵에 그녀는 편지(증12호, 갑43호)에서 무엇이든지 돕겠다고 한 자입니다.

그렇다면 앞의 자술서가 강요나 읽어보지 않고 만들어질 수가 없습니다. PC는 고소인이 치고, 피고소인이 2차례 읽어보고 자필로 정성껏 기재하였습니다. 그리고 인감까지 갖다 주었습니다. 그리고 인감과 동일한 도장을 찍었습니다.

(2) 위증 2

가. 피고소인은 2001. 11. 15. 법정에 증인으로 나와서 피고 변호사

가 증17호1(피고소인 자술서, 갑제 5호증1)를 작성할 때, 고소인이 겁이나서 읽어보지도 않고 주소와 이름을 적었다고 하였습니다.

(3) 위증3

가. 고소인은 2001. 11. 15. 법정에 증인으로 나와서 피고 변호사가 증17호2(피고소인 자술서, 갑제 5호증2)의 내용 중 5항에 대하여 사실이 아니다
라고 답하였습니다.

나. 그러나 증7호(동생 진술서 갑7), 증6호의1(처의 진술, 갑6호)에 나타나 있듯이 1999. 10월부터 2000.3월까지 매일 같이 그녀로부터 걸려오는 전화(스토킹행위)를 만류하기 위하여, 고소인 처와 동생은 그녀에게 남편에게 전화를 하지 말도록 부탁전화를 한 것입니다. 협박전화가 아닙니다.

다. 사실이 이러할 진대, 그녀는 S부대 감찰과 모의하여 마치 고소인의 처와 고소인 동생이 남편에 대한 협박을 이기기 어려워 진정한 것처럼 위증하였습니다(증2호, 증인조서등본).

7. 방조범 의혹

(1) 피고소인과 K부대 감찰요원간 행동 사례

1. 피고소인은 2000. 3. 12경 고소인의 전화를 알기 위하여 국방부, 기타 S부대 교환 등 10여 곳에 전화를 하였고, 마지막 전화한 S부대 감찰에서 고소인의 전화번호를 알게 되었습니다.

 S부대 감찰은 피고소인이 집 전화를 알려줄 경우에 구홍부 사무관의 사무실 전화를 알려준다고 하여 그녀의 집 전화를

얻어냈습니다.

2. 그후 감찰은 그녀가 약점 있는 유부녀라는 단정을 내리고 계속 전화를 하여 6일에 걸쳐 전화로 어떻게 구사무관을 알게 되었느냐, 어디서 식사를 하였느냐, 깊은 관계가 있느냐, 등으로 민간인 불법신문을 하였습니다(증17의 1).
3. 2000. 3. 18 S부대 감찰은 전화로 충분히 파악한(불법민간인 신문) 후에 S부대사령관에게 구사무관은 사생활이 문란한 자라고 보고하였습니다(증5).
4. 그녀는 유부녀로서 외간남자 구사무관을 알고 있다는 약점이 있었습니다. 그래서 감찰이 시키는 대로 맹종할 수밖에 없었습니다.

   진정서를 작성해라. 당신의 가정도 보호하고 구사무관 직장에도 아무탈이 없도록 하겠다. 라고 약속하며 진정서를 받아갔습니다(증9).

   녹취서(증9)에 「그 상황에서 안 써준다고 할 수 없었어」 라고 언동하였습니다.
5. 2000. 8월경 고소인에게 그녀가 한 말에 의하면, 「감찰요원들이 호텔로 나오라 하여 갔더니 PC 글씨로 된 진정서를 가지고 나와 도장을 찍어 달라고 하여 도장을 찍어주었다」 라고 하였으나, S부대 감찰로부터 협박을 받고 있는 지금은 그녀가 말을 바꾸고 있습니다.
6. 그 여인이 그토록 사랑하는 고소인을 택하자니, 가정파탄이 우려되고 감찰요원을 따르자니 고소인이 비참해지는 현실에 가로놓여 그 여인은 자살을 기도하였던 것입니다(증1호진정서, 증12호 갑43).

그렇게 고민하고 있는데, 감찰인들이 「구 사무관은 경고 정도로 끝나고, 당신(그 여인)의 가정엔 어떤 경우에도 문제가 없도록 끝까지 보호해 주겠다」고 하자 고육지책으로 요구하는 강요문을 작성하였을 가능성이 있습니다.

해임 전후로 감찰인들은 그 여인에게 전화를 하여 「구 사무관을 도우려고 하였는데 또 다른 비리가 많아 해임을 시킬 수 밖에 없었다. 이해하라」라고 전화를 하였으며, 그러자 그 여인은 「약속과 다르다. 그 문건을 돌려 달라」라고 전화를 한 바 있습니다(증9호 녹취서).

(2) 고소인 의견

가. 진정서는 그녀와 고소인만 아는 관계를 S부대 감찰이 인지하여 감찰의 요구에 의하여 만들어진 것입니다.

나. 그녀와 고소인은 호감을 갖는 관계이며, 현재에도 변함이 없습니다.

S부대 감찰이 일반국민의 사랑하는 사생활에 미친 놈처럼 뛰어 들었고, 유부녀의 약점을 이용하여 진정서를 강제로 얻어 낸 사건입니다.

다. 진정서가 그녀 자신의 순수한 뜻에 의하여 만들어진 것이 아니고, 감찰의 강요, 반강요, 방조일 가능성은 다음과 같은 이유들 때문입니다.

[다 음]

• 증9호(녹취서)의 4면에서 그녀는,
「야, 그 상황에서 안 써준다고 할 수 없지,」라고 명시되어 있습니다.

- 진정서에 처벌을 원하는 내용이 없고, 반성문 형식입니다.
- 증5호(사생활 문란보고, 갑58호)를 보면 S부대 감찰요원들이 진술서를 받겠다고 명시되어 있습니다. 그 진술서가 바로 증 1호증인 진정서입니다.
- 진정서(증1호, 1면)와 편지(증17호의 4(갑43)에서 「자살을 하고 싶다.」라고 심정을 토로하고 있습니다.
- 진정서에 고유명칭에 대하여 전화번호가 기록되어 있다는 것입니다. 이는 그녀가 전화번호를 알 수도 없거니와 감찰요원들이 전화번호를 알려주며, 진정서를 작성토록 강요한 것으로 판단됩니다.

라. S부대 감찰요원들에게 무고방조성이 나타나면 이첩하여 처벌해 주십시오.

8. S부대 관련자들의 불법사례

아래 내용은 피고소인의 무고, 위증을 입증하는데 밀접한 관련이 있는 사항으로, 조사단계에서 조사관님들의 이해를 돕는데 필요한 내용들입니다.

1) 고소인이 S부대근무에서 해임된 것은 전라도 사람들인 S부대 강○○ 사령관, 김○○ 인사처장군이 경상도 출신인 고소인(마산)을 퇴출시킨 사건입니다.
2) 고소인은 그들(S부대 피고들이라고 칭함, 피고들이란 고소인 퇴출에 관여한 자들임)의 불법지시에 의하여 고소인이 S부대 50년사 집필요원으로 판견되어 있는 동안(1999. 6. 1~2000. 5. 31) 고소인은 제도와 방침에 의하여 집필에만 전념토록 되어 있었습니다.

그러나 그들은 집필에 바쁜 구사무관(고소인)에게「국회의원에게 준 자료를 가지고 와라,」「청와대 대통령에게 보고한 자료를 가지고 와라」라고 하여 집필하다 말고, 뛰어나와 30여차례 통일부차관 신상 등 자료들을 수집하여 갔다 주었습니다(증13, 14).

3) 고소인은 과거에 고○○ 준위와 함께 S부대 외 다른 일반부대내에 침투하여 장병 군부재자가 고향으로 발송하는 투표용지를 몰래 개봉하여 여권, 야권후보에게 투표한 현황을 S부대 사령관에게 즉보하여, 해당 부대장이 혼나는 형식으로 부정투표에 개입하였습니다.
4) 권○○장군, 이○○ 대령, 이○○과장 등은 2000년도에 S대원 유○○의 의사에 반하여 그들 관련자가 대신 사직서를 작성하여 제출한 혐의로 2,000만원을 주고 합의를 보았습니다.
5) 그들은 고소인 관련한 피고소인의 경우와 같이 S부대 대원들과 불륜있는 유부녀를 잡아서 거짓말 탐지기를 태우는 등으로 불법적으로 민간인 불법조사를 하고 있습니다.

최근에 유부녀가 거짓말 탐지기를 타며 당한 자는 임 모여인으로서 핸드폰 번호는 018-221-2927입니다.

9. 결 론

가. 그녀는 고소인이 미워서, 처벌을 원하기 위하여 무고행위를 한 것은 아닙니다. 그 당시 S부대 감찰의 진정서 요구시 구홍부를 뒷조사하여, 구홍부가 사귀고 있는 27세 여인을 알려주겠다는 약속 때문에, 그녀는 진정서 강요를 거부하다가 동의하였을 가능성이 있습니다.

나. 고소인은 그녀로 인하여 S부대 사무관의 공직에서 박탈당하였습니다.

고소인에게도 잘못은 있습니다.

고소인은 진실만 얻으면 됩니다. 감사합니다.

<입 증 방 법>

증 1 ·················· 진정서(을1)

증 2 ·················· 증인조서등본(그녀), 조사시 제출하겠습니다.

증 3의 1, 2 ········· 징계처분장(갑 3의1), 원처분감경(갑 36의 1)

증 4 ·················· 징계의결서(국방부사실조회에서 온 자료, 위조문서)

증 5 ·················· 사생활문란부대원보고(갑58)

증 6의 1,2 ········· 노○○ 진술서(갑6, 갑44호)

증 7 ·················· 구○○ 내용증명(갑7)

증 8 ·················· 출타현황(갑56)

증 9 ·················· 녹취서(갑46)

증 10의 1-3 ········· 각 준비서면

증 11의 1-2 ········· 증언조서등본(신○○), 자술서

증 12·················· 피고소인의 편지(갑43, 해임직후 작성)

증 13·················· 통일부차관신상(갑50호)

증 14·················· ○장군 불법지시에 따른 수집자료(갑19)

증 15·················· 고소인 소개서(갑16)

증 16·················· S부대 50년사 집필중간보고(갑11)

증 17의 1, 2········· 각 피고소인 자술서(갑5의 1, 2)

증 18·················· 집필예산결과보고(갑20)

증 19·················· 소변경신청(서울지법 ○○민사부)

첨　부 : 증거물 설명서

2001. 12.

위 고소인　구 홍 부 ㉿

서울지방검찰청 귀중

사례3

내용증명서신

수신 : 서울 종로구 ○○동 5, ○○빌딩 10층 전화 2673-1088, 김 선 달
발신 : 서울 금천구 ○○동 1134 ○○아파트 102동 401호 구 홍 부
연락처 : 2869-0975

안녕하십니까?

저는 귀하로부터 2001. 7. 28 제 주소지에 위치한 아파트를 구입한 김규영의 처 구홍부입니다.

그 당시 매매대금은 156,000,000원이었고, 계약금 500만원을 주었으며, 수차례 중도금, 잔금을 나누어 주는 과정에 2001. 8. 26에 저는 귀하에게 1,200만원을 주었는데, 그 때 저는 500만원권 수표1매, 100만원권 수표7매 등 총 1,200만원을 부동산 중개소 김남기 중개인이 확인 후 입회하에 전달하였습니다. 그리고, 귀하로부터 영수증까지 받은 바가 있습니다.

그러나 그 후 귀하는 2001. 9. 7에 저에게 지난 8. 26에 1,200만원이 아닌 200만원 밖에 받지 않았다며 억지를 부렸습니다.

그 후 김○○ 부동산소장은 귀하에게 수표를 주었기 때문에 추적이 된다며, 구홍부(발신자)에게 되돌려주라고 수차례 전화하였습니다.

그러자 김○○는 저에게 잘 될 것 같으니까 조금만 기다려 달라고 한 바가 있습니다. 이와같이 하여 기다렸으나, 귀하는 현재 주소지도 감추고 있으며, 고의적으로 타인(구홍부)을 기망시켜 피해를 입히고 있습니다. 물론 귀하가 싯가보다 1,000만원 정도 주택을 싸게 매도한 사

실을 잘 알고 있습니다.

그렇다고, 이러한 방법으로 타인의 돈을 얻으려는 것은 위법하다는 생각입니다.

전문가에게 문의한 결과 귀하의 행위는 형법 제347조 사기죄, 형법 제355조 제1항 횡령죄에 해당된다는 조언을 얻을 수 있었습니다. 충분히 생각하시고, 편지 받고 3일내 제 통장(한빛 534-168132-02-005 구홍부)으로 입금시켜주십시오. 3일을 경과하여도 반응이 없을 때에는 1차로 고소장을 접수하겠습니다.

감사합니다.

첨부 : 확인서 1부

2001. 12. 9

위 발신자 구 홍 부 ㉐

사례 4

진 정 서

(수사의뢰서)

진 정 인 : 최 ○ ○

피진정인 : 불명확합니다.

용 의 자 : 이 ○ ○

강남경찰서 귀중

진 정 서

(수사 의뢰서)

진 정 인 : 최○○(570000-1226913)
서울 강남구 ○○동 185, 11/5 ○○아파트 605동 608호
전화 6254-2248, 014-255-6179

피진정인 : 불명확합니다.

용 의 자 : 이○○(63년생)
서울 강남구 ○○동 211-20, ○○빌딩 303호
전화 2214-5333, 014-328-1313

죄 명 : **형법 제331조 특수절도, 형법 제335조 준강도**

범행장소 : 압구정동, 개포동

<진정내용>

1. 신분관계

가. 진정인은 서울 동대문구 ○○동 107-2번지에서 부동산 관련 사업을 하고 있는 자이며,

나. 정확한 범죄자는 모릅니다.

다. 용의자 이성진은 진정인과 함께 일을 하고 있는 대표자입니다.

2. 사실 관계 A

가. 진정인은 2001. 6. 14 저녁에 압구정동에서 용의자 이○○등과 함께 술을 마시고 밤 12시가 넘어 개포동에 있는 자택으로 귀가하기 위하여 택시를 기다리던 중에,

나. 진정인은 2병 이상의 소주와 양주를 마셔 의식을 잃은 상태로 누군가의 도움을 받아 다른 사람의 자가용을 타고 귀가하게 되었습니다.

누구의 도움과 누구 차를 탔는지는 기억이 나지 않습니다.

다. 귀가하여 지갑이 분실된 사실을 알고 급히 카드사에 2001. 6. 15 02시 37분에 카드 분실신고를 하였습니다.

지갑 속에는 주택은행 15,000,000원짜리 수표 1매(참고자료 3)와 1,000,000원짜리 수표 5매, 신분증 및 현금 약간 등이 있었는데 함께 도난 당하였습니다.

라. 분실신고를 하기 약 30분 전쯤인 6. 15 01:59~02:24 사이에 범인은 강남역 부근 LG-25시 편의점내 카드인출기에서 진정인의 분실된 카드로 카드인출금의 최대 한도인 2,000,000원을 인출해 갔습니다.

참고자료4(디스켓) 속의 사진이 범인의 얼굴입니다.
동 디스켓은 진정인이 KCI지급기 관리회사에 의뢰하여 당시 진정인의 현금을 인출하는 광경을 협조받은 것입니다.

※ 사진 속의 범인은 진정인이 모르는 사람이며, 주범이 다른 범인을 시켜 돈을 인출하였을 가능성도 있습니다.

3. 사실 관계 B

가. 2001. 7. 13 저녁에 진정인은 용의자 이○○과 함께 술을 마셨습니다.

나. 그때 술값이 160만원이었습니다.

진정인은 재발급받은 카드를 제시하면서 카드로 계산하겠다고 하며 용의자 이○○에게 카드를 주었습니다.

다. 나중에 안 사실이지만, 이성진이가 진정인의 카드로 즉시 술값을 계산하였고, 그 다음 날인 2001. 7. 14 10:30에 진정인의 카드로 현금 1,000,000원을 임의대로 인출하여 이○○ 자신이 착복하였습니다.

이○○이가 제3의 인물에게 부탁하여 인출하였을 가능성이 있습니다.

4. 이○○을 용의자로 보는 이유

가. 이○○은 평소 진정인과 한 직장에 있는 관계로 진정인의 카드 비밀번호를 알 가능성이 있습니다.

나. 사실관계 B에서 밝히고 있듯이 진정인은 이○○에게 술값 100만원을 계산하라고 준 카드를 가지고,

진정인 몰래 현금인출기에서 임의대로 현금을 인출하였습니다.

이는 이○○이가 진정인의 카드비밀번호를 알고 있었다는 증거입니다.

다. 한편 사실관계 A에서, 범인은 진정인의 카드번호를 모르고는 200만원을 인출할 수 없습니다.

한편 이○○은 술을 함께 마셨기 때문에 진정인이 의식을 잃

은 상태도 잘 알고 있었습니다.

5. 결 론

가. 앞의 정황을 참작할 때 적어도 용의자 이○○은 진정인이 22,000,000원을 도난당하는데 주범이던지, 아니면 종범일 가능성이 높다고 사료됩니다.

나. 철저히 조사하시어 범인을 검거하고, 제3의 피해자가 발생하지 않도록 엄중한 처벌을 내려주십시오.

<입 증 자 료>

참고자료 1 ………………… 카드사용 내역서
참고자료 2 ………………… 100만원 현금 인출 근거
참고자료 3 ………………… 1,500만원, 100만원권 5장 수표번호
참고자료 4 ………………… 디스켓(파일 6개 사진)

2001. 8. 25

위 진정인 최○○ ㉢

강남경찰서 귀중

사례 5

탄 원 서

존경하옵는 판사님께

저는 형사3부 사건번호 2001고10호로 재판받는 이○○ 피고인의 여동생입니다.

저의 어린 시절 늘 동생 곁에서 동생들의 어렵고 힘든 일들을 걱정해 주신 저의 오빠가 이렇게 영어의 몸이 되어 고생하는 모습을 보니 가슴이 찢어지듯 아프옵니다.

존경하옵는 판사님

저의 오빠는 어릴적부터 형제들과 부모님에 대한 남다른 가족애를 가지셨던 분이었습니다. 험한 사회생활을 하다보니 이런 죄를 지은 것 같습니다.

저는 충남 아산에서 오빠의 이런 소식을 듣고 열일을 제쳐놓고 오빠에게 힘이 되는 일을 해보고자 피해자들을 만나서 동생인 제가 매월 250만원씩 갚아 주겠다는 각서를 써주면서 용서해 달라고 애원도 하였습니다. 그러나 저의 말은 먹히지 않았습니다.

지금 70노인이신 어머니는 아들의 슬픈 사연을 듣고 울다지쳐 식음을 전폐하고 누워계십니다.

오빠로 인하여 발생된 모든 피해는 제가 살아가면서 갚겠사오니 제가 존경하고 사랑하는 오빠에게 징역형 만은 면하게 하여 주시옵소서.

판사님의 건승을 비옵니다.

2001. 8. 2

충남 아산군 ○○면 신운리 386-13 ○○빌라 라동 201호

전화 013-9753-6477 이○○올림

사례 6

사건 : 2001가합25301호

탄 원 서

주 소 : 서울 ○○구 ○○동 145-25

성 명 : ○ 재 숙

직 업 : 서울 ○○초등학교 2학년 2반 교사

존경하옵는 재판관님!

상기인은 구홍부씨의 가족입니다.

저는 재판이 끝날 때쯤이면 제 자녀들이 대학생이 되고, 20년간 같이 살아온 부부관계를 청산하고, 이혼을 하기로 예정되어 있습니다.

저는 구홍부씨의 소송서류를 모두 읽었습니다.

제가 이 사건의 진상을 판단컨대,

첫째는 구홍부씨가 잘못 되었습니다.

그리고 K관공서와 그녀가 불법을 같이하여 만들어낸 이 세상에서 보기드문 진정서입니다.

그녀가 법정에서는 진실을 말하였나 했더니, 그게 아니었나 봅니다.

증언대에까지 K관공서의 피고들이 그녀를 이용하고 있는 과거 군사정권 시절의 모습을 지켜보고 있습니다.

비록 이혼을 결심하고, 모진고통 인내하며 살아가는 부부의 만남에 실패한 가련한 한 여인이지만, 진실을 말하고 싶어 이렇게 편지를 드립니다.

구홍부씨는 부처님과 같은 성품의 소유자입니다.

K관공서에 제출한 그녀의 진술서는 모두 거짓이고, 구홍부씨에게 제출한 그녀의 진술서는 모두 진실입니다.

특히, 1999. 10월부터 2000. 3월까지 매일 같이 밤이면 걸려오는 그녀의 전화로 그때, 저는 이미 이혼을 요구하였습니다.

해임 이후에도 전화가 걸려옵니다. 재판관님들의 건승을 빕니다.

첨부 : 인감

2001. 12. 5

○재숙 올림.

제9장

국민고충처리위원회
청 원
감 사 원

1 국민고충처리

1 법적 근거

고충민원처리제도란 민원사항 중 행정기관의 위법·부당하거나 소극적인 처분 및 불합리한 행정제도 등으로 인한 국민의 권리의 침해나 국민에게 불편, 부담을 주는 민원을 고충민원처리위원회를 통하여 처리하여 주는 제도를 말한다.

이 제도는 1997. 8. 22에 제정된「민원사무처리에관한법률」에 근거를 두고 있다.

2 국민권익위원회 설치구성 · 관할

1. 국민권익위원회의 설치구성

고충민원처리위원회(이하 "위원회"라 함)는 민원사무처리에관한법률 제14조에 의하여 국무총리소속하에 설치되어 있다.

위원회는 위원장 1인을 포함한 10인 이내의 위원으로 구성하되, 위원장을 제외한 위원중에서 3인 이내의 상임위원을 두도록 되어 있다(동법 제17조 제1항). 이것은 종래 위원장 1인을 포함한 5인의 위원과 위원 중 1인의 상임위원을 두도록 되어 있었던 것을 확대한 것이다. 위원회의 위원장과 위원은 다음 각 호의 1에 해당하는 자 중에서 대통령이 임명 또는 위촉하며, 다만, 공무원인 비상임위원은 1인 이내로 제한되어 있다(동법 제17조 제2항).

- 대학에서 부교수 이상의 직에 8년 이상 있거나 있었던 자
- 판사 · 검사 또는 변호사의 직에 10년 이상 있거나 있었던 자
- 3급 이상 공무원의 직에 5년 이상 있거나 있었던 자
- 사회적 신망이 높고 행정에 관한 식견과 경험이 있는 자로 주요 사회단체로부터 추천을 받은 자

2. 국민권익위원회의 기능과 관할

위원회의 기본적 임무는 민원사항에 관한 안내와 상담을 하고 고충민원을 접수하여 조사 · 처리하며, 행정기관의 민원사무처리상황을 감시하고 고충민원에 관한 행정제도 및 운영의 개선을 권고함으로써 국민의 권익을 보호하는 데 있다. 위원회는 행정구제, 행정통제 및 행정개선의 기능을 가지는데, 법은 이를 다음의 다섯 가지 유형으로 구체화하고 있다(동법 제15조 제1항).

- 민원사항에 관한 안내 및 상담
- 고충민원에 관한 조사 · 처리
- 고충민원에 관한 조사의 결과 위법 · 부당한 처분 등에 대한 시정조치의 권고
- 고충민원의 처리과정에서 관련 행정제도 및 운영의 개선이 필요하다고 판단되는 경우 이에 대한 권고 또는 의견표명
- 제3호 및 제4호의 사항에 관한 관계 행정기관의 조치결과의 통보요구

3 국민권익위원회 업무 외적사항

다음 사항은 위원회의 관할범위에서 배제하고 있다(동법 제15조 제2항).

- 고도의 정치적 판단을 요하거나 국가기밀 또는 공무상 비밀에 관한 사항
- 국회 · 법원 · 헌법재판소 · 선거관리위원회 · 감사원 · 지방의회에 관한 사항
- 업무의 성질상 수사 및 형집행(보안처분 · 보안관찰처분 · 보호처분 · 보호관찰처분 · 보호감호처분 · 치료감호처분 · 사회봉사명령을 포함한다)에 관한 사항으로서 그 관장기관에서 처리하는 것이 적당하다고 판단되는 사항 또는 감사원의 감사가 착수된 사항
- 행정심판 · 소송, 헌법재판소의 심판, 헌법소원이나 감사원의 심사청구 기타 다른 법률에 의한 불복구제절차가 진행중인 사항
- 법령의 규정에 의하여 화해 · 알선 · 조정 · 중재 등 당사자간의 이해조정을 목적으로 행하는 절차가 진행중인 사항
- 판결 · 결정 · 재결 · 화해 · 조정 · 중재 등에 의하여 확정된 권리관계에 관한 사항 또는 감사위원회에서 의결된 사항
- 공무원 또는 직원에 관한 인사행정상의 행위에 관한 사항
- 사인간의 권리관계 또는 개인의 사생활에 관한 사항
- 위원회의 업무에 관한 사항
- 위원회가 민원으로 처리함이 부적절하다고 인정하는 사항

4 고충민원의 신청

고충민원의 처리는 민원인의 신청으로 개시된다. 법은 고충민원을

신청할 수 있는 자격에 아무런 명시적 제한을 두고 있지 않다. 즉 누구든지 본인이 직접 또는 대리인을 통하여 위원회에 고충민원을 신청할 수 있다(동법 제29조 제1항).

자연인뿐만 아니라 법인도, 그리고 외국인도 고충민원을 신청할 수 있다.

이 점은 앞서 본 청원의 경우와 마찬가지이다. 법은 고충민원을 "행정기관의 위법 · 부당하거나 소극적인 처분(사실행위 및 부작위를 포함한다) 및 불합리한 행정제도로 인하여 국민의 권리를 침해하거나 국민에게 불편, 부담을 주는 사항에 관한 민원"이라고 정의하고 있다. 고충민원을 신청하고자 하는 자는 신청인의 인적 사항, 신청의 취지 및 이유, 신청의 원인이 된 사실관계 등 일정한 사항을 기재하여 서면으로 제출하되, 서면에 의할 수 없는 특별한 사정이 있는 경우에는 구술로 신청할 수도 있다.

5 위원회의 조사

위원회는 이 법 제30조에 규정한 고충민원의 조사를 함에 있어서 필요하다고 인정할 때에는 다음과 같은 조치를 취할 수 있다(동법 제31조 제1항).

- 관계 행정기관에 대한 설명요구 또는 관계 자료 · 서류 등의 제출요구
- 신청인 · 이해관계인 · 참고인 또는 관계 직원의 출석 및 의견진술 등의 요구
- 감정의 의뢰

6 시정조치의 권고 및 의견표명

위원회는 이 법 제30조에 규정한 고충민원의 조사의 결과 처분 등이 위법·부당하다고 인정할 만한 상당한 이유가 있는 때에는 관계행정기관의 장에게 적절한 시정조치를 권고 할 수 있다. 또한 고충민원을 조사·처리하는 과정에서 법령 기타 제도나 정책 등의 개선이 필요하다고 인정되는 경우에는 관계행정기관의 장에게 이에 대한 합리적인 개선을 권고하거나 의견을 표명할 수도 있다(동법 제32조 제1항·제2항).

7 처리결과의 통보

위원회는 고충민원의 결정내용을 지체없이 신청인 및 관계 행정기관의 장에게 통지하여야 하며(동법 제34조), 법 제32조(시행조치의 권고 및 의견의 표명)의 규정에 의한 권고 또는 의견을 받은 관계행정기관의 장은 이를 존중할 의무를 지며, 정당한 사유가 없는 한 당해 권고 또는 의견을 받은 날부터 30일 이내에 그 처리결과를 위원회에 통보하여야 한다. 이러한 통보가 있는 경우에는 고충민원의 신청인에게도 그 내용이 통지되어야 한다(동법 제35조).

법률의 규정에 의하여 공표가 제한되거나 개인의 사생활의 비밀이 침해될 우려가 있는 경우에는 공표를 금지하고 있다(동법 제35조).

8 위치 및 이용방법

- 우 120-705 서울 서대문구 미근동 267 국민고충처리위원회

· 전화는 국번없이 110

· 청구서를 2부 작성하야 국민권익위원회 민원실로 등기우송 또는 직접가서 접수하면 된다.

2 청　원

1 청 원

국민의 청원권에 대하여 헌법 제26조 제1항은「모든 국민은 법률이 정하는 바에 의하여 국가기관에 문서로 청원할 권리를 가진다」라고 명시되어 있고, 제2항에서는「국가는 청원에 대하여 심사할 의무를 진다」라고 규정하고 있다. 따라서 이와같은 헌법정산에 따라 제정된 청원법 제9조 제4항은「청원을 성실·공정·신속하게 심사처리하고 그 결과를 청원인에게 통지하여야 한다」라고 되어 있다.

청원법 제4조와 제5조에는 재판에 간섭하는 것과 국가원수를 모독하는 것을 제외한 피해구제, 공무원의 처벌요구 등 다양한 것들을 청원할 수 있도록 규정하고 있다.

2 청원인과 청원기관

국민은 누구나 모든 국가기관에 대하여 청원할 수 있다. 청원인의 자격에는 아무런 제한이 없다.

헌법은 청원권의 주체를 국민이라 하고 있지만, 청원권은 모든 인간에게 보장되는 권리이므로 외국인에게도 청원권이 인정된다. 또 자연인만이 아니라 법인도 청원권의 주체가 된다.

청원을 제기하기 위해서는 개인의 권리나 이익의 침해 또는 관련되었을 것이 요구되지도 않는다. 즉 아무 이해관계 없는 자도 청원을 제기할 수 있다.

3 청원 사항

청원은 침해된 권리 · 이익을 구제하기 위한 제도인 행정심판과는 달리, 원칙적으로 청원사항에 제한이 없다. 즉 청원은 피해의 구제, 공무원의 비위의 시정 또는 공무원에 대한 징계나 처벌의 요구, 법률 · 명령 · 규칙의 제정 · 개정 · 폐지 또는 공공시설의 운영, 기타 공공기관의 권한에 속하는 사항에 대해 할 수 있으며, 재판에 간섭하거나 국가원수를 모독하는 사항은 청원사항에서 배제되어 있다.

4 청원법 제4조에 명시된 청원사항

- 피해의 구제
- 공무원 비위의 시정요구, 공무원에 대한 징계나 처벌요구
- 법률 · 명령 · 규칙의 제정 · 개정 또는 폐지
- 공공의 제도 및 시설의 운영
- 기타 공공기관의 권한에 속하는 사항

5 청원의 효과

청원의 가장 주된 효과는 청원을 받은 기관이 청원을 성실 · 공정 · 신속히 심사처리하고 그 결과를 청원인에게 통지하여야 한다는 데 있

다(청원법 제9조 제4항, 국회법 제125조, 지방차치법 제67조). 심사처리 결과의 통지된 내용은 행정심판의 재결서의 송달과는 달리 그 자체로는 아무런 직접적 법적 효과를 갖지 않는다.

6 청원의 방법

청원의 방법에는 청원인의 성명(법인인 경우 명칭·대표자 성명)·직업, 주소·거소를 기재하고 서명날인한 문서로 하여야 한다. 청원서에는 청원의 이유와 취지를 명시하고 참고자료를 첨부하여야 한다. 청원은 개별적으로는 물론, 집단적으로도 제기할 수 있다.

7 청원기간, 청원의 제한

청원의 기간에 관해서는 아무런 제한이 없다. 이점 또한 행정심판과 다른 점이다. 다만 청원은 동일내용으로 동일기관에 2회 이상 또는 2개 이상의 기관에 제출될 수 없으며, 타인을 모함할 목적으로 허위의 사실을 적시한 청원은 허용되지 않는다(동법 제8조·제10조).

청원법 제5조는 재판에 간섭하거나 국가원수를 모독하는 내용의 청원은 이를 접수하지 아니한다고 규정하고 있다.

3 감사원

1 감사원의 임무

국가의 세입·세출의 결산검사와 이 법 및 다른 법률이 정하는 회계를 상시검사·감독하여 그 적정을 기하고, 행정기관 및 공무원의 직무를 감찰하여 행정운영의 개선향상을 기한다.

2 감사 사항

국가의 회계
지방자치단체의 회계 등

3 직무감찰 범위

정부조직법 기타 법률에 의하여 설치된 행정기관의 사무와 소속 공무원의 직무, 관공서 회계와 관련된 단체 및 그 단체에 소속된 임원 그리고 회계사무와 직·간접으로 관련이 있는 직원의 직무 등이다.

사례 1

장교징계 무효확인

청 구 인 : 준위 김정호
피청구인 : 국군 제5678부대장

징계처분 무효확인

국민권익위원회 귀중

장교징계 무효확인

청 구 인 : 준위 김 정 호(481120-1255610)
우 471-050, 안양시 동안구 ○○동 150
전화 011-3040-8811

피청구인 : 국군 제5678부대장
우 170-120, 경기도 과천시 ○○동 1

징계처분 무효확인

<청 구 취 지>

1. 피청구인이 청구인에 대하여 1998. 7. 13자로 한 견책처분은 무효임을 확인한다.

라는 결정을 구합니다.

<청 구 이 유>

1. 신분관계

가. 청구인은 피청구인 소속직장인 국군 제5678부대에서 1966. 7. 2부터 현재까지 군장교(육군 준위)로 근무하고 있으며, 1999. 7. 2일이 군복무 33년이 되는 날이었고, 청구인은 향후 2년 후에 전역 예정에 있습니다.

나. 피청구인 국군 제5678부대는 국가안보기관이자, 군사기밀보호기관

으로서 현재 과천시 중앙동에 위치하고 있습니다.

2. 징계처분 내용 · 청구인 입장

가. 피청구인은 청구인 대상으로 1998. 7. 13자로 징계를 개최하여 경징계인 견책처분을 하였습니다.

나. 그 당시 징계협의에 대하여 다소 억울하며, 사실과 다른 점이 많았으나 청구인은 군정보수사기관의 내부문제를 외부로 또는 제3의 심판기관에 알리는 것은 충성인의 도리가 아니다는 생각과 징계협의서와 징계의결서도 받지 못한 상태에서 다툼은 곤란하다는 생각으로 항고심사청구를 못한 것입니다.

3. 피청구인 처분의 위법성(징계무효원인)

가. 피청구인은 청구인을 징계할 때, 공무원징계령 제7조 제7항에 근거한 징계협의서를 사전에 청구인에게 주지않아 청구인은 징계위원회가 1988. 7. 13 개최되어, 징계위원들이 징계협의에 대하여 해명의 기회를 주었을 때, 청구인은 징계협의 내용을 구체적으로 아는 바가 없어 논리적으로 대응할 기회를 상실하였습니다.

나. 공무원징계령 제19조 제2항에 근거하여 징계의결서를 징계협의자에게 송달하여야 하는 데도 1쪽짜리 징계처분장만 청구인에게 전달하고 징계의결서는 전달하지 않았습니다.

다. 이로 하여금 청구인은 무엇 때문에 징계를 받았는지 구체적으로 모르는 상태에서 항고심사청구를 할 필요가 없다는 계산에서 몇 년을 지내왔습니다.

4. 결 론

최근에 청구인은 행정심판법 제18조 제7항 등에 무효확인 청구는 상당한 기간이 경과하여도 가능하다는 정보를 접하고 本 항고심사를 준비하고 있으며, 이에 앞서, 고충처리위원회에 문건을 접수하게 되었습니다.

심사위원님들의 현명한 심판을 기다립니다.

2001. 11.

위 청구인 김 정 호 ㉿

국민권익위원회 귀중

사례 2

통장 잡좌부활 청구

신 청 인 : 허 ○ ○
피신청인 : 금융감독위원회

국민권익위원회 귀중

통장 잡좌부활 청구

신 청 인 : 허○○(380718-1058314)
서울 강남구 ○○동 267-9, 전화 555-5886, 014-257-6256

피신청인 : 금융감독위원회
서울 영등포구 여의도동 27
(소관 : 주택은행 영동지점장
서울시 강남구 논현2동 278-8, 전화 3443-5600)

잡좌(용어해설) : **죽은 통장을 다시 만듦**

<신 청 취 지>

1. 피신청인은 일방적으로 폐기시킨 신청인의 통장 청약겸용통장(계좌 431827-92-212421)을 잡좌부활을 이행하라.
라는 이행권고 결정을 구합니다.

<신 청 원 인>

1. 신분관계

가. 신청인은 92년도에 피신청인 회사에 청약겸용 내집마련 저축에 가입 및 그 후 또 다른 2개 구좌를 개설하여 총 3개의 통장거래를 한 바 있는 자이며,

나. 피신청인은 신청인의 통장을 신청인의 의사에 반하여 임의대로 해약하여 자신의 채권을 행사한 자입니다.

2. 신청인의 통장개설 경위

가. 신청인은 1991.4.1에 한국주택은행 서울영동지점(전화 545-8151)에서 자유저축예금(계좌번호 431825-94-100591)에 가입하였습니다. 1996. 1. 5에 통장잔액은 220,015원이 있었습니다.

나. 그 후, 신청인은 1992. 12. 17 한국주택은행 서울영동지점에서 청약겸용 2년 만기 내집마련 저축에 가입하여, 2년동안 만기불입을 완료하였습니다. 통장잔액은 3,120,000원으로 표시되어 있었습니다.

다. 신청인은 위 2개의 통장 외에 한국주택은행에 통장잔액 17,681원인 통장이 있었습니다.

3. 신청인의 고소 외 자에게 보증경위

가. 1996년도 경에 신청 외 이○○이가 주택은행 서울대치동지점에서 대출을 받게 되었으며, 그 때 신청인은 이○○을 위하여 1,000만원 한도내에서 보증을 서주었습니다.

나. 주택은행은 이○○으로부터 채권행사가 곤란하여 지자 신청인을 상대로 채권행사를 시도하였습니다.

다. 그때, 이○○은 경기도 과천에 소재하는 보영운수(주)에 근무하면서 버스운전을 하였으며, 피신청인은 이○○의 급료에 대하여 가압류한 상태였습니다.

4. 피신청인의 불법 내용

가. 피신청인은 이미 이○○의 채권행사를 위하여 보영운수(주)에 급료를 가압류해 두었으므로, 피신청인은 앞의 이○○에게 채권

을 행사하면 될 일인데,

나. 신청인의 인장을 임의로 새겨 앞의 3개 신청인의 통장을 해약하여, 이○○의 대출금을 변제하였습니다.

다. 신청인은 동의한 바가 없으며, 어떤 서류도 스스로 제출한 일이 없습니다.

5. 요망사항

가. 신청인은 서민으로서 65세 나이가 되도록 살면서 내집마련하는 것이 소원이었습니다.

자가를 마련할 수 있도록 청약겸용 통장(계좌 431827-92-212421)을 회생시켜 주시기 바랍니다. 돈은 신청인이 그 돈을 줄 수도 있습니다.

나. 앞의「가」항대로 이루어 져야겠지만, 어떻게 이런 일이 발생되었는지를 그 경위를 알려주시기 바랍니다.

<입 증 자 료>

참고자료 1 ·············· 통장(91.4.1)
참고자료 2 ·············· 통장(92.12.17)

2001. 11. 20.
위 신청인 허 ○ ○ ㊞

국민권익위원회 귀중

사례 3

도시자연공원내 건축행위허가

신 청 인 : 박○○
피신청인 : 서대문구청장 외 1

국민권익위원회 귀중

도시자연공원내 건축행위허가

신 청 인 : 박 ○ ○(560927-1548415)
우 120-092, 서울시 서대문구 ○○2동 69번지 10통 4반
연락처 : 014-354-1951

피신청인 : 1. 서울시 서대문구청장
우 120-703, 서울 서대문구 연희동 168-6, 전화 330-1395
2. 국립공원관리공당
우 121-804, 서울시 마포구 공덕동 252-5 전화 3272-5591

<신 청 취 지>

1. 피신청인 1, 2는 신청인의 주소지인 서울 서대문구 홍제2동 69번지 상 신청인 소유의 무허가 건물을 개 · 보수할 수 있도록 허가하라.
2. 피신청인 1은 동 건물의 개 · 보수와 무관한 일절의 처분을 취소하라.

라는 결정을 구합니다.

<신 청 원 인>

1. 신분관계

가. 신청인 박○○는 서울 서대문구 ○○2동 69번지 국유대지 26.4㎡에 대한 점유권과 무허가 건축물 소유권을 1996.11.23 매입하여

(갑제 1호증) 동 주소지에서 5년간 거주하고 있는 자이며(갑 제 18호증), 매년 국유재산 임대세와 재산세를 납부하여 왔습니다 (갑제 4호증 1-5).

나. 피신청인은 서대문구청으로서 동 건물에 대한 개·보수 허가권이 있는 자입니다.

2. 사실관계

가. 신청인은 1996. 11. 23 위 부동산을 구입하여 5년간 주거하여 왔습니다. 건축물이 노후되어 1999. 9. 14 홍제2동 사무소로부터 개보수허가를 얻어 건축자재 약 1,500만원어치를 구입하여 건물보수를 하고 있던 중 14일이 경과한 1999. 9. 28 서대문구청 공원녹지과에서는 절차상 흠결이 있다고 하면서 개보수허가를 일방적으로 취소시켰습니다.

나. 2001.1월 눈이 많이 내려 가옥의 일부가 파괴되고 재차 신청인은 개보수허가를 신청하였으나, 반려되었습니다

그러던 중 2001. 5. 4 신청인의 가옥이 무너졌습니다.

다. 그래서 신청인은 우선 주거가 가능한 보수를 하여야겠다는 생각에서 여러 명의 인부들을 고용하여 무너진 건축물을 바로 세웠습니다.

보수를 하는 과정에 집이 무너졌습니다(갑 제19호증 1-2, 확인서). 그 당시 신청인이 서대문구청의 허가를 득하지 않고 신청인이 임의대로 보수를 할 수밖에 없었던 것은,

첫째로, 허가신청 후 반응을 기다릴 시간적 여유가 없었음.
둘째로, 어떻게 하던 집의 모양은 갖추어 놓아 개인 재산은 보호되어야 한다는 욕심

셋째로, 허가신청을 해보아야 반려될 것이 확실함.

등의 3가지 이유 때문이었습니다.

라. 그 후 서대문구청에서는 2001.5.11 신청인의 건축물을 강제철거하였습니다. 마치 전쟁장소처럼 신청인의 재산인 가구, 집기 등까지 부서지곤하였습니다.

서대문구청은 2001.5.12과 6.8일 두 차례 건축잔재물을 자진회수할 것을 계고하였으며, 신청인은 잔해를 모아두고 일부자재는 비에 젖지 않도록 덮어두고 있는 실정이었습니다.

마. 2001.6.29 서대문구청은 신청인이 살고 있는 모습을 보고는,

「현재와 같이 주거가 가능할 정도로 해놓고 살아라. 단, 더 이상 건축행위는 하지 말라」라고 하고서는, 2001.7.13 서대문구청은 신청인이 주거조차 못하도록 철거를 하였습니다.

바. 그후 2001. 8월에 현재 서대문구청은 내부적으로 관계관 회의를 하고는 신청인을 불러서 「변상조치를 하겠다. 아파트 입주권을 주겠다. 포기각서를 작성하라」 등으로 신청인의 마음을 아프게 하고 있습니다.

3. 처분 경위

가. 신청인은 위 주소지에 살면서 구입 3년이 경과될 때 건물이 노후되어 비가 새고, 구조물의 일부가 부식하는 등으로 개·보수의 필요성이 대두될 무렵, 마침 서울시에서는 「서울시 무허가건물 행위완화신고 사무처리지침」이 만들어져 홍제2동장을 통하여 통보하여 옴에 따라(갑제 6호증1) 신청인으로서는 기회가 맞아 건물 개·보수허가를 신청하게 되었습니다(갑제 6호증2-5).

나. 피신청인은 도시공원법 제8조 및 동 시행령 제6조 제2항 4호를

제시하며 1999. 9. 20 신청인의 개·보수허가 신청을 반려한 바가 있습니다(갑제 8호증).

※ 제8조는 공원내 건축물을 설치하고자 할 때 국립공원관리공단의 허가를 받아야 한다.

다. 그후 피신청인 1은 수차례 걸쳐 신청인이 건물을 철거하도록 명령하곤 하였습니다(갑제 15호증, 갑제 16호증).

4. 피신청인의 위법성

가. 신청인은 정당하게 부동산을 구입하였습니다.

그 곳에 주소를 두고 5년간 거주하여 왔으며, 신청인의 유일한 재산입니다.

나. 피신청인이 일방적으로 철거를 명하는 것은 헌법상 개인 재산권 침해(제23조), 거주이전의 자유 침해(제14조) 및 기본적 인권을 침해(제10조)하는 일로서,

다. 이 땅의 어느 누구도 신청인의 주거 건물을 철거할 수 없다는 생각입니다.

라. 개·보수허가를 거부할 어떤 이유가 없으며, 피청구인이 주장하고 있는 도시공원법 제8조와 관련된 국립공원관리공단의 허가 문제는 건축물을 새롭게 설치할 때를 말하는 것으로, 신청인과 같이 건축물 개·보수허가 신청은 피청구인 1의 단독허가 사항으로 보여집니다.

마. 만약 청구인의 앞의 「라.」항 주장이 잘못되었을 경우라면, 도시공원법 제8조에 근거하여 피청구인 1, 2는 서로 협력하여 청구인에게 건축물 개·보수허가를 해주어야 할 것입니다.

5. 결 론

가. 신청인은 동 주소지에서 원래의 건물대로 건물을 복구하여, 국민이면 누구나 누려야 할 인간으로서의 존엄한 가치를 가지며, 행복한 삶을 누리고자 합니다.

나. 피청구인 1의 무허가 건물 철거요구 행위와 보수거부행위는 법률과 제도에 없는 행위입니다.

다. 피청구인 1 단독으로 또는 피청구인 1, 2가 서로 협력하여 청구인의 건축물 개 · 보수허가를 해주시길 바랍니다.

<입 증 자 료>

갑제 1호증 ………………… 부동산매매계약서
갑제 2호증 ………………… 무허가건물지번 정정
갑제 3호증 ………………… 국유재산대부계약
갑제 4호증1-5……………… 각 세금납부서
갑제 5호증 ………………… 대부계약서
갑제 6호증1-5……………… 건물개보수 신고처리통보, 기타
갑제 7호증 ………………… 개보수 신고필증
갑제 8호증 ………………… 개보수신고처리 회신
갑제 9호증 ………………… 개보수수리취소 통보
갑제 10호증 ………………… 계속대부계약체결안내
갑제 11호증 ………………… 체결통보
갑제 12호증 ………………… 대부계약서
갑제 13호증 ………………… 대부료 납부안내
갑제 14호증 ………………… 국유재산변상금사전통지 안내

갑제 15호증 ······················ 건축물 자진철수 협조
갑제 16호증 ······················ 건축물 자진철수 계고
갑제 17호증 ······················ 무허가 건물확인원
갑제 18호증 ······················ 주민등록초본
갑제 19호증 ······················ 확인서

2001. 8. 14
위 신청인 박 ○ ○ ㊞

국민권익위원회 귀중

[부　록]

공무원징계령

국가공무원법　제9조~제15조, 제75조~제83조

교육공무원법　제49조~제53조

경찰공무원법　제25조~제28조

군 인 사 법　제50조~제51조, 제56조~제61조

군무원인사법　제34조~제43조

공공기관의정보공개에관한법 제16조~제19조

국 가 배 상 법　제1조, 제10조~제15조의 2

근 로 기 준 법　제1조, 제10조, 제32조, 제34조, 제35조

공무원연금법　제1조, 제34조~제39조, 제80조

국 세 기 본 법　제1조, 제55조~제81조

민원사무처리에관한법 제4조~제15조

소청절차규정

산업재해보상보험법 제1조, 제4조, 제5조, 제88조~제94조

지방공무원법　제6~21조, 제69조~제73조

지 방 세 법　제1조, 제72조~제81조

청　원　법

토 지 수 용 법　제1조, 제73조~제78조

헌　　　법　제26조

행 정 심 판 법

행정심판법시행령

행정심판법시행규칙

행 정 소 송 법

행 정 절 차 법　제1조, 제2조, 제17~제39조